셀럽 병사의 비밀

셀럽들의 은밀한 생로병사

셀럽병사의비밀

KBS 셀럽병사의 비밀 제작팀 지음

이낙준 감수

교보문고

들어가며

셀럽의 질병과 죽음, 역사와 미스터리 그리고…

갑자기 온몸에 열이 나고 숨쉬기가 어려워졌습니다. 〈생로병사의 비밀〉 취재를 위해 모 병원 중환자실에 다녀온 뒤부터였습니다. 해열제를 먹고 버텨보았지만 차도가 없었습니다. 급하게 응급실을 찾았습니다. 진단명은 급성 폐렴. 병원에서 온갖 항생제와 치료법을 동원했지만 모두 실패했습니다, 결국 오른쪽 폐의 3분의 1을 잘라내야만 했습니다. 평소 잔병치레 없는 건강한 체질이라 자부했지만, 생의 위기는 언제나 느닷없고 세차게 찾아옵니다.

수술을 마치고 병실에 누워 있던 2018년 8월 중순, 노벨평화상 수상자이자 유엔사무총장이었던 코피 아난Kofi Annan의 사망 소식을 접했습니다. 그의 사망 원인은 유족의 요구로 정확하게 공개되지는 않았습니다. 다만 여러 정황상 폐렴이나 기관지염 같은 호흡기 질환이었을 것으로 추정됩니다. 코피 아난 사무총장은 어떻게 폐렴을 앓게 되었을까? 또 다른 지병은 없었을까? 생각이 꼬리에 꼬리를 물고 일어났습니다. 폐렴으로 고생한 셀럽들은 더 없을까? 그 많은 전설의 셀럽들은 과연 어떻게 죽었을까?

〈셀럽병사의 비밀〉은 이렇게 시작되었습니다.

AI와 휴머노이드, 인공장기와 유전자 변형이 성행하는 최첨단 의학의 시대, 하지만 인류가 완벽하게 정복을 선언한 전염병은 아직까지 단 하나밖에 없습니다. 두창痘瘡, 마마媽媽 등으로 불리는 인류 최초의 전염병, 천연두smallpox입니다. 지금도 수만 가지 질병의 완전한 박멸을 목표로 연구가 여전히 진행 중입니다. 수백 년, 수천 년 혹은 수만 년 전부터 인류를 괴롭히던 질병들은 아직도 사람들을 괴롭히며 끝내 죽음에 이르게 하고 있습니다. 그렇다면 과거에 죽은 사람들이 현재의 산 사람들을 살릴 수도 있지 않을까요?

당시의 고민을 적어둔 기획안이 2024년 가을, KBS 2TV 제안 공모에서 채택되었습니다. 타이틀은 대한민국 최장수 대표 의학 프로그램인 〈생로병사의 비밀〉을 살짝 비틀어(?) 〈셀럽병사의 비밀〉로 정했습니다. 인지도 있는 유명프로그램 덕을 좀 보고자 하는 마음도 있었습니다. 의학과 역사, 셀럽들의 질병과 죽음을 정통 다큐멘터리로 접근하지 말고, 조금은 가볍고 유쾌하게 풀어나가자는 기획 의도도 한몫했습니다. 다만 잘 알려지지 않은 숨은 이야기를 발굴하고 깊이 있는 의학 정보를 충분하게 제공함으로써 재미와 정보의 균형감을 갖추고자 했습니다.

프로그램 제작 시 가장 중점을 두었던 부분은 흥미로운 스토리텔링과 2049 젊은 시청자를 확보하는 것이었습니다. 의학과 질병에 관심이 상대적으로 적은 편에 속하는 2049 세대도 편안하고 재미있게 볼 수 있는 프로그램을 위해 인기 절정의 방송인 장도연, 이찬원과 '아이들'의 미연을 섭외하고 의사이자 작가인 이낙준 씨를 합류시켜, 의학과 스토리의 만남, '대한민국 최초의 의학 스토리텔링 프로그램'이 탄생하게 되었습니다.

그렇다면 〈셀럽병사의 비밀〉 관전 포인트는 무엇일까요?

첫 번째는 잘 아는 셀럽의 잘 모르는 인생 이야기, 두 번째는 엉뚱하면서도 신선한 셀럽병사의 퀴즈 맞히기, 그리고 마지막으로 매주 업데이트되는 최신 건강의학 정보라고 할 수 있습니다. 제작진은 역사 속 유명인의 인물사와 의학 정보가 촘촘하게 엮인 새로운 형식의 의학 토크 드라마 〈셀럽병사의 비밀〉이 시청자들에게 재미있고 유익하며, 감동을 주는 좋은 프로그램이 될 수 있도록 최선을 다해 제작하고 있습니다. 이 책의 발간을 계기로 아직 〈셀럽병사의 비밀〉을 모르는 독자들에게도 오래오래 사랑받는 콘텐츠로 다가서길 기대해봅니다.

끝으로 이 책이 나오기까지 많은 격려와 도움을 주신 KBS 멀티플랫폼센터, 교양다큐센터 관계자분들, 교양다큐 2국장님을 비롯해 늘 아낌없이 응원해주는 박정훈 CP 그리고 함께해준 최진영·김희선·전아영·강재훈·허유림·이지효 PD, 최삼호 대표님, 장윤정 작가님, 김규형 이사와 항상 최선을 다해 제작에 임하는 김동민·정혜윤·정회동·진주형 PD를 비롯한 스토리웹 작가님들과 제작진들께도 깊은 감사를 드립니다. 더불어 〈셀럽병사의 비밀〉을 매주 시청하고 응원해주시는 시청자분들, 이 책을 보시는 모든 독자 여러분들에게 항상 건강과 행운과 행복이 가득하시길 기원합니다. 감사합니다.

전수영(KBS 책임프로듀서)

타인의 병사에서 우리를 들여다보는 시간

셀럽. 셀러브리티의 준말이죠. 상당히 익숙한 단어인데, 그래도 굳이 뜻을 보자면 유명인사입니다. 실생활에서는 단지 유명한 사람이라는 뜻을 포함해서 대중에게 주목 받고 영향을 끼치는 사람을 뜻합니다.

이렇게만 보면 어딘지 모르게 우리 같은 평범한 사람과는 대단히 거리가 먼, 별과 같은 존재처럼 느껴집니다. 아마 프로그램의 이름이 '셀럽의 비밀'이었다면 더더욱 그렇게만 느껴졌을 겁니다. 하지만 그들의 '병사'는 결국, 인간이라는 종의 한계 안에 속해 있을 수밖에 없습니다. 사람은 누구나 늙고, 병들고, 죽기 때문입니다.

물론 영향력 있는 사람들의 삶이다 보니 아무래도 역사와 더 긴밀한 관련이 있어 보이긴 합니다. 얼핏 보면 볼수록 더 그렇게 느껴집니다. 하지만 '병사'를 포함해 더 깊숙이 들여다보면 결국, 셀럽들도 역사의 소용돌이 안에 살아갔던 한 사람의 개인이었구나 하는 생각이 듭니다. 또 그 역사를 공유하거나 기억하는 우리들과 어떻게든 맞닿아 있구나 싶기도 하죠.

따라서 《셀럽병사의 비밀》은 결국, 우리들의 이야기이기도 합니다. 그들이 살아냈던 역사를 우리도 살아냈거나 기억하고 있습니다. 또 그들을 늙고, 병들게 했던 세월과 각종 습관, 또는 질병들은 여전히 우리에게도 똑같은 원리로 작동하고 있습니다. 다만 시간이 지난 만큼 의학도 발전했고, 또 그들의 삶을 통해 배우는 것도 있는 만큼 우리는 조금이나마 의학적인 개선을 할 수 있을 겁니다.

《셀럽병사의 비밀》은 비단 앞서 말한 것처럼 무언가 개선만 하기 위한 책은 아닙니다. 그랬다면 프로그램이 편성되지도, 책이 출간되지도 못했을 겁니다. 21세기를 살아가는 현대인에게 무엇보다 중요한 것은 '그래서 그 콘텐츠가 재미있나?' 하는 것일 수밖에 없거든요. 얼마나 재미있는 게 많은 세상인데 굳이 시간을 내서, 단지 내게 도움이 되기만 하는 컨텐츠를 보려고 하겠습니까?

걱정 안 하셔도 됩니다. 이 책은 기본적으로 재미있는 책입니다. 셀럽들의 삶과 병사가 역사와 맞닿는 지점들을 단지 짚어주는 것만으로도 흥미를 돋웁니다. 거기에 더해 각 셀럽마다 전문가분들이 자신의 지식을 더해주었으니 더할 나위가 없죠.

아무쪼록 즐겁고 유익한 독서 되시길 바라며, 이만 줄입니다.

이낙준

목차

1

죽음으로 이어진 어린 시절의 비밀

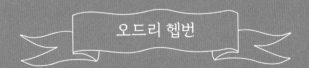

오드리 헵번

Audrey
Kathleen
Ruston

1929. 5. 4. ~ 1993. 1. 20.

1944년 9월의 어느 날, 네덜란드의 한 마을에서 소녀가 자전거를 타고 숲으로 향했다.

끼익―.

허름한 외딴집에 멈춰선 소녀가 주변을 살피더니, 똑똑 문을 두드렸다. 문이 열리자 양말 안에서 꺼낸 뭔가를 안쪽으로 건넸다. 그러고는 다시 자전거를 타고 왔던 길로 되돌아섰다.

돌아가는 길에 소녀는 독일군과 맞닥뜨린다.

"거기…!"

심장이 철렁 내려앉았지만, 소녀는 못 들은 척, 자전거를 세우고 꽃을 따기 시작했다.

"거기!!"

독일군의 목소리가 더 커지는데도 소녀는 주변의 들꽃을 계속 땄다. 씩씩대며 걸어온 독일군이 여기서 뭐 하는 거냐고 묻는 그 순간,

소녀가 방금 딴 꽃을 건넸다. 방긋 웃으면서.

"꽃이 너무 예쁘죠?"

다행히 독일군은 통행승만 확인하고 소녀를 보내줬다.

소녀의 이름은 에다 반 헤임스트라Edda van Heemstra. 15살의 오드리 헵번Audrey Hepburn이다.

그날, 오드리 헵번은 숲에서 무엇을 하고 있었을까?

단 한 편의 영화로 신데렐라가 되다

미국 대중문화계에는 EGOT라는 말이 있다. 에미상Emmy Awards, 그래미상Grammy Awards, 오스카상Oscars: 아카데미상의 별칭, 토니상Tony Awards의 네 가지 유명한 시상식을 합쳐서 EGOT라고 부른다. 이 네 가지 상을 모두 받은 인물이 여태까지 20명 정도밖에 나오지 않았는데, 오드리 헵번이 그중 한 명이다.

〈로마의 휴일〉을 찍기 전까지 오드리 헵번은 그렇게 유명한 배우는 아니었다. 하지만 오디션장에 나타난 그녀를 보고 다들 같은 생각을 했다고 한다.

"우리가 찾던 앤 공주다!"

그도 그럴 것이 오드리 헵번의 어머니는 네덜란드 귀족 출신이며, 헵번은 어릴 때 영국에서 교육을 받았다. 또 발레를 배워서 자세도 꼿꼿했다.

남자 주인공으로 낙점된 그레고리 펙Gregory Peck은 그때 이미 엄청난 스타였기에 〈로마의 휴일〉은 그의 단독 주연으로 홍보될 예정이었다. 그런데 촬영을 몇 차례 거친 뒤 그레고리 펙이 영화사에 전화를 건다.

"내 이름 옆에 당장, 헵번의 이름도 크게 써넣어요! 헵번은 이 영화로 아카데미 상을 탈 겁니다!"

그의 예상은 적중해서 헵번은 첫 영화 〈로마의 휴일〉로 아카데미 여우주연상을 당당하게 따낸다. 그녀가 다음으로 선택한 영화는 〈사브리나〉였다. 이 영화에서 헵번이 맡은 여주인공은 촌뜨기에서 환골탈태하는 역할이었다.

"사브리나가 파리에서 뉴욕으로 돌아올 때 확실한 반전이 필요해요."

오드리 헵번은 사브리나의 변화를 보여주는 데 의상이 정말 중요하다고 생각했다. 영화용으로 제작된 의상 말고 실제 파리의 디자이너가 만든 옷을 입겠다는 그녀에게 영화사가 디자이너 한 명을 연결해준다. 당시 파리에서 막 주목받기 시작한 신예, 위베르 드 지방시Hubert de Givenchy였다.

그런데 오드리 헵번을 만난 지방시는 자리에 앉기도 전에 크게 실망했다고 한다.

"내가 생각한 그 헵번이 아니네?"

지방시는 캐서린 헵번Katharine Hepburn을 만나는 줄 알았다고 한다. 캐서린 헵번은 당시 이미 세계적인 배우였지만 〈로마의 휴일〉은 아

〈사브리나〉에서 지방시의 의상을 입고 출연한 오드리 헵번.

직 유럽에서 개봉조차 하지 않았을 때였다. 즉 유럽에서는 아무도 오드리 헵번을 알지 못했다.

"제가 좀 바빠서…."

지방시가 딱 잘라 거절했지만, 오드리는 포기하지 않았다. 끈질기게 매달린 끝에 이미 만들어놓은 옷 몇 벌을 협찬받는 데 성공한다. 이때 지방시가 끝끝내 오드리를 문전 박대했다면, 지금처럼 대가가 될 수 있었을까? 〈사브리나〉가 개봉하자 영화는 큰 성공을 거두고 더불어 아카데미상 의상 디자인상을 수상한다. 특히 영화 속에서 입었던 오드리의 검은색 조거 팬츠와 플랫 슈즈가 엄청나게 주목받았다. 이 의상은 아직도 '사브리나 팬츠' '사브리나 플랫'이라고 불릴 정도로 유명하다.

〈사브리나〉의 성공 이후 둘은 쭉 협력 관계를 이어간다. 영화 〈티파니에서 아침을〉에서 입은 오드리 헵번의 상징 같은 검정 드레스도 지방시가 디자인한 의상이다.

시한부 선고 3개월

"헵번 씨 여기 좀 봐주세요. 여기요!"

1992년 10월 24일, 미국 뉴욕의 극장 로체스터 드라이든에서 기자 간담회가 열렸다. 오드리 헵번 특선 영화제가 끝나고 열린 간담회에서 열띤 질문을 이어가는 기자들 사이로 손짓을 하는 사람이 있었다. 영화 〈티파니에서 아침을〉의 감독 블레이크 에드워즈Blake Edwards였다. 기자 간담회 전에 오드리는 그에게 한 가지 부탁을 한다.

"감독님, 제가 몸이 너무 안 좋아서요…. 오늘 행사는 짧게 정리해도 될까요?"

그래서 간담회를 30분으로 제한했는데 정작 오드리 자신은 시간 가는 줄 몰랐던 것이다. 이 행사가 있기 얼마 전부터 오드리는 계속 복통을 느꼈다. 유니세프UNICEF 봉사 활동으로 아프리카 소말리아에 다녀온 뒤로는 증세가 더 심해졌다. 미국에 온 김에 검사를 받았을 때 의사로부터 다음과 같은 말을 듣는다.

"이런… 아메바에 감염되셨네요."

아메바 감염증에는 몇 가지 종류가 있다. 주로 오염된 음식이나 물을 통해 감염되는 이질아메바Entamoeba histolytica가 있고 민물에 살다가 코를 통해 뇌로 들어가 뇌를 감염시키는 네글레리아 파울러리 Naegleria fowleri도 있다. 1965년 9월에 호주의 병리학자 맬컴 파울러 Malcolm Fowler 박사가 발견해서 자신의 이름을 붙인 이 아메바 감염증은 치사율이 무려 97%나 되는 심각한 증상을 동반해서 뉴스에도 종종 등장한다. 별명이 뇌 파먹는 아메바라고 하는데, 다행히 오드리가 감염된 아메바는 네글레리아 파울러리는 아니었다.

영화계를 은퇴한 오드리 헵번이 봉사 활동을 하며 다닌 지역들은 대체로 주거 환경이 열악하고 깨끗한 식수를 구할 수 없는 곳이다 보니 이질아메바의 발병 확률도 높았다. 증상으로는 변이 좀 묽어지는 수준에 그치기도 하고 이질처럼 복통, 설사, 혈변, 잔변감 등이 생길 수도 있다. 하지만 치료제가 있어서 제때 치료하면 치사율이 0.1%로, 완치 가능한 병이었다.

그런데 어찌 된 일인지 약을 먹어도 오드리의 증상은 차도가 없는 듯하더니, 급기야 로스앤젤레스의 한 병원에 입원하기에 이른다. 그리고 얼마 안 가서 충격적인 기사가 보도된다.

'오드리 헵번의 비극적인 말년'
의사는 그녀에게 살날이 3개월밖에 남지 않았다고 말했다.

진단명은 대장암이었다. 수술이 급하게 결정되었다. 결장을 부분적으로 잘라내고 자궁까지 절제하는 큰 수술이었다. 그로부터 한 달쯤 지난 1993년 1월 20일, 63살의 나이로 오드리 헵번은 끝내 사망한다. 의사의 시한부 선고보다도 더 짧았다.

그녀는 암 진단을 받기 직전에 병원에서 이질아메바 감염증 진단을 받았다. 소말리아에 가기 한 달 전에도 건강검진을 받았었다. 그때는 아무것도 나오지 않았는데, 암이 어떻게 이렇게 빨리 퍼질 수 있었을까? 병원에서는 왜 미리 알지 못했을까?

용인 세브란스 병원의 김남규 교수에 의하면 오드리 헵번이 걸린 암은 찾아보기 힘든 암이다. 연간 100만 명당 1명이 발생할 정도의 희소 암으로, 정확한 병명은 충수돌기점액낭종의 세 가지 아형 중 점액성 낭종암이다. 종양이 터질 경우에 복막에 암세포가 퍼질 가능성이 큰 병이다. 점액은 장폐색 또는 복통을 일으키고 궁극적으로 음식을 섭취하지 못하게 만들며, 그 결과 사망에 이르게 되는 무서운 병이다. 김 교수에 의하면 충수에 생기는 이 종양은 증상이 없으며, 소말리아에 가기 한 달 전에 받은 대장내시경에서 이상을 찾지 못한 것으로 봐서 종양이 내시경으로 발견할 수 있을 만큼 크지 않았다고 추측된다.

정리하자면 오드리 헵번이 앓았던 대장암은 정확히는 충수암의 일종이다. 충수는 우리가 흔히 말하는 맹장, 정확히는 맹장 끝에 붙어 있는 주머니를 말한다. 맹장이 대장의 끝에 붙어 있기에 대장내시경으로는 충수암을 발견하기 어려운 것으로 유명하다. 실제로 대장내시경을 했을 때 아무 이상이 없었지만, 가스가 심하게 차고 복통 증상이 나타나는 바람에 복부 초음파나 CT를 찍었다가 우연히 발견되는 경우가 많다고 한다.

헵번 파이프의 저주

스위스의 작은 마을 톨로체나츠는 프랑스어를 사용하는 문화권으로, 오드리 헵번이 말년을 보낸 곳이다. 그녀의 집은 프랑스어로 평안한 곳이란 뜻의 '라 페지블la Pasible'이라고 불렸다.

"그녀는 참 내성적이었습니다. 정말 조용했어요. 하지만 아주 착하고 이웃들도 잘 챙겼습니다. 그녀는 유명인의 삶이 아닌 평범한 삶을 살기를 원했습니다. 평화롭게 살기를 원했지요."

오드리 헵번의 20년 지기 이웃은 그녀의 인상을 이렇게 이야기했다.

할리우드를 떠난 오드리 헵번은 이 집에서 대부분의 시간을 보냈다. 경치 좋고 공기도 좋은 이곳에서 그녀는 농부의 삶을 살았다. 집 앞에 텃밭을 가꾸고 거기서 수확한 채소들로 요리해서 건강에 좋은 유기농 밥상만 차려 먹었다. 그런데 왜 암에 걸렸을까?

암을 한마디로 정의하면 신체 세포가 비정상적으로 성장하고 분열하는 질병이다. 세포의 DNA에 변이가 생기면 세포의 정상적인 성장과 분열을 제어하는 메커니즘이 망가진다. 암의 발생에는 한 가지가 아니라 여러 가지 요인, 즉 환경적, 유전적, 생물학적 요인이 복합적으로 작용한다고 알려져 있다. 쉽게 생각하면 룰렛을 돌리는데 우리가 건강한 활동을 하면 질병 면이 작아지고 그만큼 건강한 면이 넓어지며, 몸에 해로운 걸 많이 할수록 질병 면이 넓어지는 것이다. 다만 운이 없으면 질병 면이 아무리 작아도 화살이 거기에 꽂힐 수 있다.

건강하고 스트레스 없는 인생 후반을 살고 있던 오드리 헵번이 암에 걸린 원인을 정확히 찾기는 어렵겠지만, 유전적 요인이 아닌 환경적 요인을 하나 꼽아볼 수는 있다.

오드리 헵번의 건강을 망가뜨린 적은 〔　　　〕다.

헵번의 대표작 중 하나 〈티파니에서 아침을〉의 포스터에 그 힌트가 등장한다.

이 영화는 1961년 공개된 로맨틱 코미디로, 헵번이 연기한 주인공 홀리는 화려하게 치장하고 뉴욕 티파니앤코 본점 쇼윈도 앞에서 보석을 구경하며 아침을 맞는 모습으로 등장한다. 이 첫 장면에서 알 수 있듯 홀리는 부유한 남자를 만나 신분 상승을 꿈꾸는 속물로 나온다. 그리고 첫 장면의 한껏 꾸민 모습은 포스터에도 그대로 쓰였다. 홀리에게는 한 가지 특징이 더 있는데, 바로 담배를 끊임없이 피우는 흡연자라는 점이다.

"오케이! 컷! 자, 다음 장면 이어서 갑니다!"

"헵번? 헵번! 어디 갔어? 설마… 또야?"

"또 피우러 갔어?"

영화 〈티파니에서 아침을〉에 얽힌 비하인드 스토리가 있다. 오드리 헵번이 촬영 중 틈만 나면 담배부터 꺼내 물거나 사라지자, 감독이 할 수 없이 홀리를 흡연자로 만들기에 이르렀다는 것이다.

"차라리 그냥 피우면서 찍읍시다!"

오드리 헵번의 건강을 망가뜨린 적은 　흡연　 이다.

그녀는 담배를 하루에 무려 세 갑이나 피우는 헤비 스모커였다. 어머니가 담배 케이스를 선물하면서 하루에 여섯 개비만 피우라고 조언해도 소용없었다. 오드리가 이렇게 담배를 피운 데는 이유가

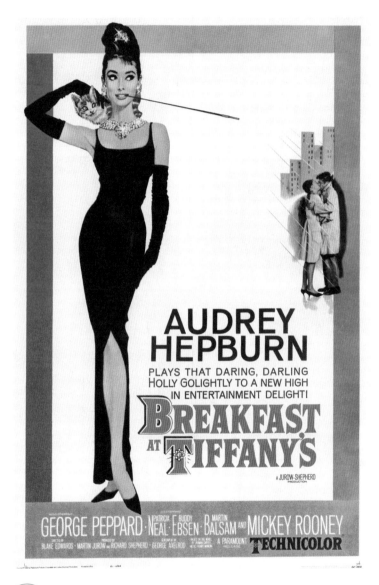

그림 2 시도 때도 없이 담배를 피우던 헵번 때문에 〈티파니에서 아침을〉의 주인공 홀리는 흡연자가 되었다.

있었다.

영국에서 배우로 그럭저럭 활동하던 헵번은 〈지지〉라는 연극에 캐스팅되면서 뉴욕으로 무대를 옮긴다. 그런데 런던에서 배를 타고 대서양을 건너 뉴욕항에 도착한 그녀를 보고 프로듀서가 기겁했다.

"아니, 오드리! 그 사이에 무슨 일이 있었던 거야?"

배를 타고 대서양을 건너오는 며칠 사이에 헵번의 몸무게가 무려 7kg이나 늘어나 있었다.

"크루즈에 초콜릿이 너무 많아서요."

오드리 헵번은 사실 담배보다 초콜릿 중독이 심각했다. 초콜릿 상자를 한번 열면 마지막 조각이 없어질 때까지 손을 떼지 못했다. 그러다 갑자기 살이라도 찌면 식음을 전폐하고 담배만 피워댔다. 살을 빼기 위해서였다.

다이어트의 역사는 길고 다채로운데, 그중에서도 가장 황당한 다이어트 중 하나가 '담배 다이어트'다. 1920년대에서 1950년대까지 실제로 유행한 방법으로, 그중에서도 충격적인 것이 〈오즈의 마법사〉에서 주인공 도로시 역을 맡아 유명해진 주디 갈랜드Judy Garland의 사례다. 영화 제작사인 MGM 측은 체중 조절을 위해 17살의 주디 갈랜드에게 담배 수십 개비를 매일 지급하면서 흡연을 강요했다고 한다.

그 시절에는 미처 몰랐지만, 담배에는 70종이 넘는 발암물질이 들어있다. 흡연 기간이 길수록 암 발생 위험은 훨씬 더 커진다. 흡연 기간을 45년 기준으로 그보다 적게 담배를 피운 집단과 그 이상 담배를 피운 집단을 비흡연자와 비교했을 때 대장암 발생 위험이 각각 1.5배와 2.35배 증가했다고 한다.

오드리 헵번은 왜 이렇게 해로운 담배로 다이어트를 해야 할 만큼 초콜릿에 집착했을까?

안네 프랑크 역을 거절한 이유

나치의 박해를 피해 은신처에서 생활한 유대인 소녀 안네 프랑크Anne Frank가 기록한 《안네의 일기》는 1959년 20세기폭스사에 의해 처음으로 영화화되었다. 이 영화는 아카데미상 여우조연상을 비롯해 세 개 부문을 수상하는 쾌거를 이뤘다.

당대의 많은 여배우들이 탐냈던 이 영화의 주인공 안네 프랑크 역을 처음 제안받았던 것이 오드리 헵번이었다. 그녀와 안네 프랑크는 동갑이다. 그리고 둘 다 15살 때 네덜란드에 살았다는 공통점이 있다. 헵번은 《안네의 일기》 몇 구절을 외울 정도로 이미 여러 번 읽은 상태였다.

"안네는 마치 내 쌍둥이 여동생 같았다."

이렇게 말할 정도로 안네에게 깊은 유대감을 느낀 그녀였지만, 그 배역을 거절한다. 이후 거듭된 제안에도 그녀는 끝내 수락하지 않았다.

오드리 헵번이 평생 전쟁의 트라우마에서 벗어나지 못했던 탓이

안네 프랑크와 오드리 헵번은 나이가 같았고, 제2차 세계 대전 당시 둘 다 네덜란드에서 살고 있었다.

다. 끔찍했던 제2차 세계 대전을 그녀는 과거가 아닌, 살아가는 내내 겪는 고통이었다고 말했다.

원래 오드리는 벨기에에서 태어났다. 어릴 때는 아버지의 나라 영국에서 학교를 다니다가 부모님이 이혼한 뒤에 엄마를 따라 외가가 있는 네덜란드로 왔다. 그때는 제2차 세계 대전이 한창이었는데, 네덜란드는 중립국이었기 때문이다. 그런데 1년 뒤 나치가 보란 듯이 네덜란드를 침공하고, 그 뒤로 지옥 같은 시간이 펼쳐진다.

잘 알려진 것처럼, 안네 프랑크는 유대인이었기에 나치 독일을 피해서 가족과 함께 은신처에 숨어 살았다. 당시 11살이었던 오드리는 안네처럼 숨어 살지는 않았다. 하지만 유대인들이 강제로 기차에 실려 추방되는 광경을 목격한다. 아빠처럼 따랐던 이모부가 저항 활동을 한 혐의로 총살을 당하는 끔찍한 일도 겪었다. 형제 중한 명은 독일 노동 수용소로 추방되었고 다른 한 명은 전쟁 내내 숨어 지냈다. 그 시절에 '에다 반 헤임스트라'라는 가명을 쓴 것도 영국식 성을 사용하다가 무서운 일을 겪을까 우려했기 때문이다.

오드리는 생전에 인터뷰에서 다음과 같은 말을 했다.

> 젊은 남자들이 벽에 세워져 총살당하는 것을 봤어요. 길거리가 폐쇄되었고 다시 열릴 때만 그곳을 통과할 수 있었죠. 나치에 대해 듣거나 읽는 모든 끔찍한 이야기를 과소평가하지 마세요. 실제로는 훨씬 더 끔찍했습니다.

그런 상황에서 발레를 사랑하던 우아한 귀족 소녀는 이전에는 상상도 할 수 없었던 일들을 하게 된다.

오드리 헵번과 안네 프랑크가 15살이던 1944년 9월, 노르망디 상륙 작전의 성공으로 연합군의 사기는 하늘을 찌른다. 그 기세를 몰아 연합군은 프랑스에서 네덜란드로 진격해서 독일 본토를 공격하려는 계획을 세운다. 이름하여 마켓가든 작전이다. 마켓은 공수부대, 가든은 지상군을 뜻하는 암호로, 네덜란드의 주요 다리마다 대규모 공수부대를 투입하는 동시에 지상군이 밀고 들어가 합동으로 독일군을 무너뜨리는 작전이었다. 여기 동원된 공수부대원만 3만 4,000명에 달한다.

이 작전은 영화로도 만들어졌다. 1977년 당대 최고 스타인 숀 코너리Sean Connery를 비롯해 진 해크먼Gene Hackman, 로버트 레드퍼드Robert Redford 등이 출연한 〈머나먼 다리〉가 바로 그 영화다. 영화 속에는 15살짜리 소년이 한 명 등장한다. 당시 나치는 통행과 이동을 엄격히 제한했다. 야간 통금을 만들고 교차로마다 검문소를 설치해 통행증이 없으면 통과시키지 않았다. 그런데 아무래도 대상이 아이라면 의심은 줄어든다. 영화에서도 자전거를 타고 다니는 소년은 독일군에게 이렇게 말한다.

"저… 친구네 집에 잠깐만 갔다 오면 안 돼요?"

이렇게 검문소를 통과해 독일군의 부대 배치나 동향 같은 걸 파악해 연합군에 전달했다. 실제로도 나치에 점령당했을 때 네덜란드의 많은 아이들이 저항 세력의 연락병 역할을 맡았다고 한다. 오드리 헵번도 그중 하나였다.

오드리의 부모는 나치 지지자였다. 아버지는 나치와 사상을 같이하는 영국 파시스트 연합에 가입해서 활동했고 어머니 역시 1930년 후반에 히틀러를 만났다. 두 사람이 이혼한 뒤에 어머니 생각이 달라졌다는 말도 있지만, 정확한 것은 알 수 없다. 점령 초기만 해도 나치를 위한 무대에 딸을 세우기도 했기 때문이다. 그런데 오드리 헵번은 달랐다.

언제부턴가 오드리는 마켓가든 작전에서 고립된 연합군에게 음식이나 메시지를 전달하기 시작했다. 영어를 잘했기에 영국 공군들의 메신저로는 적격이었다. 연합군을 만나고 돌아오는 길에 독일군과 맞닥뜨리는 아찔한 상황도 있었지만, 영화 〈머나먼 다리〉의 소년처럼 기지를 발휘해 위기를 넘겼다.

나중에 오드리는 문과 창문을 다 걸어 잠근 깜깜한 무대 위에서 발레 공연도 한다. 비밀 모금 행사에 참여해 저항 세력의 활동을 도왔던 것이다. 매일 포탄 소리와 함께 눈 뜨고, 매일 누군가가 죽고 다치고 끌려가는 걸 바라볼 수밖에 없는 시절이었다. 성인들에게도 힘든 상황이 15살의 나이에는 더 버거웠을 것이다. 오드리 헵번이 처음 담배를 피운 것도 이 무렵이었다고 한다.

튤립 구근

전쟁이 남긴 상처는 그뿐 아니었다. 노르망디에 상륙한 연합군이 네덜란드를 수복하기 위해 펼쳤던 마켓가든 작전은 헵번을 비롯한 많은 사람들의 협조에도 결국 실패로 끝나고 말았다. 이는 앞서 소개한 영화 제목에서 그 힌트를 찾아볼 수 있다. 〈머나먼 다리〉, 즉 연합군이 다다르기에 다리가 너무 멀었다. 연합군은 당시 세 개의 다리를 목표로 했는데, 남쪽의 두 군데는 수복했지만 북쪽의 하나가 문제였다. 지상군의 도착이 늦어지는 바람에 낙하산을 타고 내려온 공수부대원들이 고립되었다. 그 다리가 오드리 헵번이 살았던 아른헴에 있었다. 이후 나치는 점령 중인 네덜란드 지역을 완전히 봉쇄한다. 물자며 식량, 아무것도 들여올 수 없었다.

하필이면 그해 겨울은 유난히 추웠다. 네덜란드 국민은 연료도 식량도 없는 혹독한 겨울을 보내야 했다. 이 시기 굶어 죽은 네덜란드인이 2만 2,000명에 이를 정도로 혹독했다. 키우던 반려동물을 잡아먹는 사람도 부지기수고, 튤립 구근을 끓여 먹거나 쓰레기통을 뒤지며 목숨을 연명했다고 한다.

'네덜란드 대기근'이라고 불리는 이 시기에 헵번의 가족 역시 살기 위해 튤립 구근까지 먹었다고 한다. 튤립 구근은 아사할 위기에 처하지 않은 이상 식량으로 삼을 만한 것이 아니었다. 맛은 둘째치고, 튤리포사이드와 튤리핀 같은 독성물질이 있었기 때문이다. 잘못 먹으면 설사나 복통, 피부 발진을 일으키고, 심하면 간이나 신장을 손상시켰으며, 호흡 곤란을 일으킬 수도 있었다.

얼마나 허기가 졌으면 이런 위험한 식물을 먹었을까. 오드리 헵번이 16살 때 168cm의 키에 몸무게가 39kg이었다고 한다. 발레는커녕 제대로 걷기도 어려운 지경이었다. 영양실조로 천식, 황달, 빈혈에다 심각한 부종까지 얻었다고 한다.

오드리 헵번의 건강을 망가뜨린 적은   **영양실조**   다.

그녀가 초콜릿에 집착했던 것도 여기에서 기인했다. 오랫동안 굶어서 거의 쓰러지기 일보 직전에 마침내 제2차 세계 대전이 종전을 맞이했다. 처음 만난 연합군이 건넨 것은 초콜릿 바였다. 그걸 앉은 자리에서 다섯 개나 먹고 배탈이 났는데, 그 뒤로도 초콜릿만 먹으면 슬픔이 날아가는 기분이 들었다고 한다.

  과거 할리우드에서는 오드리 헵번이 다이어트를 하다가 거식증에 걸렸다는 소문도 있었는데, 알고 보면 그녀의 개미허리 뒤에는 이런 비극이 감춰져 있었다. 한창 자랄 나이에 네덜란드 대기근을 겪었기에 나중에 건강에도 문제가 생긴 것은 아닐까?

  실제로 네덜란드 대기근을 겪은 집단에 대한 관찰 연구가 굉장히 많이 진행되고 있는데 그중 10살에서 17살 사이에 대기근을 겪은 여성들의 대장암 위험이 증가한다는 연구가 2017년에 발표되기도 했다. 대기근에 중간 수준으로 노출된 여성은 대장암 위험이 24% 증가했고 심각한 수준으로 노출된 여성은 44% 증가했다는 내용이다. 성장기 동안 극심한 영양 결핍을 겪으면 유전자 발현과 호르몬 조절을 포함한 생리적 시스템에 장기적인 변화를 초래할 수 있다. 특히 이 시기에 장 점막의 성장과 유지가 활발하게 이루어지는데, 영양이 부족해 이 과정이 제대로 이루어지지 않으면 대장암 발생 위험이 커지는 것이다. 그리고 IGF-1insulin-like growth factor-1, 즉 인슐린 유사 성장 인자라는 지표가 있는데, 청소년기에 극심한 영양 결핍을 겪으면 이 축에 변화를 일어날 수 있다고 한다.

  김남규 용인 세브란스 병원 교수는 "IGF-1은 종양세포와 종양세포 수용체에 많이 발현되어 있다"며, "IGF-1과 결합하면 종양세포들이 더 빨리 자라기도 하고, 또 세포가 잘 죽지 않는다"고 설명했다.

  우리 몸에 암세포가 생기는 것은 자연스러운 일인데 이것이 암으로 이어지지 않는 이유는 보통 그 암세포를 면역 세포가 잡아먹거나 소멸시키는 능력이 있기 때문이다. 즉, 우리 인체가 자정능력을 갖추고 있다. 그런데 김 교수는 "인슐린 분비를 오랫동안 과도하게 유발하는 당을 섭취하는 등의 문제로 인슐린 저항이 생기고, 여기에 IGF-1이 생성되어 결합하면 암세포 사멸이 제대로 이루어지지 않아서 암이 발현하는 것"이라고 덧붙였다.

국가암정보센터의 2021년 발표에 따르면 우리나라 20~40대의 대장암 발병률은 특히 높은데, 10만 명당 12.9명으로 세계 1위다. 연평균 증가율도 4.2%에 달한다. 그 이유는 여러 가지가 있지만, 그 중에서도 식습관의 변화가 가장 크다. 기름진 음식, 붉은 고기, 가당 음료의 섭취가 가파르게 증가하는 것이다. 그중에서도 최근에 가장 주목받고 있는 것이 콜라, 사이다, 커피, 에너지 드링크 등의 음료다. 당을 가장 빨리 흡수하는 형태로, 너무 많이 먹고 있다. 당의 과도한 섭취가 인슐린 분비 시스템을 무너뜨리고, 결국 대장암으로 이어질 수 있다.

대장암 발병 확률을 낮추기 위해서는 당을 빠르게 섭취할 수 있는 초가공식품은 피하고 양배추, 브로콜리 같은 십자화과 채소나 귀리, 현미 같은 통곡물을 섭취하는 게 좋다. 이 식품들은 식이섬유가 풍부하기 때문이다. 식이섬유는 우리가 소화하지 못하는 형태의 탄수화물로, 소화의 마지막 단계인 대장에서도 그대로 남아서 적당한 수분을 유지하면서 변의 볼륨을 유지해준다. 배변 활동이 원활하게 만들어주는 것이다. 또 장내 유익균의 먹이가 되기도 해서 건강상 다양한 이익을 준다.

일상의 행복이라는 소망

세계적인 스타가 된 오드리 헵번이 간절하게 원한 것은 아주 평범한 것들이었다. 그녀의 가장 큰 꿈은 아이들이 뛰어노는 행복한 가정을 꾸리는 일이었다.

한창 주가를 올릴 때 그녀는 자신보다 12살이나 많고 결혼도 이미 세 번이나 했던 동료 배우 멜 퍼레어Mel Ferrer와 결혼한다. 전쟁 영화는 출연하지 않는다는 자신의 원칙도, 남편이 원하면 예외로 할 만큼 오드리는 좋은 아내가 되려고 노력했다. 나란히 영화 〈전쟁과 평화〉에 출연하고 남편이 연출한 영화의 주인공도 맡는다. 그렇게 바쁜 와중에 감사하게도 그녀에게 새로운 생명이 찾아온다. 하지만 기쁨도 잠시, 오드리는 영화 촬영 도중에 낙마 사고로 유산하고 만다. 그래도 포기하지 않은 끝에 어렵게 첫째 아들을 품에 안았다. 그때 청천벽력 같은 소식이 들려온다.

"오드리, 네 남편 말이야…. 다른 여자가 있어."

둘의 관계는 결국 파탄에 이른다. 이혼 2년 만에 오드리는 자신의 열렬한 팬이었던 정신과 의사와 결혼하지만, 이번에도 그녀가 원했던 단란한 가정은 유지되지 않는다. 세기의 연인이라 불리며 모두의 사랑을 받았지만, 단 한 사람의 온전한 사랑을 얻는 일이 오드리에겐 너무나 어려운 일이었다.

오드리 헵번의 건강을 망가뜨린 적은 　스트레스　 다.

오드리는 어렵게 가진 두 아들을 사랑과 정성으로 키운다. 아들들은 엄마가 은막의 스타라는 사실을 까맣게 몰랐다고 한다. 그 당시 오드리에게는 다른 무엇보다 '엄마'라는 역할이 가장 소중했던 것이다. 이윽고 그녀는 더 많은 아이들의 엄마가 되어주기로 결심한다. 오드리 헵번이 1989년 유니세프 친선대사가 될 때만 해도 그렇게까지 진심으로, 온 마음을 다해 그 일을 할 거라고는 아무도 예상치 못했다.

사실 오드리가 유니세프와 함께 가난하고 굶주린 아이들을 찾아다닌 건, 그녀의 어린 시절의 기억 때문이었다. 그녀가 최초로 유니

그림 4 헵번은 유니세프의 도움을 받은 어린이였고, 나중에 자신과 같은 처지의 어린이들을 돕는 유니세프 친선대사가 되었다. 사진은 유니세프 대니 케이 어워드에 참석한 모습.

세프의 도움을 받은 어린이였기 때문이다. 오드리는 유니세프의 전신인 'UNRRA국제연합구제부흥사업국'가 제공한 밀가루와 버터로 배고픔을 잊고 일상을 되찾을 수 있었다고 한다. 훗날 유니세프 활동을 시작하며 오드리는 이렇게 말했다.

> 내가 이 일을 하려고 평생 리허설을 하다가 마침내 이 배역을 따냈나 봐요.

하지만 그 시간도 그리 길지 못했다.

1992년 9월, 오드리는 소말리아에 다녀온 직후 대장암 진단을 받았다. 수술하기 위해 열어본 오드리의 뱃속은 끈적끈적한 점액으로 가득 차 있었다고 한다. 그녀가 앓았던 충수돌기점액낭종의 점액성 낭종암 형태는 점액 분비성 암세포에 의해 생성되는 점액이 특징인데, 진행되면서 복강 안에 점액이 고일 때도 있다.

흔히 젤리 배jelly belly라고 하는 이런 상태를 가성점액종 복막염Pseudomyxoma Peritonei, PMP이라고 하는데, 가성점액종이라는 말 자체가 '가짜 종양'이라는 뜻이다. 다시 말해 이 점액종이 종양을 뜻하는 것은 아니며, 조직검사를 통해 양성인지 악성인지 구분해 악성일 때는 복막 점액성 암종이라는 이름으로 부른다.

처음에는 증상이 거의 없기에 다른 수술을 하다가 발견하는 경우도 종종 있다. 그런데 오드리 헵번처럼 복통이 심해 병원을 방문했을 정도면 진행된 지 오래되었다는 뜻이다.

김남규 교수는 이 수술의 성공 여부가 퍼진 복막암을 다 제거하는 데 달려 있다고 말한다. 하지만 완벽한 제거가 실질적으로 어려운 게, 상당히 진행된 암의 경우 다른 장기에 유착되는 사례가 많다고 한다. 그래서 수술하다 보면 다른 장기, 예를 들면 소장이라든가 대장, 심지어 위까지 절제하는 예도 있다. 수술 위험도도 올라가고 수술 시간도 8시간에서 10시간까지 길어진다.

첫 번째 수술이 끝나고 나서 한 달 후인 1992년 12월 9일, 오드리 헵번은 다시 한번 수술대에 오른다. 수술을 막 끝내고 나온 집도의가 오드리의 가족 앞에 선다.

"더 이상… 할 수 있는 일이 없습니다…."

이제 자신에게 남은 시간이 얼마 없음을 직감한 오드리는 집으로 가고 싶다고 말한다. 크리스마스는 꼭 집에서 보내게 해달라고 요청하지만, 그녀가 수술받은 로스앤젤레스에서 스위스의 라 페지블까지는 비행기만 10시간을 타야 했다. 이러지도 저러지도 못하고 있을 때 의료장비를 실은 항공기 한 대가 날아온다. 오드리의 오랜 친구, 〈사브리나〉에 의상을 제공하며 인연을 맺은 디자이너 지방시의 전용기였다. 그 누구보다 많은 사랑을 받았지만, 그 누구보다 외롭고 힘들었을 오랜 친구 오드리 헵번을 위한 마지막 크리스마스 선물이었다.

"이제 곧 너희 집에 도착할 거야. 걱정하지 마, 오드리."

집으로 돌아온 오드리는 아끼는 친구들을 초대했다. 친구들을 만나는 중에는 한 번도 웃음을 잃지 않았다. 흰 블라우스 밑으로 손을 넣어 몰래 진통제를 투여하고 있었지만, 그녀는 행복했다.

마침내 크리스마스를 집에서 맞이하게 된 헵번은 두 아들과 함께 침대에 누워서 이렇게 말했다고 한다.

"오늘이 내 인생에서 가장 행복한 크리스마스야."

2

5천만 명을 죽인
'스페인 여인'의 비밀

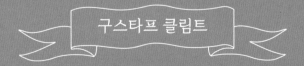

구스타프 클림트

Gustav Klimt

1862. 7. 14.~1918. 2. 6.

1997년 어느 날, 사방이 하얀 눈으로 뒤덮인 알래스카의 한 지역에서 꽁꽁 언 땅을 향해 곡괭이를 내리찍는 사람이 있었다. 하루, 이틀, 사흘… 얼마나 파내려 갔을까.

"찾았다!"

얼어붙은 동토 아래에서 모습을 드러낸 건, 파리한 얼굴을 한 여인의 시신이었다.

"좋아. 더 늦기 전에 폐를 찾아야 해. 빨리…!"

그가 찾으려는 것은 이 여인을 비롯해 엄청난 수의 사람을 죽인 살인범의 실마리였다.

> "한 번도 심판대에 오른 적이 없는 대량 학살자가 있었다. 우리가 하려는 일은 바로 그 살인마를 찾아내는 것이다."
>
> —제프리 토벤버거Jeffery Taubenberger 미국 분자병리학자

쓰러진 지 한 달 만에 사망한 클림트

1918년 오스트리아의 수도 빈에 위치한 작업실에서 한 남자가 그림을 그리고 있었다. 순간 머리가 핑하고 도는 것을 느낀 남자는 한쪽으로 쓰러지고 만다. 다시 일어나려고 했지만 몸이 제대로 움직이지 않았다.

"거, 거기, 아무도 없어…."

쿵 하는 큰 소리가 나자 옆 방에 있던 여동생이 달려왔고, 남자는 곧바로 병원으로 옮겨졌다.

얼마 뒤 신문에 다음과 같은 기사가 실린다.

> 알려진 바에 따르면 화가 구스타프 클림트Gustav Klimt는 그동안 건강에 아무런 문제가 없었으나, 며칠 전 심각한 병에 걸렸다.

구스타프 클림트는 작품 〈키스〉로 유명한 화가다. 이 그림은 현재 오스트리아 빈의 벨베데레 궁전에 있는데, 덕분에 이곳은 오스트리아를 방문한 관광객들이 꼭 들르는 명소가 되었다. 그런데 클림트는 생전에도 사교계의 유명인사였다. 그가 나타나기만 하면 사람들의 시선이 쏠렸고, 주변에서는 수군거림이 끊이지 않았다.

"그 얘기 들었어? 클림트 말이야. 모델만 누드가 아니라며? 자기도 가운만 걸치고 그림을 그린대…."

"아휴 망측해. 빈 최고의 카사노바답다!"

그림 1 클림트의 가장 유명한 그림 〈키스〉는 한 번도 해외에 대여된 적이 없어 이 그림을 보려면 오스트리아 빈의 벨베데레 궁전을 방문해야 한다.

같이 작업한 여성들은 대부분 육체적인 관계를 갖게 된다는 소문이 시내에 파다한데도 인기가 식지 않았다. 귀족 부인부터 젊은 여인까지, 그의 모델이 되고 싶어 하는 여성들이 줄을 섰다.

하지만 정작 쓰러진 그 순간에는 혼자였다. 클림트는 1918년 1월 11일, 55세의 나이에 뇌졸중으로 쓰러졌다. 그의 아버지 역시 55세에 뇌졸중으로 쓰러져 유명을 달리했지만, 클림트는 동생에게 빨리 발견된 덕분에 병원으로 옮겨져 생명을 구했다. 신문의 내용을 마저 살펴보면 '빠른 회복이 예상되며, 의사들의 노력으로 조만간 완전하고 지속적인 회복이 이루어질 것이라는 기대를 모으고 있다'고 했다.

오른쪽 마비 증세로 인해 요양원에 머문 지 한 달 정도 지났을 때였다.

"환자가 숨을 못 쉬어요!"

상태가 갑자기 악화된 그는 종합병원으로 옮겨졌지만, 나흘 만에 결국 숨을 거두고 말았다. 사망진단서에 기재된 사인은 뇌졸중과 폐렴이었다.

한편 클림트의 사망 소식을 듣고 부리나케 영안실로 달려온 청년이 있었다. 차가운 병상에 누운 클림트에게 다가간 청년은 품에서 무언가를 꺼내 들었다. 그러고는 쓱쓱 그림을 그리기 시작했다. 싸늘하게 식은 클림트는 건강하고 자신만만하던 생전의 모습과는 사뭇 달랐다. 많이 야윈 데다 고통스러웠는지 눈도 제대로 감지 못했다고 한다. 클림트의 마지막 모습을 그린 이 청년은 화가 에곤 실레

Egon Schiele였다.

지금은 모르는 사람이 거의 없는 거장으로 평가받지만, 당시만 해도 젊은 무명의 화가였던 그의 천재성을 일찌감치 알아챈 사람이 구스타프 클림트였다.

때는 1907년, 클림트는 또 다른 대표작 〈아델레 블로흐-바우어의 초상〉을 완성했다. 이 그림은 2006년 미국 소더비 경매에서 1억 3,500만 달러에 낙찰되며, 한때 세계에서 가장 비싼 그림으로 기록되었다. 그런데 이 작품이 처음 세상에 공개된 해에도, 클림트는 이미 빈 화단에서 가장 주목받는 화가 중 한 사람이었다. 그리고 바로 그 무렵, 클림트의 그림에 매료된 한 소년이 그를 찾아왔다.

"저… 실례인 건 알지만, 선생님의 드로잉과 제 드로잉을 좀 교환할 수 있을까요? 아! 물론 제 드로잉 여러 점과 선생님 드로잉 한 점이요."

너무나도 당돌한 모습에 어이없어하며 그림을 받아 보던 클림트의 눈이 순간 휘둥그레졌다.

"다른 그림도 줘봐"

소년이 건넨 드로잉을 보면서 클림트는 바로 알아챘다.

'이 녀석은 천재다!'

그 소년이 17살의 에곤 실레였다. 클림트는 실레에게 자기 모델들과 후원자들을 소개해주었다. 자신의 네트워크를 통해서 실레의 작품을 전시하고, 판매도 도왔다. 그런 클림트가 갑자기 세상을 떠나자 실레는 싸늘하게 식은 선배의 마지막 얼굴을 그리는 것 말고

그림 2 클림트와 친분이 있던 화가 에곤 실레가 임종 직후의 클림트를 그린 작품.

아무것도 할 수가 없었다.

온몸이 보라색으로 변해서 죽는 병

클림트가 떠난 뒤에 놀라운 일이 벌어졌다. 세상이 갑자기 에곤 실레를 주목하기 시작한 것이다.

"초상화를 좀 의뢰하고 싶은데요."

실레의 그림값은 하루가 다르게 뛰었다. 전시된 작품마다 완판 행진을 이어갔고 그의 작품을 사려는 대기자 명단까지 생겼다. 실레의 나이 겨우 28살이었다. 천재적인 젊은 화가가 앞으로 얼마나 대단한 작품을 그려낼까? 다들 기대에 차 있었던 그때 실레가 갑자기 활동을 중단한다.

임신 중이던 아내가 열이 펄펄 끓자 실레는 모든 일을 멈추고 아내의 간호에만 집중했다. 불안하게 아내 옆을 지키던 실레는 다시 스케치북을 꺼내 들었다. 그리고 아내의 모습을 화폭에 담아냈다.

불길한 느낌은 적중해서 그림이 완성된 직후, 그의 아내도 클림트처럼 세상을 떠난다. 그리고 아내의 그림이 에곤 실레의 마지막 작품이 된다. 아내를 떠나보낸 지 사흘 뒤인 1918년 10월 31일, 실레도 세상을 떠났기 때문이다. 클림트가 사망한 지 약 9개월 만의 일이다.

대체 이곳에서 무슨 일이 벌어졌을까?

사망 당시 에곤 실레는 28살, 아내는 24살이었다. 젊었고 지병도 없었다. 건강한 사람들이 갑자기 열이 38℃에서 40℃까지 오르면서 온몸이 아프고 기침을 거듭하다 탈진하고… 그러다 사망한 사건이다. 문제는 그런 사람들이 한둘이 아니었다는 점이다. 심지어 증세가 다 똑같았다. 당시 오스트리아에서 이 증세로 사망한 사람이 3,000명이 넘었다. 사람들 사이에는 이런 말이 유행했다.

아침에 아프고 저녁에 죽고, 저녁에 아프고 아침에 죽는다.

빈의 학교와 식당, 극장이 모두 문을 닫았다. 오스트리아 정부에서는 '전염병이 아니며, 원인을 알 수 없다'는 입장을 발표했다. 사망한 이들에게는 기이한 한 가지 공통점이 발견되었다. 먼저 숨을 헐떡이던 환자들은 손과 발부터 푸르스름하게 변하기 시작했다. 그러다가 시간이 지나면 얼굴은 물론이고 몸까지 서서히 보랏빛으로 물들다가 피를 쏟아내며 죽어갔다. 코와 입은 물론이고 눈과 귀에서도 피가 났다고 한다. 그러자 오스트리아에서는 독일이 독가스를 살포했다는 소문이 퍼졌다. 제1차 세계 대전이 한창이던 시절이었기 때문이다.

제1차 세계 대전은 1914년에 시작되어 1918년 11월 11일까지, 4년간 계속되었다. 참전국만 20개국 이상인 인류 역사상 최초의 세계 대전에서 독일이 영국, 프랑스, 러시아 등의 연합군에게 승리하기 위해 독가스를 살포했다는 소문이 퍼졌다.

실제로 제1차 세계 대전에는 독가스가 사용되었다. 염소가스, 포스젠 가스, 머스터드 가스 등이 대표적이다. 염소가스와 머스터드 가스는 질소 비료를 만들어 노벨상을 받은 독일의 프리츠 하버Fritz Haber 작품이다. 포스젠 가스는 영국에서 최초로 합성하고 프랑스에서 무기로 사용했다. 그러다 나중에는 참전국 모두 독가스를 무기로 사용하기에 이르렀다. 그중에서 염소가스나 포스젠 가스는 폐로 흡입하면 염산을 생성해 폐에 화학적인 손상을 일으킨다. 폐가 녹아내리면서 산소 교환을 방해해서 폐부종이 생기기 때문에 피부가 파랗게 변할 수 있다. 저산소증이 심해지면 피부나 점막이 괴사하면서 보랏빛으로 변색될 수도 있다. 폐부종이 생기면 호흡 곤란이 오고 기침할 때 피가 섞인 분비물이 나올 수도 있다.

머스터드 가스의 경우 방사선에 노출된 것처럼 DNA 합성을 방해해서 조직 손상을 일으키는데, 특히 분열이 빠른 조직들이 큰 피해를 입는다. 즉 점막을 심하게 자극하고 조직을 손상시켜 출혈을 일으킬 수 있다. 이런 일련의 증상들이 오스트리아에서 3,000명을 죽인 병의 증상과 유사했다. 그래서 당시에는 집 전체를 완전히 밀봉하는 사람들도 있었다. 바깥공기에 독가스가 섞여 있을지도 모른다며, 이를 차단하려 했던 것이다. 그런데 너무 지나치게 밀봉한 탓에 내부 산소가 부족해지면서, 질식사하는 사건까지 벌어졌다.

하지만 독가스라고 하기에는 뭔가 찜찜한 점이 있었다. 그리고 독가스치고는 범위가 너무 넓었는데, 심지어 제1차 세계 대전과 거리가 너무나도 먼 아시아에서도 같은 증상의 환자들이 다수 나타났다. 고열, 피부 변색, 기침, 호흡부전, 각혈 등 다양한 증상을 보인 사망자들의 증상을 설명할 수 있는 더 확실한 병명이 있었다. 바로 '폐렴'이다.

1918년, 일제강점기의 대한제국에서 〈매일신보〉에 다음과 같은 기사가 실렸다.

> 급성 폐렴과 기타 감기에 관련된 병으로 죽는 자가 많아 화장장에서는 주야로 눈코 뜰 새 없이 분주하며 가마가 부족해 삼등가마에서 태울 것도 일등가마에서 태우는 일까지 있다더라.
>
> —1918년 11월 13일

사람들은 이 병을 '돌림감기'라고 불렀다. 하지만 병명 외에 병의 정체가 무엇인지, 고칠 방법이 있는지 아무것도 알지 못했다.

제1차 세계 대전이 한창이던 1918년, 세계를 휩쓴 이 병의 정체는 바로 '스페인 독감'이다. 정식 명칭 '1918 인플루엔자'는 유럽인들을 공포로 몰아넣은 흑사병과 더불어 최악의 사상자를 낸 '의학적 대학살'이라고 볼 수 있다. 흑사병이 유럽에서 몇 년에 걸쳐서 천천히 전파된 반면, 스페인 독감은 동서양을 포괄한 전 세계에서 동시다발적으로 나타났다. 스페인 독감으로 인한 사망자는 약 5,000만 명에서 최대 1억 명까지 추산되고 있다. 제1차 세계 대전으로 인한 사망자가 2,000만 명이라는 사실과 비교해보면 이 감염병의 위력이 어느 정도인지 짐작할 수 있다.

스페인 독감은 인류의 평균수명도 바꿔놓았다. 1917년 미국인의 평균수명이 51세였는데, 스페인 독감 발생한 1년 뒤에는 39세로 무려 12살이나 줄어들었다.

흑사병에 필적하는 감염병

스페인 독감 환자들의 피부는 왜 보라색으로 바뀌었을까?

피부와 점막이 파랗게 변하는 걸 청색증이라고 하는데, 산소포화도가 낮을 때 생긴다. 주로 심장이나 폐의 기능에 이상이 있을 때 발생한다. 헬리오트로프 소견이라고도 불리는데, 헬리오트로프라는 보라색 꽃에서 그 이름을 따왔다.

독가스를 흡입했을 때 폐가 망가지면서 호흡이 제대로 이루어지지 않아 청색증이 생길 수 있으며, 독감도 마찬가지다. 스페인 독감은 최소 하루에서 4~5일까지 잠복기를 거치다가 감기 증상이 나타나기 시작하면서 상태가 급속도로 나빠진다. 급성 기관지염과 폐렴 증상이 나타나는데, 염증 때문에 폐에 고름이 차면 산소가 부족해지고 호흡이 어려워진다. 산 채로 질식을 당하는 것처럼, 산소 부족으로 피부색이 보랏빛으로 변하다가 목숨을 잃는 것이다. 폐에 염증이 너무 심한 경우에는 일부분이 터지면서 가슴 밑부분에 공기주머니가 생기는 일도 있었다. 이 증상이 나타난다고 해서 다 사망하는 것은 아니지만, 이런 상태에 이르면 살아남더라도 기력을 되찾기까지는 몇 주 이상 걸리고 또 회복한 후에도 평생 신경 질환이나 심장병, 우울증 등 후유증에 시달리는 경우가 많았다고 한다.

그 당시 우리나라에서는 1,678만 인구의 약 44%인 742만 명이 스페인 독감에 걸렸고, 그중 14만 명이나 목숨을 잃었다.

기골이 장대하고 튼튼하기로 유명한 김구 선생도 임시정부 활동을 위해 중국 상해에 넘어갔을 때 스페인 독감에 걸렸다고 한다. 다행히도 완쾌했는데 그에 관한 경험을 《백범일지》에 기록으로 남겼다.

> 내 일생에서 제일 행복이라 할 것은 기질이 튼튼한 것이다. 거의 5년의 감옥 고역에 하루도 병으로 일을 못 한 적 없었고 (…) 병원이란 곳에는 혹을 떼러 제중원에 1개월, 상해에 온 후 서반아(스페인) 감기로 20일 동안 치료한 것뿐이다.

평생 병원에 가본 것이 손에 꼽는 김구 선생조차 스페인 감기로는 20일이나 치료를 받았다니, 그 위력이 얼마나 강력한지 가늠해 볼 수 있다. 일제강점기 경성의 위생 및 보건 업무를 담당했던 조선총독부 위생계에서는 스페인 독감의 전파를 막기 위해 포상금을 걸기에 이르렀다.

일제는 스페인 독감의 전파를 막기 위해

☐☐☐☐☐ 에 포상금을 걸었다.

이 답의 힌트를 얻으려면 2년 전 뉴욕으로 가야 한다.

1916년 뉴욕에서는 지금은 거의 사라진 병인 소아마비가 창궐해 6,000명 이상이 사망하는 사태가 벌어졌다. 소아마비는 감염병이기 때문에 병이 퍼지는 것을 막기 위해 뉴욕시청에서 일제와 똑같은 대상에 현상금을 걸었다. '이것'이 병균을 옮긴다고 생각했기 때문이다.

그 수배 대상은 파리였다. 파리가 범인으로 지목받은 이유는 예상이 된다. 파리가 있는 곳에 구더기가 꼬이는 등 무척 지저분한 생물의 상징으로 여겨지는 탓일 것이다.

일제는 스페인 독감의 전파를 막기 위해
파리 에 포상금을 걸었다.

일제는 병균 전파의 첫 번째 요인이 파리라고 생각했고, 파리의 개체 수를 줄이면 전염병도 사그라들 거라 여겼다. 그래서 파리 한 마리당 하루 일당의 1,000분의 1 정도 되는 '3리'를 포상으로 주겠다고 발표한다. 그러자 파리를 잡는 일을 전문으로 하는 사람이 500명이나 등장했고 그들이 잡은 파리만 무려 14만 마리였다. 전국적으로 '파리박멸 운동'도 전개되었다. 하지만 별 소득 없이 사람들은 계속 죽어나갔다. 과학이 한창 발전하고 있는 시기였음에도 감기의 원인이 바이러스인 것조차 몰랐던 탓이다.

스페인 독감의 감염 상황에 관해 비교적 자세한 기록을 남긴 것은 한국에 머물던 캐나다의 세균학자였다. 프랭크 윌리엄 스코필드

Frank William Schofield는 이런 글을 작성했다.

> 감염이 시베리아를 통해 유럽에서 전파되어 왔음을 의심할 여지는 없는 듯하다. 우리는 서울에서 (1918년) 9월 하순에 처음으로 그 증례를 보게 되었다. 10월 중순에 이르기 전에 전염은 최고조에 이르렀다. (…) 인구의 25%에서 최대 절반까지 감염되었을 것이다. 교사와 학생들에서 높은 발생률을 보여 대부분의 학교는 문을 닫았다.
>
> —〈Pandemic Influenza In Korea with Special References to Its Etiolog〉

총독부는 조선인에게 위생 관념이 없어서 전염병이 퍼진 거라며, 방역 실패를 한국인의 탓으로 돌린다. 이런 사태가 이듬해 일어난 삼일운동에 기름을 붓는 역할을 하게 된다.

대학 연구실에서 이 병의 실체를 밝히려 고군분투하던 스코필드 박사는 1919년 3월 1일, 짐을 주섬주섬 챙겨 나선다. 소아마비로 불편한 몸을 이끌고 간 곳은 탑골공원이었다.

"만세! 대한 독립 만세!"

삼일운동 현장에 도착해 불편한 다리를 이끌고 대한문 맞은편까지 올라간 스코필드 박사는 그날의 뜨거운 현장을 사진으로 남긴다.

스코필드 박사는 이 일로 일제에 의해 강제 추방당한다. 하지만 그는 해외에서도 우리나라가 겪은 참상들을 세계에 알리려 끊임없이 노력했다. 그리고 서거 후 현충원 애국지사 묘역에 안장되었다.

진짜 근원지를 찾아서

스페인 독감이 어떻게 우리나라까지 왔을까? 스페인과 우리나라는 동양의 끝과 유럽의 끝에 위치해 있는데 말이다. 이 문제의 답을 찾으려면 독감 이름에 왜 '스페인'이 붙었는지 그 이유를 먼저 확인해야 한다.

악명 높은 감염병에 이름이 붙은 스페인은 억울한 면이 있다. 이 독감이 대유행한 시기는 제1차 세계 대전이 한창이던 때였다. 참전국 입장에서는 독감 같은 전염병의 유행이 약점이 될 수 있었기에, 이를 더욱 철저히 비밀에 부쳤다. 그런데 스페인은 중립국이었다. 특별히 견제할 나라도 없고 기사를 검열할 필요도 없으니 독감 관련 보도가 다른 나라에 비해 상대적으로 많았다.

최초의 기사는 스페인 일간지 〈ABC 신문〉의 1918년 5월 22일자에 실렸다. 한마디로 이 병이 스페인에서 시작돼서 스페인 독감이 된 게 아니라, 스페인만 제대로 보도해서 스페인 독감이 되어버린 것이다. 초기에는 이 병을 '스페인 여인Spanish Lady'이라고도 불렀다. 그 이유는 이 독감이 굉장히 치명적이고 위험하며, 변화무쌍했기 때문이다. 이런 증상이 마치 '플라멩코를 추는 스페인 여인' 같다고 해서 그런 별명을 붙였다고 한다.

그렇다면 스페인 독감은 진짜 근원지는 어디일까?

이를 찾기 위해서는 1918년 3월, 미국 캔자스주 펀스턴 캠프로 가야 한다. 그 당시 이곳은 미국 최대의 군사 훈련소로, 영내에 주택

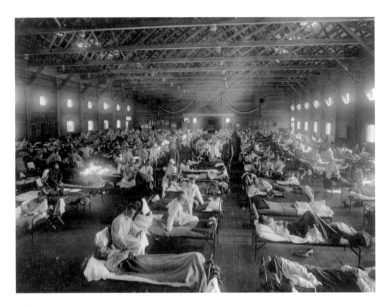

1918년 미국 캔자스주 펀스턴 캠프의 병상. 이곳에서 감염된 병사들이 제1차 세계 대전에 참가하면서 독감이 전 세계로 퍼진 것으로 추정되고 있다.

과 훈련장은 물론, 상점, 극장, 문화센터도 갖춘 최신식 시설이었다. 수용 인원도 엄청나서, 막사 하나에 병사들이 250여 명씩 함께 생활했다고 한다. 평소의 몇 배나 되는 인원을 이곳에 수용한 이유는 미국도 제1차 세계 대전에 참전 중이었기 때문이다.

어느 날 취사병이 갑자기 쓰러진다. 기침하고 열이 났으며, 목과 팔도 아팠다. 3주 만에 1,000명이 넘는 병사들이 같은 증상을 보였다. 문제는 바이러스에 감염된 군인들이 훈련을 마치고 여기저기 전쟁터로 퍼져나갔다는 점이다. 이때까지만 해도 미국을 비롯해 많은 나라가 독감을 그다지 심각하게 여기지 않았다. 병사들이 모인

곳에서 전염병이 도는 것은 흔한 일이었기 때문이다. 게다가 감염자가 좀 많기는 해도 대부분 사나흘 정도 앓다가 금방 회복했다. 다들 건강한 젊은 청년들이었기 때문이다. 그래서 당시에는 이 독감을 '3일 열병'이라고 부르기도 했다. 그리고 여름이 찾아오니 독감이 싹 잦아들었다.

다들 이 사건을 잊어갈 즈음, 진짜 공포가 시작되었다. 그해 8월 미국 보스턴을 시작으로 2차 확산이 진행되는데, '3일 열병'이라 불리던 봄과는 기세부터 달랐다. 사람이 하루에도 수백 명씩 죽어나가자 당국은 난리가 났다. 마치 코로나19 대유행 때처럼 모든 사람이 마스크를 써야 했다. 샌프란시스코에서는 마스크를 안 쓰면 벌금을 물리고 교도소에 수감하기도 했다. 야구 경기를 하는 선수들도 마스크를 쓰고, 심지어 동물들도 마스크를 썼다. 그리고 코로나19 때와 똑같이 가짜뉴스가 엄청나게 성행한다. 그 와중에 주류상들은 '위스키가 인플루엔자균을 퇴치한다'는 광고를 낸다.

의약적 목적으로 사용되는 와인과 주류는 인플루엔자균을 퇴치할 수 있으며 예방 목적으로 전문가뿐만 아니라 개별 공급원에서도 적극적으로 권장됩니다.
'독감'이 당신에게 올 때까지 기다리지 마세요.
이 전염병을 제때 경계하세요.

알코올이 세균이나 바이러스를 죽이는 것은 사실이다. 삼투압 효과로 세균이나 바이러스의 단백질 내 수분을 다 빨아들여서 말려 죽이는 방식이다. 하지만 당분 등 세균의 먹이가 될 성분이 있으면 안 된다. 또 살균 작용을 제대로 하려면 알코올 도수가 최소한 60도는 넘어야 한다. 그런데 바이러스가 몸 안으로 침투하면 세포까지 들어가기 때문에 알코올은 아무 의미가 없다. 바이러스와 달리 알코올은 세포까지 들어가지 못하기 때문이다.

여러 예방책도 소용없이 하루에도 사망자가 수백 명씩 나오니 시신을 묻을 관도, 시신을 보관할 장소도 턱없이 부족했다. 사망자가 며칠 동안 집 안에 방치되는 일도 종종 생겼다. 그 틈을 타, 일부 장

그림 4 1918 세인트루이스에서 독감 사망자를 이송하는 모습. 코로나19 유행 때처럼 마스크 착용이 강제되었다.

의사들이 가격을 6배나 올려 폭리를 취하기도 했다. 또 어떤 사람들은 스페인 독감에 대한 공포 때문에 집에 틀어박혀서 나오지 않다가 굶어 죽었다. 스페인 독감에 걸린 부모가 혼자 남겨질 자식이 걱정되어 자식을 살해하는 일까지 있었다고 한다.

1918년 9월, 시카고 남부의 한 공군 캠프도 예외가 아니었다.

"콜록, 콜록."

여기저기서 병사들의 기침 소리가 들리자 16살 월트는 초조했다.

"어떻게 온 군대인데…. 이러다 제대하는 건 아니겠지?"

원래 입대하려면 최소 17살은 되어야 하는데, 이 소년은 입대동의서에 나이를 한 살 올려서까지 군대에 겨우 들어왔다. 심지어 미국 군대가 안 받아주면 캐나다 군대라도 간다면서 국경을 넘으려고 몰래 짐까지 싸니, 부모가 눈 딱 감고 동의해준 것이었다. 이 고집쟁이 소년병은 훗날 디즈니의 창업자가 된 월트 디즈니Walt Disney다. 이처럼 우여곡절 끝에 입대한 그 또한 예외 없이 스페인 독감에 걸리고 만다. 병원은 이미 포화 상태라, 집이 가까웠던 병사들은 모두 귀가 조치되었다. 월트 역시 집으로 돌아올 수밖에 없었다. 월트는 일주일 동안 고열과 섬망에 시달렸지만, 다행히 이 병을 이겨낸다. 그는 훗날 그때를 이렇게 회상했다.

사람들이 파리처럼 죽어가고 있었어요.

그로부터 두 달 뒤인 1918년 11월, 미국 보스턴 인근의 한 해군 훈련기지에서는 은밀한 거래가 진행된다.

"혹시 스페인 독감에 걸려볼 생각 없나? 동의한다면 자네 죄를 사면해주지."

이런 제안을 받은 이들은 모두 군 복무 중 범죄를 저질러 유죄 판결을 받고 수감된 이들이었다. 해군병원 실험실에 있던 의사 둘이 이들을 대상으로 실험을 제안했다. 이 제안을 받아들인 죄수는 모두 62명으로, 이들은 캘럽스라는 섬에 격리되어 독감 환자의 코와 목에서 나온 점액을 코와 목구멍은 물론이고, 눈에도 넣는 등의 실험에 참여했다. 독감 환자의 피를 뽑아 주입하기도 했다. 나중에는 죄수 10명을 병원으로 데려가서 고열에 시달리며 죽어가는 환자들에게 실험 대상을 향해 기침하도록 하는 실험도 했다.

그런데 놀랍게도 실험에 참여한 62명 모두 독감에 걸리지 않았다. 실험이 실패한 것이다. 여기에는 두 가지 원인이 추측 가능하다. 아마도 죄수들이 이미 한 차례 감염된 적이 있어서 면역력이 생겼을 수도 있고, 환자들이 이미 감염 후기 상태여서 전파력이 약해진 상태였을 가능성도 있다.

그런데 이 실험이 스페인 독감에 대한 오해와 공포만 더욱더 불러일으키게 된다.

사람을 대상으로 이런 무리수까지 썼는데도 아무것도 알아내지 못했기 때문이다. 그리고 스페인 독감은 전쟁터를 통해 어마어마하게 확산된다. 제1차 세계 대전에 참호가 있었기 때문이다. 제1차 세계 대전의 상징인 참호는 전체 길이를 모두 따지면 약 4만km에 달했다고 한다. 지구 둘레와 비슷한 길이다. 이 참호가 스페인 독감의 바이러스를 배양하는 역할을 했다. 참호는 밀집된 병사들, 비위생적 환경, 면역력 약화라는 삼박자를 갖춘 곳으로, 스페인 독감 바이러스가 번식하고 전파되기에 완벽한 조건이었다.

그리고 1918년 11월 11일, 길었던 제1차 세계 대전이 끝났다. 전쟁에 나갔던 남편과 아들들은 자신도 모르는 사이 고향으로 바이러스를 데려왔다. 또한 전쟁에 참여한 대국들은 전부 식민지를 갖고 있었는데, 전쟁에 참여하지 않은 식민지였던 아프리카 같은 나라에까지 독감을 전파했다. 결국, 그렇게 우리나라를 포함한 전 세계에 독감이 퍼졌다.

이 지독한 스페인 독감이 심지어 제2차 세계 대전에까지 영향을 미쳤다는 이야기도 있다. 1919년 4월 초, 파리에 연합국 대표들이 모여서 패전국 독일에 대한 처분을 정하는 회의를 열었다. 당시 미국 대통령 우드로 윌슨Woodrow Wilson은 독일에 고액의 배상금을 부과하는 것을 강력하게 반대하는 입장이었다. 가혹한 요구는 반드시 원한을 남겨 또 다른 전쟁을 불러오기 때문이다. 그런데 윌슨 대통령이 파리에서 스페인 독감에 걸렸다. 미국 정부는 감염 사실을 쉬쉬했지만 윌슨의 건강은 점차 안 좋아졌고, 고열에 시달리던 그가 결국 평소 자신의 주장과 다르게 독일에 어마어마한 배상금을 부과하는 조약에 동의하고 말았다는 것이다. 윌슨은 그로부터 1년 뒤 뇌졸중을 일으켜 반신불수가 되고 4년을 투병하다 사망한다. 윌슨이 독감에 걸렸을 때 이미 60대였기에 뇌졸중을 그 후유증으로 보는 시각도 많다.

어쨌든 윌슨의 변심이 훗날 제2차 세계 대전을 불러오는 데 한몫하게 된다. 만약 이때 윌슨이 스페인 독감에 걸리지 않았다면 지금의 역사가 다시 쓰였을 수도 있지 않을까.

사라져버린 스페인 독감의 정체는

그런데 정작 스페인 독감은 그 뒤에 감쪽같이 사라진다. 1918년부터 1920년 겨울까지 네 차례 유행한 뒤에 일어난 일이다. 여기에는 몇 가지 가설이 있다.

가장 유력한 가설은 이미 몇 번의 유행으로 많은 사람이 전염병에 노출되면서 자연스럽게 면역을 얻게 되었고 더는 퍼질 수 없는 상황에 다다랐다는 것이다. 한마디로, 집단 면역이 생겨서 바이러스가 숙주를 찾을 수 없는 상태가 된 것이다. 또 다른 유력한 가설로 바이러스에 돌연변이가 일어나면서 순화되었다는 주장도 있다. 치사율이 확연히 떨어져서 감기 수준이 된 것이다. 안타까운 사실은 스페인 독감에 관한 모든 분석이 가설일 뿐, 명확히 밝혀진 것이 그때도 지금도 없다는 점이다. 사람이 5,000만 명 이상 죽었는데도 말이다. 바이러스에 관해서는 지금도 많은 부분이 미스터리다. 약 105년 전인 그 시절에는 더더욱 알려진 것이 없었다.

그런데 호기심 많은 한 사람이 끝까지 스페인 독감을 추적해 그 정체를 밝혀내기에 이른다.

스페인 독감의 정체는 ⬚ 이었다.

맨 앞에서 살펴보았던, 1997년 알래스카에서 얼어붙은 땅을 파던 바로 그 사람에 다시 주목해보자. 미국 알래스카의 브레비그 마을에 나타나 땅을 파기 시작한 사람은 70세를 훌쩍 넘은 병리학자 요한 홀틴Johan Hultin이었다. 스페인 독감의 정체를 밝히는 데 평생을 바친 남자로, 약 50년 전인 1951년에도 이미 브레비그 마을에서 스페인 독감 바이러스를 찾으려고 시도했었다. 그가 20대 중반의 대학원생이던 1950년에 한 식사 자리에서 우연히 들은 이야기가 그의 호기심을 자극했다. 그 자리에 함께한 저명한 바이러스 학자는 북극 지역의 영구동토층에 묻힌 스페인 독감 희생자들이 냉동 상태로 보존되어 있을 가능성이 크다며, 독감의 정체를 밝히기 위해 그들을 찾아 바이러스를 확보해야 한다고 말했다.

영구동토층은 땅속 온도가 어는 점인 0℃ 이하로 2년 이상 유지되는 곳이다. 바이러스는 숙주가 없이는 복제되지 못하고 오래 살아남기도 어렵기에 독감에 걸린 사람이 죽으면 바이러스도 사멸한다. 하지만 냉동 상태라면 바이러스가 보존될 가능성이 컸다. 실제로 냉동 상태의 바이러스가 수백 년이 지나도 유지되는 사례가 있었다. 2016년 시베리아에서 유목민들이 단체로 탄저균에 감염된 사건이다. 이는 기후 변화로 영구동토층이 녹아 탄저병에 걸린 순록의 사체가 녹으면서 벌어진 일이었다.

안타깝게도 1951년에 발굴한 시신에서 홀틴은 바이러스를 발견하지 못했다. 그로부터 50년이 흐른 1997년의 어느 날, 신문을 보던 요한 홀틴은 흥분한다. 제프리 토벤버거라는 병리학자가 스페인 독감으로 사망한 미군 병사의 폐 조직에서 독감 바이러스의 유전자 서열 일부를 찾아냈다는 기사를 본 것이다.

토벤버거 박사는 더 많은 표본이 없는 탓에 잠시 연구를 멈춘 상황이었다. 이 소식을 들은 요한 홀틴이 50년 만에 다시 알래스카를 찾아가서 묘지를 파헤친 것이다. 땅을 판 지 사흘째 되는 날, 그는 2m 정도 되는 구덩이 속에서 한 여성의 시신을 발견한다. 30대 정도로 보이는 여성은 약 80년 전의 시신이라고는 믿을 수 없을 만큼 전혀 부패하지 않았다.

특히 그녀의 폐가 꽁꽁 얼어붙은 채 잘 보존되어 있었던 덕분에 홀틴 박사는 여인의 폐 조직에서 독감 바이러스를 채취하는 데 성공한다. 그리고 마침내 놀라운 사실이 밝혀졌다.

스페인 독감의 정체는 　조류 독감　이었다.

즉 조류 바이러스가 사람에게 감염된 것이 스페인 독감으로 추정되었다.

보통 동물과 사람 사이에는 눈에 보이지 않는 장벽이 있어서 동물의 질병이 사람한테 넘어오지 않고 사람의 질병 역시 동물에게 쉽게 감염되지 않는다. 그런데 인류 역사상 대단히 큰 문제를 유발했던 감염병 중에는 때때로 동물에게서 사람으로 전파되었던 경우들이 있다. 이것을 인수공통 감염병이라고 한다.

조류 바이러스 역시 사람에게 바로 옮겨지는 일이 쉽게 일어나지는 않는다. 그런데 1918년의 스페인 독감은 처음에 조류에서 돼지로, 돼지에서 사람으로 전파된 게 아닐까 추정하고 있다.

그 단서는 1918년 9월, 미국 아이오와에서 열린 '돼지 품평회'에서 확인되었다. 당시 호흡기 질환에 걸린 돼지들이 건강한 돼지에게 독감을 전파한 사실이 나중에 밝혀진 것이다. 그다음 해에 중서부 지방 전체로 병이 퍼지면서, 수백만 마리의 돼지들이 목숨을 잃었다. 그런데 그 당시 농장 사람들도 돼지들과 유사한 독감을 앓았다고 한다. 과학자들이 돼지 독감을 추적하다가 동물의 병이 사람에게도 옮을 수 있다는 사실을 밝혀내기에 이른 것이다.

스페인 독감에서는 특히 돼지가 결정적인 역할을 했다. 돼지가 '바이러스의 혼합체 역할'을 한 것인데, 조류의 바이러스도 쉽게 받아들이고, 사람의 바이러스도 잘 받아들이는 바람에 팬데믹, 즉 대유행의 방아쇠가 되었다. 참고로, 2009년에 발생한 신종플루 역시 돼지 인플루엔자가 전파된 것이다.

많은 과학자들이 인수공통 감염병이 곧 다시 찾아올 것이라고 우려한다. 실제로 2024년 3월에 미국에서 무척 우려할 만한 사태가 벌어졌는데, 고병원성 조류 인플루엔자가 젖소들에게 폭발적으로 전파된 것이다. 돼지는 종species을 달리해서도 전파가 쉽게 되어서 인플루엔자 바이러스를 옮기는 역할을 여러 번 했고, 그로 인해 학계에서도 많은 연구가 이루어졌다. 하지만 앞서 말한 것처럼, 기본적으로 다른 종간에서는 바이러스의 전파가 쉽지 않은 데다 젖소는 특히 인플루엔자에 매우 둔감한 동물이다. 이런 이유로 연구도 제대로된 적이 거의 없는데, 2024년 사태에서 젖소 인플루엔자가 농장의 고양이 등 동물을 넘어 사람에게까지 전파된 사실이 확인되었다.

바이러스는 우리 눈에 보이지 않지만, 그 끈질긴 생명력은 경이롭기까지 하다. 2009년에 발생한 신종플루의 유전체를 분석했더니 스페인 독감의 유전자가 남아 있었다. 그뿐만 아니라 매년 찾아오는 계절성 독감에도 스페인 독감 유전체와 유사한 것들이 남아 있다. 긴 시간 동안 바이러스가 재조합을 통해 그 생명력을 이어가고 있는 것이다. 다행히 인간 역시 이에 맞서기 위해 많은 연구를 거듭했고 독감 백신과 함께 치료제를 개발해, 인플루엔자 바이러스에 의한 사망률은 급속히 낮아졌다.

독감에 의해 사망한 유명인사로 클림트와 실레를 살펴봤는데, 사실은 수많은 유명인사들이 이번 장의 후보였다. 미국의 대통령 프랭클린 루스벨트Franklin D. Roosevelt, 인도의 마하트마 간디Mahatma Gandhi, 그리고 〈절규〉로 유명한 화가 에드바르 뭉크Edvard Munch도 스페인 독감에 걸렸다. 이들은 다행히 독감을 이기고 회복해 이번 장의 주인공이 되는 비운을 피했다. 그중에서도 뭉크는 어린 시절부터 몸이 약했다. 결핵으로 가족을 잃고 나서는 무리하면 안 된다며 운동도 하지 않고 장례식장조차 가지 않았다. 그런 그가 어떻게 무

그림 5 뭉크는 스페인 독감에 걸렸지만 회복되어 살아남았다. 그는 스페인 독감에 감염되었을 당시 자화상을 몇 장 그렸는데, 움푹 패인 볼과 파리한 안색 등 병색이 완연해 보인다.

시무시한 독감을 이겨냈을까?

그 해답은 사이토카인cytokine 폭풍에 있다. 우리 몸에 세균이나 바이러스가 침투하면 이에 대항하기 위해 면역물질인 사이토카인이 분비된다. 그런데 면역 시스템이 과민 반응해서 지나치게 많이 분비되면 정상세포까지 공격해서 대규모 염증 반응을 일으킨다. 심할 경우 혈압이 뚝 떨어지면서 쇼크가 와서 사망에 이르기도 한다. 아이러니한 점은 젊은 사람일수록 면벽 반응도 활발하게 일어나다 보니 사이토카인 폭풍의 가능성도 더 크다는 사실이다.

스페인 독감의 사망자 대부분이 65세 이하였고, 특히나 전체 사망자의 60%가 20~40대였다. 누가 봐도 건강한 이런 사람들인 만큼, 사이토카인 폭풍이 스페인 독감의 치사율에 큰 영향을 준 것으로 짐작할 수 있다. 허약한 체질에 이미 50대에 접어든 뭉크는 이를 피해갈 수 있는 조건이었다.

다음 팬데믹은 인류에 달려 있다

인간이 이 지구상에 살아 있는 한 바이러스는 절대 사라지지 않을 것이다. 인간은 바이러스의 가장 좋은 숙주이기 때문이다. 그렇다면 인류가 팬데믹을 막을 방법은 없을까?

지금까지 확인된 가장 좋은 예방법이라고는 '손을 잘 씻고, 증상 있을 때는 사람과의 접촉을 최소화하는 것'밖에 없는데, 이것은

1918년 스페인 독감 때도 똑같았다. 살아 있는 생명체인 바이러스는 계속 변이가 진행된다. 독감 백신을 매년 맞는 것도 독감의 원인이 되는 인플루엔자 바이러스가 매년 조금씩 변화하기 때문이다. 그리고 스페인 독감처럼 무시무시한 변종이 등장해 팬데믹을 불러오는 것이다. 희망적인 소식은 현재 다양한 변이 바이러스를 막아줄 유니버설 백신이 한창 개발 중이라는 사실이다.

최근 신종 감염병의 80%가 인수공통 감염병이라고 한다. 진짜 문제는 기후 변화다. 저명한 과학 잡지 〈네이처Nature〉에서 무척 충격적인 기사를 실었는데, 기후 변화로 인해 포유류가 먹이를 따라 서식지를 이동하다 보니 새로운 바이러스에 계속 노출되는 상황이 벌어진다는 것이다. 이로 인해 2070년까지 1만 5,000건 이상의 새로운 종간 전파 감염병이 일어날 것이라고 발표했다. 앞으로 45년간 1만 5,000건이면 연간 330건으로, 거의 매일 이런 일이 일어난다는 것이다. 특히나 전 세계가 초밀접화되어 있어 바이러스가 한번 시작되면 삽시간에 번질 가능성이 크다. 실제로 코로나19는 우리가 깨닫기도 전에 이미 전 세계로 전파되었다. 그리고 인간과 자연이 조화를 이루지 못할 때 어떤 치명적인 결과가 초래되는지를 보여준 사례가 되었다.

스페인 독감 역시 과거의 전염병이 아니라, 앞으로 언제 또 나타날지 모르는 병이다. 이제는 인류가 앞으로 어떻게 살아가면 좋을지 깊이 고민해야 하는 시점이다. 미국 과학저술가 데이비드 쾀먼David Quammen이 쓴 책을 보면 다음과 같은 내용이 나온다.

인간이 자연 앞에 겸허해지지 않는다면 자연은 언제라도 다음번 공격
에 나설 것이다.

미지의 감염병으로부터 우리가 우리를 지켜낼 방법은, 우리의 행
동에 달려 있다는 생각이 든다.

3

썩지 않는
시신의 비밀

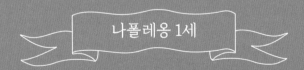
나폴레옹 1세

Napoléon Bonaparte

1769. 8. 15.~1821. 5. 5.

1840년 10월, 한 무리의 사람들이 배에서 내렸다.

대부분이 프랑스 사람들이었는데, 파리에서 남대서양의 외딴섬까지 무려 석 달을 걸려 도착했다. 그들이 이곳에 온 이유는 황제의 시신을 모셔가기 위함이었다. 묘를 파헤치고 관을 들어 올려 무거운 관 뚜껑을 연 그 순간….

"이게 어떻게 된 일이야?"

그곳에 모여 있던 사람들은 모두 소스라치게 놀란다. 사망한 지 20년이나 지난 시신이 마치 엊그제 죽은 사람 같았기 때문이다. 얼굴이 창백할 뿐, 전혀 부패하지 않았다.

발굴 작업에 참여한 사람은 이런 편지를 남겼다.

시신은 거의 완벽한 상태였다. 묻힌 당시의 모습과 거의 달라지지 않았으며 손도 매우 고운 상태였다.

이 시신의 정체는 바로 불멸의 황제, 나폴레옹 보나파르트Napoléon Bonaparte다.

그는 왜 남대서양의 외딴섬에서 죽음을 맞이했을까?

사후 20년이 지나 파헤쳐진 그의 시신에는 어떤 비밀이 숨겨져 있었을까?

외딴섬에 갇힌 남자

나폴레옹은 이탈리아 옆에 붙어 있는 프랑스 남부의 섬 코르시카 출신이다. 귀족 태생이기는 했지만 찢어지게 가난했던 흙수저에 섬 총각이었다. 그런데 군사학교에 다닐 때부터 실력은 확실했다. 프랑스 혁명이 일어났을 때 민중의 지지를 받으면서 고속 승진을 한 스타 정치군인으로, 쿠데타를 거쳐 권력을 잡고 기어이 스스로 황제의 자리까지 오른 입지전적 인물이다. 개천에서 난 용의 대표주자이자 자수성가의 화신이라 할 수 있다.

그런 그가 말년에는 남대서양에 있는 영국령 3대 섬 가운데 하나인 세인트헬레나섬으로 유배되었다. 이 섬은 가장 가까운 육지까지 무려 2,000km나 떨어진 곳으로, 서울에서 부산까지 거리의 5배를 가야 겨우 뭍에 닿을 수 있는 절해고도다. 요즘에도 남아프리카공화국에서 비행기로 6시간을 더 가야 도착할 수 있을 정도로 접근성이 좋지 않다.

1815년 10월 15일에 이곳에 도착한 나폴레옹은 약 6년간 유배 생활 끝에 건강이 악화해 사망한다. 나폴레옹의 마지막 시종은 회고록에 그의 건강이 나빠지는 과정을 비교적 상세히 기록했다.

1817년 1월 : 나는 의사에게 황제의 다리 발목 주위가 부어 있는 것 같다고 말했다.

1817년 10월 : 오른쪽 복부 부위의 무거움. 소화 불량과 변비를 동반했다.

1818년 7월 : 창백한 얼굴, 눈의 흰자위가 노랗게 변하는 증상, 짙고 진한 소변, 정신적 피로와 두통 등이 나타났다.

그림 1) 나폴레옹이 죽기 전 마지막 6년을 보낸 세인트헬레나섬은 남대서양의 한가운데 있어서 탈출이 불가능했다.

1821년 3월 17일 : 황제는 침대에서 나오지 않았다.

그리고 그해 5월 나폴레옹은 51세 나이로 끝내 세상을 떠난다.

그로부터 100여 년이 흐른 어느 날, 스웨덴의 스텐 포르슈브드 Sten Forshufvud라는 사람이 이 회고록을 보게 된다. 치과 의사 겸 독성 학자였던 스텐은 회고록을 바탕으로 조사를 해나간 끝에 이런 결론을 내렸다.

나폴레옹은 [   ]로 사망했다.

포르슈브드에 의하면 나폴레옹의 지인들이 쓴 책들을 모두 뒤져서 살펴봤더니 비소 중독의 증상 30가지 중에서 20가지 이상이 나폴레옹과 일치했다고 한다.

비소는 옛날에 사약으로 많이 썼던 독성물질로, 비소에 중독되면 피로감, 초조함, 식욕 부진 등이 오다가 점차 심해지면 구토에 설사 증세까지 나타난다. 그런데 이런 모든 증상이 인체의 컨디션에 따라 자연스럽게 나타날 수 있는 증상이라서, 비소에 중독된 줄 모르고 지나가는 일이 많다. 이런 특징 탓에 비소는 옛날부터 독살에 주로 이용되는 도구였다. 더구나 냄새가 없고 물에 섞으면 맛도 거의 없는 것이 특징이다.

르세상스 시대 이탈리아의 전제 군주인 체사레 보르자 Cesare Borgia 는 잔혹하기로 널리 알려진 인물인데 그 또한 비소를 즐겨 사용했다는 이야기가 전해진다. 그 외에도 독살에 너무 자주 쓰이는 바람에 '상속가루'라는 별명도 있다. '손자가 유산을 상속받기 위해 할아버지 술에 탄다'는 식이다. 동양에서는 비상砒霜이라고 불리며 약으로도 쓰였지만 역시 독으로 사용되는 경우가 많았다. 청나라의 11대 황제 광서제가 사망한 지 100년 만에 비상으로 독살되었다는 사실이 밝혀졌다.

동양의학에서는 비소 성분을 함유한 약재를 학질의 치료제나 가래약 등으로 폭넓게 활용했다. 미백 효과가 있어 화장품으로도 썼다. 백반증 환자의 치료에도 비소가 쓰였지만, 너무 많이 사용해서 중독되면 피부흑색증의 부작용이 나타난다. 독성이 확인된 지금은 대부분의 치료에서 사용이 금지되었다.

이런 비소의 특성 때문에 포르슈브드 박사는 비소가 나폴레옹의 사망 원인이라고 생각했다. 그는 이 가설을 확인해보기 위해 나폴레옹의 머리카락을 구해서 분석했다. 그 결과 정상 수치보다 5배나 높은 비소가 검출된다. 이로써 나폴레옹 독살설에 더욱 무게가 실렸다.

나폴레옹은 　독살　로 사망했다.

나폴레옹 독살설이 제기될 때마다 범인으로 거론되는 사람들이 몇 명 있다. 우선 나폴레옹에게 권력을 빼앗겼던 부르봉 왕가가 나폴레옹을 제거했다는 이야기가 있고, 영국이 제거했다는 설도 있다. 구체적으로는 나폴레옹을 가장 가까이서 보살폈던 심복을 매수해서 음식에 독을 탔다는 주장이 제기되기도 했다.

나폴레옹에게 권력을 빼앗긴 프랑스 왕가는 그렇다 쳐도 영국은 왜 범인으로 지목받을까?

그 이야기를 이제부터 살펴보자.

나폴레옹이 죽음을 맞은 세인트헬레나섬은 그때도 지금도 영국의 땅이다. 프랑스의 황제가 왜 영국 땅에서 죽음을 맞이해야 했을까?

내 사전에 불가능은 없다

나폴레옹은 프랑스 역사를 통틀어서 전무후무한 전략가이자 정복자였다. 그가 남긴 가장 유명한 말 "내 사전에 불가능이란 단어는 없다"가 뜻하는 것처럼, 불가능해 보이는 많은 일을 이루어냈다. 그 가운데 한 가지 일화가 알프스산맥을 넘은 사건이다.

1800년 5월 15일 나폴레옹의 군대는 알프스산맥 앞에 도열해 있었다.

"여길 넘어서 이탈리아 북부로 들어간다."

나폴레옹을 떠올릴 때 생각나는 가장 유명한 그림은 자크 루이 다비드Jacques-Louis David가 그린 〈알프스를 넘는 나폴레옹〉일 것이다. 나폴레옹의 상징과도 같은 이각모, 바람에 휘날리는 붉은색 망토, 앞발을 들고 당장 달려 나갈 것 같은 백마 위에 올라탄 나폴레옹의

그림 2 궁정화가 자크 루이 다비드가 1801년에 그린 〈알프스를 넘는 나폴레옹〉. 나폴레옹의 영웅적 모습을 극대화했다.

나폴레옹 사후 30년이 지난 시점에 폴 들라로슈가 그린 〈알프스를 넘는 보나파르트〉. 백마 대신 노새를 타고 추위에 지친 나폴레옹을 현실적으로 묘사했다.

표정은 차분하고 위엄이 넘친다.

그런데 눈 덮인 알프스산맥을 말을 타고 달릴 수 있었을까? 다비드의 그림은 심하게 과장된 일종의 보정 샷이다. 다비드가 이 그림을 의뢰받아서 그릴 때 나폴레옹이 말을 탄 모습을 한 번도 본 적이 없었다고 한다.

또 나폴레옹이 실제로 알프스산맥을 넘을 때는 백마 대신 노새를 타고 눈밭을 구르면서 겨우겨우 넘었다고 한다. 나폴레옹 사후 30년이 지난 시점에 폴 들라로슈Paul Delaroche가 그린 그림을 보면 나폴레옹이 노새를 탄 채 피곤한 표정을 짓고 있다. 그도 그럴 것이 나폴레옹이 넘은 그레이트 생베르나르 고개는 높이가 백두산 천지와 맞먹는 2,469m의 고개다. 5월에도 만년설이 뒤덮여 있는 이곳을 보고 군인 한 명이 말했다.

"저 길로는 대포를 옮길 수가 없습니다."

그러자 나폴레옹은 이렇게 명령한다.

"대포를 모두 해체하라."

나폴레옹은 대포를 하나하나 분리해서 나무 썰매에 실은 뒤 최소한의 군장만 갖추고 험준한 알프스를 기어이 넘기로 한다. 담요도 딱 한 장씩만 챙겨서 밤이면 몸을 돌돌 말아 바닥에서 잠을 잤다고 한다. 여기서 우리가 흔히 쓰는 캠핑용어가 등장했다. 바로 비박bivouac인데, 본래 프랑스어로 '경계병이 밖에서 밤을 지새운다'는 뜻을 가졌다고 한다.

아무리 군대라고 해도 알프스산맥에서 비박은 견디기 쉬운 일이 아니었다. 그런데 지휘관인 나폴레옹이 이런 고생을 병사들과 함께 했다. 그는 종종 병사들과 같은 조건에서 지내며 그들과 고난을 나누는 모습을 보였는데, 특히 원정 때 이런 모습을 보여줌으로써 병사들의 사기를 돋웠다.

프랑스는 알프스산맥을 사이에 두고 이탈리아 북부와 맞닿아 있다. 그 당시 이탈리아는 작은 여러 나라들로 쪼개져 있었고 북쪽은 오스트리아의 지배 아래 있었다. 모두가 갈 수 없다고 한 그 길을 기어이 뚫고 간 프랑스군에 의해 오스트리아는 완전히 허를 찔리고 패배한다.

오스트리아의 지배자는 합스부르크 왕가였는데, 그들의 시각에서 나폴레옹은 아주 위험한 인물이었다. 그의 엄청난 전쟁 운영 능력도 그러했지만, 왕정국가들을 더 두렵게 했던 건 프랑스 혁명 직후라는 타이밍이었다. 앞서 말했듯이 나폴레옹은 혁명을 통해 스타가 되었다. 그는 왕을 쫓아낸 뒤 '자유, 평등, 박애'라는 프랑스 이념을 널리 퍼뜨리고 다녔다.

"민중이 귀족한테 착취당하면서 살 필요가 없다!"

주변국의 왕실에서 볼 때 혹시나 우리 국민이 그 말에 휩쓸리면 어떻게 될까 매우 불안했을 것이다. 까딱 잘못하다가는 자신들이 프랑스 왕족과 같은 운명을 맞을지도 모른다는 두려움 속에서 반프랑스 연합이 형성된 것이다.

한편 승승장구하던 나폴레옹은 제1통령을 거쳐서, 얼마 뒤에 스스로 황제의 자리까지 오른다. 군주의 대관식에서는 원래 주교가 왕관을 씌워주는 전통이 있는데, 나폴레옹은 교황을 초대해놓고도 전통을 무시하고 왕관을 자기 머리에 스스로 얹는다. 이것은 나의 권력은 신에게서 나오는 게 아니라, 나 자신과 국민의 지지에 기반하고 있다는 의미였을 것이다.

귀족 출신이긴 해도 나폴레옹은 가난한 집안에 섬 출신으로 비주류에 속했다. 개인이 아무리 뛰어났어도 프랑스 혁명이 아니었으면 절대 황제가 될 수 없었다. 하지만 혁명으로 세상이 바뀌면서 신분이 아니라 능력으로 권력을 잡는 세상이 열렸다. 그걸 보여주는 상징이자 신화가 된 것이다.

그리고 나폴레옹의 프랑스는 보란 듯이 역사상 가장 넓은 국토를 보유하게 된다.

나폴레옹이 평생 치른 전투가 90번쯤 되는데, 10번 정도 빼고는 다 이겼다. 그런데 승률이 거의 9할에 달하는 나폴레옹에게도 아킬레스건이 있었다. 대부분의 패배를 안겨준 그 나라, 바로 영국이다. 그래서 나폴레옹은 주변국들을 압박한다.

"그 해적 같은 영국 놈들과 무역을 하면 가만두지 않겠다!"

영국 무역 금지법, 이름하여 '대륙 봉쇄령'을 내린다. 하지만 이미 반프랑스 연합이 형성되었고 프랑스와 반목하던 러시아가 영국에 몰래 하던 밀 수출을 공개적으로 진행한다. 심지어 폴란드를 침공할 거란 소문도 들려왔다.

"감히 내 관할구역까지 건드려?"

황제가 된 나폴레옹은 1812년 6월에 군대를 이끌고 모스크바로 진격한다. 시작은 나쁘지 않았다. 하지만 결과적으로 러시아는 프랑스 군대의 무덤이 되고 만다.

나폴레옹은 러시아가 항복할 거라 예상했지만, 막상 프랑스군이 모스크바에 입성하자 곳곳에 방화가 일어난다. 앞서 언급했던 것처럼, 나폴레옹의 군대는 기동력을 높이기 위해서 짐을 가볍게 했다. 여기에는 음식도 포함되어서, 프랑스군은 음식을 점령지에서 조달하고는 했다. 이런 사실을 안 러시아군이 이른바, 청야전술을 펼친다. 프랑스군이 필요한 물자를 구하지 못하도록 마을과 농지를 고의로 초토화하는 작전을 곳곳에서 벌인 것이다. 결국 프랑스군은 현지에서 음식을 구하고 싶어도 구할 길이 없었다. 이미 좋지 않은 상황에 처한 프랑스군에게 최악의 난관이 닥쳐온다. 바로 러시아의 '추위'다. 9월 중순밖에 안 되었는데 러시아 날씨는 영하 20℃까지 떨어졌다. 너무 추워서 죽은 말의 사체 사이에서 잠을 잤고, 굶주림에 시달리다 급기야 죽은 전우의 시신을 먹는 군인들까지 생겨났다.

60만 명의 대군을 이끌고 원정에 나섰지만 살아남은 병사는 20만 명 정도였고, 프랑스로 돌아온 병력은 겨우 2, 3만 명이었다. 나폴레옹의 불패 신화는 이렇게 막을 내린다.

그런데 러시아 원정의 실패는 나폴레옹 몰락의 시작일 뿐이었다. 영국을 견제하기 위해 펼친 대륙 봉쇄령에서 영국은 그다지 큰 타격을 입지 않았다. 이미 해상을 장악한 영국은 해상 밀무역으로 필요한 물자를 공급받았지만, 봉쇄령의 영향으로 프랑스와 유럽대륙 국가들의 경제가 오히려 나빠졌다. 그 결과 영국과 오스트리아를 중심으로 한 연합군에 의해 나폴레옹은 강제 퇴위를 당하고 지중해 인근의 엘바섬으로 유배된다.

세인트헬레나섬과 달리, 엘바섬은 프랑스 남부와 가깝고 유럽대륙에 접근성도 좋은 편이었다. 또 엘바섬에 머물 때 나폴레옹은 작은 군대와 경비도 보유할 수 있었다. 어느 정도 예우를 해준 것이다. 그런데 나폴레옹이 엘바섬에 온 지 아홉 달 만에 누구도 예상하지 못한 일이 벌어진다.

섬에 갇혀 있어야 할 나폴레옹이 사라진 것이다. 겉으로는 책을 읽고 파티나 하면서 섬 생활에 완벽히 적응한 것처럼 보였지만, 실은 '그날'을 준비하고 있었다. 함선까지 미리 마련해두고 자기 부하 1,000명을 데리고 섬을 탈출한다. 그리고 큰 장애물 없이 파리에 무혈입성한 그는 다시 왕위에 올랐다. 나폴레옹의 재집권은 그가 폐위된 뒤에 왕위에 오른 루이 18세Louis XVIII 덕분이다.

루이 18세는 프랑스 혁명 때 처형당한 루이 16세Louis XVI의 동생이다. 당연히 혁명을 지지하지 않았다. 사람들 사이에서는 루이 18세가 프랑스 혁명을 물거품으로 만들고 과거로 돌아가려 하는 것 아니냐는 소문이 돌았다. 이렇듯 민심이 흉흉했기에 나폴레옹이 쉽게 왕위를 탈환할 수 있었다.

이 소식을 들은 이웃 나라에서 난리가 났다.

"큰일 났다. 나폴레옹이 돌아왔대!"

영국을 중심으로 동맹국들은 다시 한번 똘똘 뭉친다. 그리고 나폴레옹과 연합군의 전쟁이 또다시 치러진다. 그 유명한 워털루 전투다. 여기서 나폴레옹이 대패하면서 1815년 6월, 재집권은 100일 천하로 막을 내린다. 다시 연합군의 포로가 된 나폴레옹은 기나긴 유배길에 올랐다. 영국도 이때 고민에 빠졌을 것이다.

"이 자를 어디에 가둬놔야 할까?"

또다시 빠져나오지 못할 장소를 생각하던 영국이 떠올린 곳이 바로 대서양 한가운데 뚝 떨어진 외딴섬, 세인트헬레나였다.

나폴레옹의 부검 결과

나폴레옹이 머물던 집 롱우드 하우스는 섬의 가장 꼭대기에 있다. 안개가 자주 끼고 습한 데다 섬에서 가장 추운 집이었다. 영국군은 섬 주위에 배까지 띄워놓고 나폴레옹을 24시간 감시했다. 여기 동원된 인력만 무려 2,000명이었다고 한다. 심지어 나폴레옹에게 오는 편지와 선물까지 다 검열하는 등 사생활이 없었다고 한다.

그런 생활이 얼마나 괴로웠던지 나폴레옹은 "내가 그렇게 해로운 존재라면, 날 죽이면 되는 게 아닌가?"라고 말할 정도였다고 한다. 그 시절에는 패자라고 해도 황제나 왕에 대해서는 관대한 처우를 내렸다. 나폴레옹 역시 영국에서 포로 생활을 할 줄 알았다. 그러나 유럽의 왕들이 보기에 나폴레옹은 전통적인 황제가 아니었다. 그렇다고 죽였다가는 엄청난 비난을 받을 게 뻔했다. 프랑스에는 여전히 나폴레옹을 그리워하는 사람들이 많다는 점도 문제였다. 죽일 수도 없고 프랑스 가까이에 둘 수도 없었다. 그래서 탈출이 불가능한 세인트헬레나섬으로 보낸 것이다.

세인트헬레나에 유배된 나폴레옹은 시간이 지날수록 이상한 증세들을 보이기 시작한다.

건강이 급격히 악화되더니 급기야 혈변을 보기에 이르렀다. 그 무렵 나폴레옹은 와인과 설탕물 외에는 아무것도 먹지 못했다고 한다. 그런 나폴레옹에게 의사가 처방한 건 '설사약'이었다. 약을 먹고는 상태가 더욱더 나빠졌다.

이틀 뒤인 5월 5일, 새벽부터 검은 액체를 토해내더니 결국 그날을 넘기지 못하고 세상을 떠난다.

2024년, 필리프 샤를리에Philippe Charlier라는 프랑스의 한 법의학자가 나폴레옹의 죽음에 감춰진 비밀을 파헤치러 롱우드 하우스를 방문했다. 샤를리에는 나폴레옹의 셔츠를 직접 확인했다. 배와 흉부 쪽에 구토 자국이 남아 있어서 나폴레옹의 마지막 식사뿐 아니라 당시 먹었던 약에 관해서도 알아낼 수 있었다.

의사가 처방한 설사약은 칼로멜calomel인데, 이 약의 주성분은 염화수은이다. 지금으로서는 이해가 되지 않지만, 그때는 수은으로 만든 약이 흔했다. 은처럼 빛나는데 물처럼 흐르는 독특한 성질로 인해 영험해 보였기 때문이다. 하지만 수은은 중독되면 미나마타병 등을 유발할 수도 있는 유독물질이다. 독을 먹으면 우리 몸은 반사기제를 보인다. 다시 말해 위험한 독을 빨리 내보내기 위해 구토를 한다. 그런데 이런 현상을 본 옛날 사람들은 약을 먹자마자 몸에서 나쁜 성분이 빠져나가는 작용이라고 생각했다. 그래서 독이 약으로 둔갑한 것이다. 수은은 특히 매독 치료에 많이 쓰였다. 실제로 수은에는 독성이 있어서 매독균을 죽이기도 한다. 간혹 수은보다 강한 사람이 병을 치료하고 살아남는 사례가 있다 보니 이 처방이 계속 진행된 것이다.

칼로멜 역시 구토나 설사를 유발하는 약으로 그 시절에는 몸 안의 독소를 빼낸다고 믿었다. 이는 의학의 아버지라고 불리는 히포크라테스Hippocrates가 주장한 4체액설에서 기인한다. 쉽게 말해 사람 몸에는 황담즙, 피, 점액, 흑담즙이 있어 이 네 개가 균형을 이루어야 하며, 이 균형이 깨졌을 때 병이 생긴다는 주장이다. 4체액설은 중세를 지나 근대까지도 계속 유럽 의학을 지배했다.

몸에 나쁜 것이 들어와서 생기는 병을 치료하기 위해서는 나쁜 것을 구토나 설사로 제거해야 한다는 믿음에서 나폴레옹에게도 칼로멜을 처방했을 것이다. 문제는 복용량이었다. 정상적으로 처방되는 복용량보다 5배나 많았다.

사망 다음 날 나폴레옹의 부검이 곧바로 이루어졌다. 위를 여는 순간 불쾌한 냄새와 함께 커피 찌꺼기 같은 까만 액체가 콸콸 쏟아져 나왔다. 위 안에 정체불명의 검은 액체가 가득했다. 간도 많이 부어 있었다. 이보다 확실한 독살의 증거가 있을까? 이것이 나폴레옹 독살설의 시작이었다. 나폴레옹을 이 섬에 보낼 때부터, 누군가는 계획했던 일일지도 모른다. 외부와 완전히 차단된 이곳에서 나폴레옹의 숨통을 서서히 끊어버리자고….

그런데 나폴레옹의 위가 심각하게 상해 있던 원인이 나폴레옹의 머리카락에서 높은 수치로 나온 비소 때문일까?

부검 때 작성된 소견서를 더 자세히 살펴볼 필요가 있다. 나폴레옹의 부검 소견서는 영국 의사가 작성한 것과 프랑스 의사가 작성한 것이 각각 남아 있다.

1. 영국 아치볼드 아노트Archibald Arnott 박사의 부검 소견서

- 위를 드러냈을 때 장기가 광범위한 질병에 걸려 있었음.
- 위는 거의 커피 찌꺼기와 비슷한 액체로 가득 차 있음.
- 위의 상부 표면, 특히 유문부 주변이 간의 좌엽과 강한 유착을 보였고, 이들을 분리했을 때, 유문에서 약 2.5cm 떨어진 곳에 손가락이 들어갈 만한 크기의 궤양 발견.
- 위 내부 표면은 거의 전체가 암이 퍼진 상태이거나 암으로 발전하는 경화성 조직으로 덮여 있음. 특히 유문 주변에서 두드러졌는데, 식도 근처의 심장 쪽 끝부분만 건강한 상태로 보임.
- 간 좌엽의 볼록한 표면은 횡격막에 유착되어 있었으나 유착을 제외하고는 다른 비정상적인 증상은 나타나지 않았음.

2. 프랑스 프랑수아 안토마르키François Antommarchi 박사의 부검 소견서

- 위 안에 검은색의 자극적이고 불쾌한 냄새가 나는 액체가 일부 차

있는 것을 관찰.

- 간 좌엽 상부 볼록한 면이 횡격막의 오목한 면과 유착되어 있었음. 유착을 조심스럽게 분리한 후, 간의 오목한 면이 위의 앞면에 약 3 라인(약 6mm) 크기의 구멍을 형성한 것을 관찰.
- 유문 쪽으로 향한 이 궤양의 가장자리에, 앞서 언급한 구멍(약 6mm)이 위벽의 부식으로 인해 생겼음을 확인.
- 액체를 제거한 후 식도 구멍에서 약 2.5cm 떨어진 유문부까지 위의 내부 표면 상부에 널리 퍼진 암성 궤양 관찰.
- 궤양이 있는 위 부위는 상당히 부풀어 있고 경화되어 있었음.
- 유문과 궤양 사이, 즉 궤양 옆에서 위의 오른쪽 끝부분을 둘러싼 몇 라인 너비의 암성 경화와 부종을 관찰.
- 간은 부어 있고 정상보다 커져 있었음.

두 부검 소견서의 공통점은 크게 세 가지로 볼 수 있다. 첫째, 위 안에 커피 찌꺼기와 비슷한 색에 불쾌한 냄새가 나는 검은 액체가 가득 차 있었다. 둘째, 위벽에 천공이 있었다. 셋째, 위 내부 표면에 널리 퍼진 암성 궤양을 관찰했다. 그래서 다시 내려진 결론은 다음 과 같다.

나폴레옹은   <u>**위암**</u>   으로 사망했다

워커홀릭의 식습관

나폴레옹의 사인을 독살이 아닌 위암에 무게를 두고 나서 다시 한번 역사를 살펴보자.

첫 유배지에서 극적으로 탈출한 나폴레옹이 워털루 전투에서 맥없이 패배한 결정적인 이유가 나폴레옹의 지각 때문이라는 이야기가 있는데, 이를 좀 더 자세히 들여다볼 필요가 있다.

워털루 전투에서 프랑스군의 전략은 영국과 프로이센군이 힘을 합치기 전에 따로따로 상대해서 물리치는 것이었다. 여기서 가장 중요한 것이 타이밍이다. 그런데 전투가 시작된 시각이 애초의 계획인 9시에서 2시간 이상 늦은 오전 11시 30분경이었다. 그 사이에 프로이센군이 도착해서 영국군과 힘을 합쳤고 그 때문에 나폴레옹이 패배했다는 분석이 많다.

섬에 갇혀서 아홉 달 동안 칼을 갈다가 극적으로 탈출한 상황에서 다시 포로가 되면 어떻게 될지 뻔했다. 나폴레옹은 자신의 운명이 이 전투에 달려 있음을 모르지 않았을 것이다. 그런 나폴레옹이 가장 중요한 전략인 각개격파를 위한 타이밍을 왜 놓쳤을까?

워털루 전투는 규모가 엄청나게 큰 전투였기에 한 가지 이유를 패인으로 단정하기 어렵다. 하지만 크게 외부 환경에서 찾는 것과 나폴레옹 개인에게서 찾는 것으로 나눌 수 있는데, 외부 환경론 중 하나가 날씨였다. 전날 비가 엄청나게 쏟아져 내려서 바닥이 진흙탕이 되었기에 포병과 기병이 움직이기 쉽지 않았다.

윌리엄 새들러 2세William Sadler II가 1815년에 그린 워털루 전투 전경. 엄청나게 큰 규모의 전투로, 승패의 원인은 한둘이 아니지만 나폴레옹의 지각 개전 또한 그 이유로 꼽힌다.

그런데 이날 나폴레옹의 상태는 확실히 이상했다. 굼뜨고 결정이 느린 게, 전에 보던 모습이 아니었다. 자신의 운명이 걸린 중요한 날 나폴레옹이 왜 이런 행동을 보였을까? 전투 몇 년 전에 동생에게 보낸 편지에서 단서가 있다.

동생아, 듣자 하니 치질로 고생한다며? 치질을 없애는 가장 간단한 방법은 거머리를 서너 마리 붙여놓는 것이다. 나도 10년 전 이 치료법을 쓴 뒤로 더는 아프지 않았다.

사실 우리가 흔히 치질이라고 인지하는 질환은 치핵이다. 치질은 항문에 생기는 전반적인 질환의 진단명을 포함하는 병명이다. 즉 치핵, 치열, 치루 등을 포함한다. 다만 대부분의 경우에서 치핵을 치질로 부르고 있기 때문에 이 책에서는 치질이라고 표기한다. 치질은 생활 습관과 식습관 등으로 인해 현대인에게 많은 질병으로 인식되어 있지만, 사실은 인류의 역사와 함께해온 병이다. 따라서 치료법 역시 오래전부터 다양한 방법이 전해온다. 가령 중국 진나라에는 '혀로 핥아줘야 치질이 낫는다'는 기록이 있다. 치질 치료법 중에 좌욕이 있는데, 실제로 따뜻하게 하면 증상이 호전되니 혀로 핥아도 같은 효과를 볼 수 있을 것이다. 그래서 왕이 자신의 치질을 핥아준 사람에게 수레 다섯 대를 하사했다는 기록도 남아 있다. 여기서 유래한 한자성어가 지치득거舐痔得車다.

한편 서양에서는 치핵을 횃불로 지지는 치료법이 있었다. 그리스의 명의 히포크라테스는 치료에 관해 약을 써서 배출하는 것, 즉 토하고 설사하는 것으로 안 되면 칼로 사혈하며, 그래도 안 되면 불로 태운다는 원칙을 세웠다. 그런데 치질의 경우 약을 먹어서 설사를 하면 상태가 더 안 좋아졌다. 다음 방법으로 피를 뽑기 위해 칼로 환부를 째보았다. 그런데 정맥이 부어서 생긴 게 치핵이라서 과다 출혈로 이어져 생명이 위험해졌다. 그래서 횃불로 지지는 치료법이 나온 것이다. 하지만 횃불로는 섬세한 치료가 불가능하다. 마침 로마 시대에 갈레노스Galenos라는 의사가 사혈 치료의 방법으로 거머리 치료법을 만들었다. 거머리의 흡혈 성질을 이용해 혈액을 제거하는 편이 칼을 사용하는 것보다 안전하다고 생각했던 듯하다. 문제는 거머리가 혈액 응고를 억제하는 히루딘hirudin이라는 물질을 내보낸다는 것이다. 이를 치질에 사용했다가는 피가 멈추지 않아 더 큰 문제가 생길 수 있다.

치질은 여러 가지 원인으로 생기지만, 그중에서도 현대인에게는 의자에 오래 앉아 있는 습관이 문제가 된다. 직업적으로 특히 운전기사들이 많이 앓는데, 장시간 의자에 앉아 있고 제때 화장실에 가지 못하기 때문이다. 생리현상의 타이밍을 놓치면 치질이 생기기 쉽다. 위에서 소화된 음식물은 소장으로 이동해 영양분이 흡수된다. 소장에서 남은 찌꺼기가 배출을 위해 대장으로 이동하며 여기서 수분이 흡수된다. 그런데 대장은 앉아 있거나 누워 있을 때 운동이 느려진다. 대장의 운동이 느려 찌꺼기가 이동하지 않고 오래 남아 있을수록 수분이 계속 흡수되고 딱딱해진다. 딱딱해진 찌꺼기를 몸 밖으로 내보내려면 힘을 많이 주게 되고, 항문의 압력이 올라가면서 치질이 생긴다.

　평생 전쟁을 치러온 나폴레옹도 제때 화장실을 가지 못했다. 원정을 떠나기라도 하면 오랫동안 말에 앉아 있어야 했다. 게다가 치질 환자에게 승마는 쥐약이었다. 치질에 걸리면 치핵이 튀어나오는데, 말을 탈 때마다 치핵이 안장에 닿으면서 치질을 악화시킬 뿐만 아니라 고통도 심했다.

　유럽 음식문화를 연구하는 역사학자 로익 비에나시스Loic Bienassis에 따르면 원래 마른 체질이었던 나폴레옹은 워털루 전투 5년 전인 1810년부터 체중이 늘기 시작했고, 말에 오르기 위해 도움을 받아야 하는 일도 생겼다고 한다. 그즈음부터 나폴레옹의 컨디션은 대체로 좋지 않았으며, 아파서 뒤척였다는 증언도 꽤 많다. 또 다른 컨디션 난조의 원인으로 위경련도 꼽힌다.

치질이든, 위경련이든 나폴레옹의 건강 악화가 전쟁을 늦게 시작하게 했고, 그날의 역사를 바꾼 원인의 하나였을 가능성도 크다. 나폴레옹의 식습관을 보면 위염이 있었을 가능성은 충분하다. 나폴레옹이 알프스산맥을 넘어 오스트리아군과 싸웠던 때로 다시 돌아가보자.

마렝고 지역에서 오스트리아군을 대파한 나폴레옹은 긴장이 풀리자 갑자기 배가 고파졌다. 식재료를 실은 마차는 아직 근처에도 오지 못했는데 나폴레옹은 거의 폭발 직전이었다. 마차를 기다리지 못하고 그곳에서 구할 수 있는 식재료를 모았다. 마침 그곳은 이탈리아 북부였다. 닭고기에 올리브, 토마토, 마늘, 양파, 각종 허브를 첨가하고 브랜디를 넣어 팔팔 끓여서 완성한 요리는 나폴레옹의 취향을 저격했다.

나폴레옹은 원래 치킨을 좋아했다. 게다가 푹푹 떠먹거나 후루룩 마실 수 있는 음식을 선호했다. 식사를 빠르게 마칠 수 있기 때문이었다. 마렝고 전투를 끝내고 먹은 음식이라고 해서 '치킨 마렝고'라는 이름이 붙은 이 요리는 지금도 널리 사랑받고 있다.

프랑스 사람들은 원래 식사 시간이 길기로 유명하다. 밥을 먹는 데 보통 두세 시간씩 들여 천천히 느리게 즐겼다. 하지만 나폴레옹은 예외였다. 그는 점심을 8분에서 10분 안에 먹고 왕비와 저녁을 먹을 때조차 가장 길어야 20분이었다. 또 간단히 먹을 수 있는 음식을 좋아했다. 포크나 나이프 대신 손으로 집어 먹는 핑거 푸드를 즐길 때도 많았으며, 식사도 말 위에서 하고, 빵에 치즈 한 조각으로 대충 때우는 식이었다.

이유는 명확했다. 허기만 채우고 바로 다시 일해야 하기 때문이었다. 그는 요즘 말로 '워커홀릭'이었다. 전장을 누빌 때도 간이 책상과 등불을 가지고 다니면서 밤낮없이 일했다. 하루 18시간 일하는 것은 드문 일이 아니었다. 자연히 수면시간이 줄어들었다. 평균 수면시간이 약 4시간 정도밖에 되지 않았다고 한다. 그래서 나폴레옹을 쇼트 슬리퍼short sleeper로 부르는 사람들이 있다. 쇼트 슬리퍼는 유전적으로 6시간 이하로 자도 피로를 느끼지 않는다고 하는데, 이들의 존재 여부는 지금까지도 논란으로 남아 있다. 설혹 존재하더라도 굉장히 극소수라고 알려져 있다. 애초에 나폴레옹이 쇼트 슬리퍼였는지도 의문이다. 기록을 보면 전쟁하지 않을 때는 대개 6시간 이상은 잤다고 알려져 있기 때문이다. 전쟁 중에도 틈만 나면 쪽잠을 자고 조는 모습도 많았으며, 말 타고 가면서 자기도 했다. 나폴레옹의 말이 워낙 훈련이 잘되어서 고삐를 안 잡아도 주인이 떨어지지 않게 다녔다고 한다. 나폴레옹이 일부러 잠을 줄였다기보다는 불면증이 있었다는 주변의 증언도 있다.

나폴레옹은 잠을 줄이기 위해 커피를 지나치게 많이 마셨다. 유럽 군대에 커피를 보급품으로 처음 지정한 사람도 나폴레옹이다. 초년 장교 시절에는 파리에 있는 한 카페의 단골이었는데 돈이 떨어지자 모자를 맡기고 커피를 사 먹을 정도였다고 한다. 사실인지는 모르겠지만 프로코프에 가면 장식장에 나폴레옹의 것이라는 설명이 붙은 모자가 있다.

지금까지 살펴본 나폴레옹의 모든 습관이 위암의 가능성을 높여
준다. 비에나시스 박사는 나폴레옹이 물도 없이 음식을 아주 빨리
먹었다고 설명했다. 심지어 너무 빨리 먹는 바람에 위통을 자주 느
꼈고, 심할 때는 구토로 이어지기까지 했다. 1810년부터 체중이 늘
기 시작한 나폴레옹은 세인트헬레나에 머물던 시절에는 완전히 비
만이었다. 그는 평생 위장 문제를 안고 살았다. 비에나시스는 이것
이 과식 때문이 아니라 불규칙하게 먹고, 빨리 먹고, 충분히 씹고 넘
기지 않는 식습관의 복합적 문제라고 지적했다. 나폴레옹 스스로도
잘 안 씹고 넘긴다고 말했을 정도였다.

　　여기에 가족력도 있을 것으로 짐작된다. 나폴레옹의 아버지는 위
암으로 세상을 떠났다. 나폴레옹의 할아버지, 형제들 몇 명도 나폴
레옹과 비슷한 위 관련 질환을 호소하며 사망했다. 그들이 정확한
진단을 받은 건 아니기에 전부 다 위암인지는 알 수 없다. 다만 위
장 문제가 있었던 건 확실하다. 위암은 암 중에서도 가족력이 높은
편이다.

　　한편 가족의 식습관 문제도 고려해야 한다. 나폴레옹이 코르시카
섬 출신이라는 사실은 앞서 이야기했다. 이 섬은 과거에 훈제나 염
장식품을 많이 먹었다고 알려져 있다. 짜게 먹거나 육가공식품의
섭취가 위암을 유발하는 중요한 원인으로 꼽힌다는 점은 이미 널리
알려진 사실이다. 군인으로 원정을 많이 다녔던 나폴레옹 역시 염
장식품과 훈제 식품의 섭취가 많았을 것이다.

　　하지만 그 시절에는 암의 치료는 고사하고 진단도 쉽지 않았다.

20세기 초까지는 대부분 사망 후 부검을 통해서만 암 여부를 알 수 있었기 때문이다. 16세기에 해부학이 발달하면서 암의 연구도 조금씩 발전하기 시작했지만, 변변한 마취제가 없다 보니 외과적 처치로 제거해야 하는 암의 치료는 별다른 진전이 없었다. 세계 최초의 위암 수술은 나폴레옹이 사망하고 60년이 넘게 흐른 시점인 1879년에 처음 시도되었다. 불행히도 환자는 수술 닷새째 되던 날 사망했다. 1880년에 수술한 환자는 당일에 사망했으며, 1881년에 수술한 환자는 그래도 한 4개월 정도 생존했다. 이만하면 당시로서는 어마어마한 성공률이었다고 볼 수 있다. 다시 말해 19세기 초반에는 세상의 정점에 오른 황제라고 해도 암에 걸리면 치료받을 길이 없었다. 21세기인 오늘날 암은 여전히 난치병이지만, 그래도 다양한 치료법과 약물이 개발되면서 생존율이 꽤 높아졌다. 우리나라의 경우 위암의 약 60% 이상이 조기에 발견되고, 생존율도 77.9%로 세계 1위 수준이다.

강남세브란스 병원 위장관외과 노성훈 교수에 의하면 최근에는 환자들이 가지고 있는 유전자 변이 등 특정 질병 원인을 표적으로 해서 작용하는 치료제를 사용하고 있으며, 3세대 면역항암제인 면역관문 억제제도 사용하고 있다. 미래에는 개인의 유전체 검사를 통한 맞춤형 치료까지 적용될 수 있을 것이다.

노성훈 교수는 나폴레옹의 부검 감정서에 '암성 궤양'이라고 적힌 부분에 관해 주 병변인 궤양이 위의 아래쪽, 즉 유문부 쪽에 있고 이것이 터져서 천공이 약 6mm 생긴 것으로 보인다고 설명했다.

식도와 위가 만나는 부위부터 위의 상부만 비교적 정상이었고 나머지 위벽은 다 두꺼워지고 딱딱해져 있는데 이 부분에 암이 침범한 걸로 당시 부검의들이 소견을 기록했다는 것이다. 이 크기가 10cm 이상에 달하기에 검은 액체를 토하기도 했고, 부검했을 때도 검은 액체가 가득했을 것이라고 설명했다. 실제로 위궤양을 동반한 위암 환자들의 경우 수술할 때 위 안에 커피색의 액체가 상당액 발견되는 일이 종종 있다고 덧붙였다.

시신이 썩지 않은 이유

결국 말년의 나폴레옹을 극심한 고통으로 몰아간 위장 천공은 비소 때문에 발생한 것이 아니었다. 세인트헬레나를 조사한 샤를리에 박사는 나폴레옹의 집과 유품도 샅샅이 조사했다. 거기서 발견한 쓰레기통이나 물병, 와인병, 약병을 검사했지만 비소는 찾지 못했다고 한다.

그렇다면 한 가지 궁금증이 남는다. 나폴레옹의 시신에서 검출된 비소는 어디서 어떻게 들어왔을까?

이 미스터리를 풀기 위해서는 시대적 배경을 다시 살펴봐야 한다. 앞서 나폴레옹이 살던 시대에 비소는 치료제로 흔히 쓰였다고 했다. 그런데 비단 치료뿐만이 아니라 일상에서 아주 흔하게 쓰이는 물질이었다. 염료나 벽지는 물론이고, 와인통을 청소할 때 사용하기도 하고 머리카락을 보존하기 위한 방부제로도 쓰였다.

특히 비소는 아름다운 초록색을 만드는 데 효과적이었다. 1775년 스웨덴의 화학자 칼 빌헬름 셸레Carl Wilhelm Scheele는 실험 중에 우연히 맑고 아름다운 초록색을 발견하고 자신의 이름을 붙여 셸레 그린Scheele Green이라고 명명했다. 셸레 그린은 다른 초록색과 달리 만들기 쉽고 오래 유지되어서 직물의 색을 내는 데는 물론 벽지, 물감, 심지어 장난감에도 활용되었다. 심지어 벽지로 바르면 해충까지 사라지기에 크게 유행하면서 많은 집들이 초록색으로 물들기 시작했다. 그런데 여기에 비소가 포함된 것이다. 어떤 직물에는 1m²당 4g이 포함되었는데 몇 mg으로도 인간을 독살하기에는 충분하다고 한다.

어느 날부터 집에서 사람들이 갑자기 원인 없이 죽기 시작했다. 그 당시 전 유럽에서 경찰들을 혼란에 빠지게 만든 이 사건들은 외부에서 침입한 흔적 없고 같은 음식을 먹은 사람들 가운데 혼자 갑자기 쓰러져 사망했다. 그리고 부검해보면 독살당한 것으로 밝혀졌다. 그 원인이 벽지에 있다는 것은 시간이 훨씬 더 흐른 후에 밝혀진다. 그 사이에 사람들은 자기 스스로 죽음의 벽지를 계속해서 발랐다.

머나먼 대서양의 섬 세인트헬레나에 있는 나폴레옹의 집도 유행을 비켜 가지는 못했다. 롱우드 하우스의 벽을 분석해봤더니 비소가 엄청나게 검출되었다.

나중에 알려진 사실에 의하면 습한 곳에서는 습기와 곰팡이 때문에 벽지와 페인트가 파편화되면서 비소가 방출되는 속도가 빨라진

그림 5 세인트헬레나섬에 위치한 나폴레옹의 저택 롱우드 하우스 전경과 내부 사진. 내부 벽의 초록색이 비소가 들어간 페인트로 알려져 있다.

다. 나폴레옹의 집은 안개가 많이 끼는 등 습도가 굉장히 높았으니 비소도 많이 방출되었다. 게다가 화산섬의 물은 자연적으로 비소가 다소 높은 농도로 포함되어 있는 경우가 많다. 즉 나폴레옹은 비소에 둘러싸여 말년을 보낸 것이다.

여기서 새로운 의문점이 고개를 든다. 비소는 본래 방부제로도 쓰인다. 그런데 나폴레옹의 사인이 비소가 아니라면, 왜 시신은 썩지 않은 것일까?

김한겸 고려대학교 의과대학 병리과 명예교수가 여기에 몇 가지 힌트를 제공했다. 첫 번째로 가장 중요한 원인이 비소 중독이다. 환경적인 비소 중독 외에 나폴레옹이 사망하기 이틀 전에 의사 처방을 받은 칼로멜은 앞서 설명한 것처럼 주요성분이 염화수은이다. 몸이 안 좋았던 나폴레옹은 이를 정상보다 5배나 많이 처방받았다. 수은은 의약품 등에 방부제로 사용된다. 사망 후에는 시체의 냄새를 가리기 위해 오 드 콜로뉴라고 하는 향수 제품을 온몸에 발랐고, 부검이 끝난 다음에는 복부에 들이부었다고 기록되어 있다. 향수도 일종의 화학 처리에 한몫한 것으로 보인다.

다음으로, 시신의 매장 방식이다. 기록을 보면 매장할 때 흙을 깊게 파서 돌로 된 석판을 깔고 벽도 45cm 정도로 두껍게 해서 흙이 넘치지 않게 해놓고 다시 석판으로 막고 안쪽에 마호가니 관을 넣을 때 수분이 침투하지 못하게끔 조치를 했다고 되어 있다. 이뿐만 아니라, 관을 납땜해서 밀봉했다고 한다. 즉, 관을 네 겹으로 만들어 외부 공기가 차단된 것이다. 시신은 부검하면서 장기를 미리 적출했다. 장기 적출은 고대 이집트에서 미라를 만들 때 핵심적인 과정이다. 결국 모든 조건이 미라가 되기에 적합하게 갖춰진 것이다.

이런 모든 내용을 종합해볼 때 나폴레옹이 독살되지 않았을 가능성은 매우 크다. 그렇다고 하더라도 나폴레옹이 말년에 비참했다는 사실은 변함없다. 그는 타고난 전략적 사고와 리더십으로 프랑스의 영토를 사상 가장 크게 만들었다. 그리고 스스로 황제에 올랐다. 하지만 121km²의 외딴섬에서 24시간 감시당하는 창살 없는 감옥에서 생을 마감했다.

샤를리에 박사는 나폴레옹의 체중이 급격히 증가했다가 갑자기 감소했으며, 기생충 감염, 피부병에 간 질환까지 동반되었다고 말했다. 소화기능장애는 물론 우울감에 시달렸다. 다시 말해 사망 당시 건강 상태가 전반적으로 나빴다고 할 수 있었다.

주변 환경도 마찬가지였다. 나폴레옹의 시종이 쓴 글에 의하면 쥐들이 사방에 있었다. 쥐들은 부엌 바닥을 떼지어 휩쓸고 다니며 음식 재료를 먹어 치울뿐더러, 사람들이 식탁을 떠나기 무섭게 남은 음식에 달려들었다. 관리인이었던 영국 총독은 나폴레옹을 대놓고 모욕했고, 충성스럽게 옆을 지키던 나폴레옹의 측근들은 하나둘 섬을 떠나갔다.

나폴레옹은 죽기 20일 전에 다음과 같은 유서를 남겼다.

프랑스 땅에서 내가 그토록 사랑했던 프랑스인들 사이에 묻히고 싶다.

하지만 그의 유해 역시 섬을 벗어날 수 없었다. 프랑스로 돌아갈 수 없었던 나폴레옹은 섬에서 가장 좋아했던 한 계곡 인근에 묻혔다. 안타깝게도 묘비에 이름조차 없었다. 유럽에서는 일반적으로 이름이 왕명이 된다. 그래서 프랑스는 '나폴레옹'의 이름을 새기길 원했고, 영국에서는 황제를 상징하는 그의 이름을 쓸 수 없다며 '보나파르트'라는 그의 성만 새기기를 고집했다. 프랑스와 영국의 끝없는 줄다리기에 그의 묘비에는 그 어떤 이름도 새기지 못했던 것이다.

나폴레옹의 시신은 사망 20년이 지나서야 파리로 돌아와 앵발리드 기념관에 안치되었다.

세상을 호령했던 세기의 권력자지만 그 말로는 초라하고 쓸쓸했던 나폴레옹. 그는 자신을 배신했던 사람을 처벌한 적이 거의 없었다. 배신당하고 용서하고, 다시 배신당하고…. 주변에 믿을 사람이 없어 고독하고 고민이 많았던 사람. 그것이 병을 키우는 원인이 되지 않았을까.

4

욕실에서 쓰러진
남자의 비밀

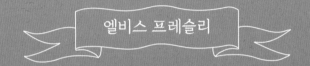

엘비스 프레슬리

Elvis Aaron
Presley

1935. 1. 8.~1977. 8. 16.

1977년 8월 16일, 투어를 하루 앞둔 날이었다. 여자친구 진저 올던Ginger Alden과 시간을 보낸 엘비스 프레슬리Elvis Presley는 아침이 되어서야 잠자리에 들었다. 해가 중천에 떴을 때 깨어난 여자친구가 옆을 보니 엘비스가 없었다. 그를 찾아 욕실 문을 열자 그곳에 엘비스가 쓰러져 있었다.

엘비스는 변기에서 한두 발자국 정도 떨어진 곳에 엎어진 상태로 발견됐는데, 그 모습이 예사롭지 않았다. 손바닥을 위로 향한 채 엎어져 있었는데, 달려간 올던이 얼굴을 들어 올리자 코에서 약간의 공기가 흘러나왔다. 다문 이 사이로 혀가 조금 나와 있었고 얼굴은 얼룩덜룩했다. 한쪽 눈꺼풀을 들어 올렸더니 핏빛으로 빨갛게 충혈된 눈이 보였다.

여자친구는 비상벨을 눌러 집 안에 있던 사람들을 불러 모았다. 사람들이 엎어져 있는 엘비스를 돌아 눕히려고 했을 때 가운 안으로 맨살이 보였다. 바지가 발목까지 내려가 있었던 것이다.

"엘비스! 엘비스! 눈 좀 떠봐!"

급히 몸을 안아 올릴 때 엘비스의 입안에 빨간 것이 보였다. 꺼내 보니 여러 가닥의 붉은 실오라기들이었다.

엘비스 프레슬리는 왜 욕실에서 수상한 모습으로 죽음을 맞이했을까?

의문투성이 사망 현장

로큰롤의 황제 엘비스 프레슬리가 사망했을 때, 그의 나이는 겨우 42살이었다. 다음 날에 공연도 예정되어 있을 만큼 건강에 큰 문제도 없었기에 그의 죽음에는 석연치 않은 점이 너무나 많았다.

진저 올던이 쓰러져 있는 엘비스의 얼굴을 들어 올렸을 때 공기가 코에서 나왔다는 기록으로 보건대, 숨을 쉰다고 생각해서 그때까지 살아 있었다고 생각할 수도 있다. 실제로 엘비스는 지금까지도 생존설이 꾸준히 제기되는 셀럽이다. 하지만 전문가에 따르면 사망 후에 고개를 돌리는 등 자세를 바꾸면 폐와 기도에 머물러 있던 공기가 빠져나오는 일은 종종 있다고 한다.

그렇다면 자살일까, 타살일까? 쓰러져 있던 엘비스의 상태에 관해 나주영 부산대 법의학 교수는 다음과 같은 의견을 들려주었다. 엘비스 프레슬리의 입속에서 빨간 실오라기가 발견된 것으로 비구 폐쇄성 질식사의 가능성을 고려해볼 수 있다. 입과 코가 막혀서 사망할 때 입과 코를 막았던 이물질이 발견되는 것이다. 한편 얼굴이 얼룩덜룩하고 눈이 빨갛게 충혈돼 있었다는 기록에서 경부 압박 질식사의 가능성도 보인다. 목이 졸려 사망하면 피가 얼굴 쪽에 몰리게 되어, 얼굴이 붉은색으로 얼룩덜룩하고 충혈된 것처럼 보일 수 있다. 이 두 가지 증거는 타살의 가능성에 힘을 실어줄 수 있다.

한편 다른 사실도 고려해야 한다. 엘비스가 당시에 엎드려 있었다는 기록이다. 살아 있을 때는 심장이 뛰기 때문에 피가 계속 이동하지만 사망하는 순간 심장이 멈추고 나면 피는 중력 방향으로 고인다. 엎드려 있으면 얼굴 쪽으로 피가 몰린다. 이를 시반이라고 하는데, 얼굴이 얼룩덜룩했던 것이 시반일 가능성도 있다. 여기서 예측해볼 수 있는 사인은 심장사다. 심장이 갑자기 멈추면 피가 심장으로 안 들어오니까 가슴 위쪽으로 피가 몰리는 경향이 있다. 즉 비구폐쇄성 질식사, 경부 압박 질식사, 급성 심장사 등의 가능성이 있는 것이다.

그러면 그 당시의 검안 감정서의 기록에는 사인이 어떻게 나왔을까?

> 시반의 색은 보라색이었고, 고정되어 있었다. (…) 고혈압성 심혈관 질환에 죽상동맥경화성 심장 질환이 동반된 것으로 예측된다.

검안 감정서는 해부하기 전에 눈으로 관찰하면서 사망 원인에 관해 1차 소견을 내는 것을 뜻한다.

나주영 교수는 피가 고여서 생기는 것이 시반이기에 피가 중력에 따라 아래쪽으로 이동하므로, 시반도 함께 이동할 수 있다고 설명한다. 그런데 '시반이 고정되어 있었다'는 것은 시반의 이동이 끝난 것으로, 대략 10여 시간 이상 지난 후라고 예상할 수 있다고 덧붙였다. 또 고혈압성 심혈관 질환과 죽상동맥경화성 심장 질환은 모두 혈류가 나빠지는 질환이다. 동맥의 내부 벽에 콜레스테롤이 쌓여 혈관이 좁아지고 혈류가 원활하게 흐르지 못하는 상태를 죽상동맥경화증이라고 한다. 그 결과 심장에 산소와 영양분이 충분히 공급되지 못해 손상이 발생한다. 혈관이 완전히 막히면 협심증이나 심근경색증이라는 허혈성혈관이 좁아지거나 막혀서 발생하는 조직의 국부적 빈혈 상태 심장 질환을 일으킬 수도 있다.

부검의들의 발표도 검안서상의 추측과 크게 다르지 않았다. 사인은 '심장 부정맥 또는 불규칙하고 비효율적인 심장 박동, 원인은 현재로서는 즉시 파악할 수 없음'이었다. 자세한 부검 결과는 가족들이 공개하지 않기로 결정했다.

부정맥을 사망 원인으로 발표한 것은 큰 의미가 없다. 우리가 건강을 점검할 때 심장 박동을 측정한다. 가장 흔히 하는 방법이 심전도인데 심장의 전기적 활동을 분석해 기록하는 것이다. 부정맥은 이 심장 전기 신호의 생성이나 전달에 이상이 생길 때 발생한다. 그 결과 심장 박동이 비정상적으로 빨라지거나 느려질 수 있고 불규칙하게 나타나기도 한다. 특히 사람이 죽어갈 때는 거의 다 부정맥이 발생한다. 즉, 엘비스 프레슬리의 사망 원인을 알아내려면 부정맥이 무엇 때문에 생겼는지를 밝혀야 한다.

엘비스 프레슬리의 심장이 멎은 건 ☐ 때문이다.

시청률 83%의 전설

1956년 혜성같이 등장해 시대를 풍미한 로큰롤의 황제. 노래면, 노래, 춤이면 춤, 얼굴이면 얼굴, 빠지지 않았던 그야말로 '육각형' 가수. 빌보드 차트 1위 곡만 무려 18곡이고, 빌보드 1위에 머문 기간은 67주다. 빌보드 차트에 진입한 곡을 모두 합치면 119곡에 달한다. 엘비스 프레슬리는 음반 판매량 총합이 자그마치 10억 장이라는 전무후무한 기록을 세웠다. 기네스북에도 등재된 '역사상 가장 많은 음반을 판매한 솔로 아티스트'다. 그룹까지 다 합치면 비틀스 Beatles가 1위인데, 그런 비틀스마저 엘비스 프레슬리의 영향을 받았다고 말한다. 비틀스의 멤버였던 존 레넌John Lennon은 "엘비스 프레슬리 이전에 내게 영감을 준 그 어떤 것도 없다"고 말했다.

엘비스 프레슬리가 사망하자 지미 카터Jimmy Carter 미국 대통령이 나서서 성명을 발표한다.

엘비스는 우리 미국의 ☐ 였다.

엘비스 프레슬리의 등장은 그때까지 정장을 갖춰 입고 근엄한 표정으로 노래를 부르던 가수의 이미지를 뒤집는 혁명이었다.

당시 엘비스는 엄청난 슈퍼스타로, 사실상 미국을 상징하는 인물이었다. 그런 그가 갑자기 사망하면서 전 미국이 슬픔에 잠겼다. 장례식장에서는 울다가 실신해서 들것에 실려 가는 팬도 속출했다. 그만큼 엘비스의 죽음은 충격적이었다.

카터 대통령이 슬픔에 빠진 국민을 위로하며 한 말은 다음과 같다.

엘비스는 우리 미국의 　**일부**　였다.

미국 그 자체라고 불린 세계적 톱스타가 왜 욕실에서 그런 모습으로 사망해야 했을까?

그 힌트를 얻기 위해 1979년에 벌어진 총격 사건을 살펴볼 필요가 있다. 엘비스가 사망한 지 2년이 지난 어느 날, 한 축구장에 총성이 울려 퍼졌다. 총격을 당한 피해자는 엘비스 프레슬리의 주치의였던 조지 니코폴로스George C. Nichopoulos 박사였다.

당시 현장은 너무 붐볐고 CCTV도 없었기 때문에 끝내 범인은 잡지 못했다. 하지만 대부분의 사람들은 같은 생각을 하고 있었다. 그를 쏜 범인은 분명 엘비스 프레슬리의 팬이라고. 그도 그럴 것이 저격 사건이 있기 얼마 전에 니코폴로스 박사는 피의자로 재판을 받았다. 그의 혐의는 약물 과다 처방이었다 엘비스 프레슬리를 부검했을 때 무려 14가지나 되는 약물이 검출된 것이다.

초기에는 엘비스 프레슬리가 마약에 빠져 있었던 것이 아니냐는 의혹이 많았다. 하지만 부검에서 마약은 물론이고 알코올 한 방울 검출되지 않았다. 검출된 약물은 모두 의사로부터 정식 처방받은 치료약이었다. 그런데 그중에 코데인codeine이라는 약물이 일반적인 치료 농도의 10배 이상 검출된다.

코데인은 19세기 초에 발견된 약으로, 아편에서 유래했다. 과거에 아편은 진통제로 널리 사용되었지만, 중독성이 강하고 부작용도 많았다. 그래서 프랑스의 약사인 피에르 장 로비케Pierre-Jean Robiquet라는 사람이 아편에서 코데인을 분리했다. 중독성이 약하고 진통 효과는 더 컸으며, 특히 기침 억제 효과가 뛰어났다. 19세기와 20세기 초반에는 결핵이나 폐렴이 흔했다. 이 병으로 기침을 멈추지 못하던 환자들이 코데인을 복용하는 순간 기침이 잦아들었다. 심지어 어린이 감기약에도 사용되었다.

나중에 밝혀진 바에 따르면 코데인이 우리 몸에 들어오면 대사 과정에서 일부가 모르핀으로 바뀐다. 모르핀은 마약의 일종으로, 뇌와 신경계로 전달되는 통증 신호를 막아서 통증을 가라앉히는 진통 효과가 있다. 그런데 이처럼 중추신경계에 바로 작용하는 마약은 다른 약물, 특히 다이아제팜이나 아프라졸람 같은 진정제나 졸피뎀 같은 수면제를 함께 복용하면 매우 위험하다. 호흡이 억제되어 돌연사하거나 심장마비를 일으킬 수도 있기 때문이다.

또 이런 약은 내성이 생기기 때문에 같은 효과를 보려면 복용량을 계속 늘려야 한다. 이런 위험성이 널리 알려져, 현재 코데인은 의사 처방이 있어야만 구입할 수 있다. 그런데 엘비스가 사망했던 1970년대 후반에는 의사가 그 위험성을 몰랐을까?

엘비스가 엄청난 양의 코데인을 처방받아 복용해야 했던 이유를 먼저 찾아보자.

1957년 4월 3일. 캐나다의 수도 오타와의 한 공연장. 22살 엘비스 프레슬리의 인기는 국경을 넘은 지 이미 오래였다.

"믿을 수 없어, 엘비스를 내 눈으로 직접 보다니!"

엘비스의 무대를 황홀하게 바라보던 소녀 팬들 사이에서 한 여학생의 표정에 순간 근심 어린 표정이 스쳤다.

"서약서 말이야…. 괜찮겠지?"

"아휴 당연하지. 그게 말이 되니?"

공연이 있기 얼마 전에 소녀들은 학교에서 나눠준 서약서에 서명했다. '4월 3일에 열리는 엘비스 프레슬리의 공연에 참가하지 않을 것을 약속한다'는 내용이었다. 그 시절 종교단체에서 운영하는 학교나 보수적인 성향의 학교에서는 엘비스 프레슬리를 청소년이 가까이해서는 절대 안 될 위험인물로 판단했다. 심지어 공연을 관람한 게 들킨 학생은 정학 처분을 받기도 했다. 그 이유는 엘비스의 별명을 들으면 알 수 있다. '엘비스 더 펠비스pelvis' 즉 '골반'이라는 별명 때문이었다. 한 방송에서 〈하운드 독〉을 부를 때 골반을 엄청나게 흔들어서 생긴 별명이다. 이 방송이 나가자마자 방송국 전화통에 불이 났다. "저 천박하고 상스러운 '펠비스' 좀 텔레비전에 못 나오게 해주세요!" 그 시절 TV에 나오는 가수는 점잖게 정장을 갖춰 입고 근엄한 목소리를 뿜어내는 게 정석이었지만, 엘비스는 전혀 달랐다. 얼굴은 백인인데, 노래 스타일은 완전히 흑인이었다.

사실 엘비스가 데뷔하던 때만 해도 흑인 가수를 텔레비전에서 볼 일이 거의 없었다. 1964년 인종차별을 금지한 법이 제정되었지만, 뿌리 깊은 차별의 잔재가 여전히 남아 있었다. 그런데 10대들을 중심으로 흑인음악을 찾는 이들은 점점 늘어났고 그 타이밍에 '완벽한 흑인음악을 하는 백인'이 등장한 것이다. 게다가 외모도 출중했다. 엘비스가 출연한 '문제의 방송'은 시청률이 무려 83%에 달했다. 당시 미국인 6,000만 명이 시청한 것이다. 방송국 입장에서는 위험하긴 해도 엄청난 유혹이었다. 너도나도 엘비스를 섭외했지만, 클레임을 줄이기 위해 상반신만 찍어서 내보냈다. 이렇게 방송을 탄 엘비스 프레슬리의 〈하운드 독〉은 11주 동안 빌보드 팝 차트 정상을 차지하며 빌보드 역사상 최장기간 1위라는 기록을 세운다. 엘비스는 최초의 아이돌이었다. 잘생겼는데 음악성도 갖췄고, 하는 말마다 10대들의 마음에 꽂혔다.

엘비스 프레슬리는 데뷔 이후 굴곡 없이 정상을 질주했다. 군대에 입대했을 때를 빼고 공백기도 없어서, 사망하기 전 7년 동안 진행한 공연이 1,000회가 넘었다. 그런 그가 어느 날 한 인터뷰에서 이런 말을 한다.

> 저는 무대 공포증을 극복한 적이 없습니다. 공연마다 매번 이 문제를 겪곤 하죠. 항상 걱정되고, 쇼에 관한 생각이 머릿속을 떠나지 않아요. 매번 새로운 관중과 마주하고, 그들은 저를 한 번도 본 적 없는 사람들이니까요. 그래서 항상 처음 시작할 때와 같은 긴장감을 가져야 합니다.

이런 긴장감 때문이었을까, 불면증에 시달리는 통에 엘비스는 수면제를 달고 살았다. 그러다 공연을 해야 하는데 약 기운으로 몽롱하면 각성제를 복용했다. 사망하기 전 마지막 2년 반 동안 약을 처방받은 이력이 약 1만 9,000회에 달했다. 한 달 평균 630회가 넘으니 하루에 20번 이상이라는 말도 안 되는 계산이 나온다.

엘비스를 부검했을 때 발견된 약물로는 바르비투르산_{중추신경계에 직접 작용하는 항정신성 약물} 계열의 수면제가 있고, 그 시절에 각성제로 사용했던 메스암페타민(지금은 각성제로 사용되지 않는다) 같은 약물들을 확인할 수가 있다.

더 큰 문제는 약을 과다 처방하면 악순환에 빠진다는 점이다. 모든 약은 부작용이 있기 마련이고, 과다 복용하면 그 부작용도 무시할 수 없는 수준이 된다. 그러면 부작용을 치료하기 위해 또 다른 약을 처방하게 되고, 다시 그로 인한 다른 문제가 생겨서 또 다른 약을 처방하기를 반복하다가 건강이 상하는 것이다.

부검하며 작성된 독성학 보고서도 부검 감정서와 마찬가지로 공개되지 않았다. 다만 재판 당시 이 기록을 검토한 전문가들이 '이 약들이 사망에 중대한 역할을 했을 가능성이 크다'는 의견을 내놓았다.

엘비스 프레슬리의 심장이 멎은 건

약물 과다 복용 때문이다.

그런데 중독사라고 보기에는 여전히 찜찜한 구석이 있다. 엘비스가 사망한 당시 입안에서 발견된 붉은 실오라기 뭉치의 비밀이 아직 풀리지 않았기 때문이다.

여기에는 여러 가지 추측이 가능한데, 나주영 교수는 체인-스토크스 호흡의 흔적을 의심한다. 산소가 제대로 공급되지 않을 때 가쁜 호흡과 깊은 호흡 등을 불규칙하게 하는 것을 말한다. 코데인과 수면제를 함께 복용할 때 나타나는 부작용 중에 호흡 억제 증상이 있고, 엘비스가 죽은 화장실에는 붉은색 카펫이 깔려 있다. 숨을 들이켜려고 안간힘을 쓰다가 결국 호흡이 멈췄다면, 그때 카펫의 붉은 실이 입으로 들어갔을 가능성이 있다.

재판에서 엘비스의 주치의인 니코폴로스 박사는 모든 처방이 엘비스의 요청에 의한 것이며, 사망에 이르게 할 성분은 없었다고 항변했다. 재판부는 약물 처방에 고의성이 없다고 판단해 무죄 판결을 내렸다. 하지만 팬들의 생각은 달랐다. 심지어 니코폴로스는 재판 후에 다른 환자들에게도 약물을 과다 처방하다가 결국 의사 면허를 박탈당했기 때문이다.

엘비스의 사인으로 약물이 혐의를 벗기에는 추가 의심 정황이 남아 있다. 엘비스가 사망하기 전날 찍힌 사진 때문이다. 그날 직접 운전하는 건강한 모습이 카메라에 잡혔다. 엘비스 프레슬리가 운전해서 다녀온 곳은 치과였다. 그곳에서 처방받은 약이 있었는데, 다름 아닌 코데인이었다. 주치의도 모르는 처방이었다. 그렇게 코데인이 적정량의 10배로 많아질 수밖에 없었고, 주치의는 무죄를 선고받을 수 있었다.

가난했던 어린 시절의 식습관

엘비스가 사망한 현장으로 다시 돌아가 보자. 엘비스는 화장실에서 바지를 올릴 틈도 없이 쓰러졌고 그대로 숨을 거두었을 것으로 추정된다. 코데인과 수면제의 복용으로 인한 약물 급성 중독이 사인이라면 잠든 곳에서 사망하는 것이 자연스럽다. 깨어나서 화장실로 간 상태에서 사망했기 때문에 약물 중독에 의한 사망의 가능성은 작

그림 2 '엘비스 샌드위치'라는 이름이 붙은 이 샌드위치는 길이 30cm의 빵 속을 파내고 잼 한 병, 땅콩버터 한 병, 튀긴 베이컨을 두툼하게 넣은 엄청난 열량의 정크푸드였다.

아진다.

다음 용의자를 알아보기 위해서는 먼저 사망 당시 엘비스의 건강 상태를 점검해볼 필요가 있다.

공연이 끝난 어느 날, 엘비스는 테네시주 멤피스에 있는 자기 집 그레이스랜드에 친구들을 불러 파티를 벌였다.

"얘들아, 내가 진짜 끝내주는 샌드위치 집을 찾았거든."

그가 말한 샌드위치 가게는 콜로라도에 있었다. 테네시주에서 비행기로 2시간이나 떨어진 곳이었다.

"나한테 전용기가 네 대나 있는데 뭐가 문제야! 지금 가자!"

엘비스는 전용기에 친구들을 태우고 샌드위치를 먹으러 날아갔다. 이 샌드위치는 30센티미터 길이에 달하는 빵의 속을 파내고 그 안에 땅콩버터 잼 한 병, 블루베리 잼 한 병, 튀긴 베이컨 45g을 넣는다. 샌드위치 하나의 열량이 9,000kcal 정도로 자그마치 8인분 수준이다. 그런데 엘비스는 이 샌드위치를 최대 네 개까지 먹기도 했다고 한다. 먹는 걸 무척 좋아하고, 먹고 싶은 건 바로바로 먹어야 직성이 풀렸다. 게다가 열량 높고 몸에 좋지 않은 정크푸드만 좋아했다. 그 이유는 그의 어린 시절에 기인한다.

엘비스는 흑인 거주 비율이 미국에서 가장 높은 미시시피주에서 자랐다. 그 시절 흑인의 비율이 높은 곳은 모두 가난한 동네였는데, 엘비스의 집도 마찬가지였다. 방 두 칸짜리 아담한 집에서 부모님과 함께 살았던 그는 주로 어머니와 많은 시간을 보냈고, 어머니를 의지했다.

엘비스가 11살 되던 해, 어머니는 없는 형편에 아들에게 기타를 선물한다. 그리고 동네 교회의 목사님들을 찾아다니며 이렇게 말했다.

"우리 애가 기타 치고 노래하는 걸 아주 좋아하는데요. 교회에서 음악을 좀 배울 수 없을까요?"

마침 그곳이 흑인교회였다. 그렇게 동네 교회에서 '가스펠'을 배운 소년은 19살 때 흑인음악을 하는 백인 가수로 세상에 등장한다.

그는 레코드사와 도장을 찍고 받은 첫 계약금으로 어머니에게 분홍색 캐딜락을 선물한다. 그 시절의 캐딜락 한 대 가격을 지금 돈으로 환산하면 1억 원이 훌쩍 넘었다. 그리고 데뷔 2년 차에 어머니에게 집을 선물한다. 엘비스의 저택, 일명 그레이스랜드다. 이 집은 방이 23개나 딸린 저택으로, 인조 나무를 심어 정글처럼 꾸민 정글룸도 있고 여러 대의 TV를 설치해서 이 다양한 채널을 한 번에 볼 수 있는 TV룸도 있었다. 음악실에 수영장, 당구대, 라켓볼 코트까지, 없는 게 없는 완벽한 집이었다.

그런데 어머니를 위해 마련한 이 집에서 엘비스는 정작 어머니와 많은 시간을 보내지 못했다. 엘비스의 스타성을 한눈에 알아보고 키워준 매니저 톰 파커Tom Parker가 그즈음 그에게 입대를 권유했기 때문이다.

흑인풍의 음악으로 10대에게 엄청난 인기를 끌었던 엘비스는 상대적으로 보수층의 지지를 받지 못했다. 파커는 그들까지 사로잡기 위해 입대 전략을 짰고, 엘비스는 최정상의 자리에서 군에 입대한다. 그런데 5개월 만에 충격적인 소식이 전해진다. 엘비스는 어머니가 위독하다는 소식을 듣고 급히 휴가를 얻어 집으로 돌아오지만, 어머니는 이틀 만에 숨을 거둔다. 세상의 중심이자 버팀목이었던 어머니의 죽음에 엘비스는 큰 충격에 빠진다. 한동안 몸도 가누지 못했던 엘비스가 폭식하기 시작한 것도 그때부터였다. 그는 바나나 푸딩, 치즈버거, 치킨 프라이드 스테이크, 햄버그스테이크, 캐러멜 케이크, 바나나 푸딩 같은 달고 기름진 음식들만 밤낮없이 찾았다.

달고 기름진 음식은 미국 남부 음식의 전형적인 특징으로, 엘비스가 나고 자란 고향의 맛, 바꿔 말하면 가끔 미치도록 그리웠을 '어머니의 집밥'을 떠올리게 하는 맛이었다. 하지만 이런 식습관이 건강에는 치명적이었다. 살이 찌기 시작한 엘비스는 사망 당시 몸무게가 무려 158kg에 달했다. 키가 185cm라는 점을 고려해도 비만이다.

엘비스 프레슬리의 심장이 멎은 건   **비만**   때문이다.

무서운 비만 합병증

엘비스는 정말 비만 때문에 죽었을까? 사실 우리가 살찌는 게 건강에 좋지 않다고 말할 때 비만 그 자체를 뜻하는 것은 아니다. 비만이 불러오는 여러 대사 질환이 사망 원인이 되는 것이다. 대표적으로 심뇌혈관 질환이나 당뇨병의 위험을 높이는 여러 인자들이 비만으로 인한 대사증후군에 속한다. 한두 가지만 있어도 위험한데 심혈관에 위험 요소가 되는 요인들이 여러 개 겹쳐 있다. 그 결과 심장마비나 뇌졸중으로 급사할 위험도 커진다.

그중에서도 가장 위험한 비만 합병증이 당뇨다. 엘비스 프레슬리도 당뇨를 앓았다고 알려져 있다. 앞서 살펴본 그의 식성이 이를 짐작할 수 있게 해준다.

당뇨병의 학명인 디아베테스 멜리투스diabetes mellitus는 '단 것이 흘러나온다'는 뜻이다. 즉 단 소변을 보는 병이다. 고대 이집트의 파피루스에 '소변을 많이 보는 병'이 기록되어 있는데 이것도 당뇨병으로 추정된다. 당뇨가 생기면 소변에 당이 섞여서 배출되는데, 그 당이 삼투압 현상으로 수분을 끌어당겨 소변량이 많아진다. 많이 배출한 만큼 갈증을 느껴 수분 섭취량이 늘어난다. 고대 이집트는 물론 유럽에서도 이런 원리는 잘 몰랐다. 이를 정확하게 묘사한 것은

2,000년 전의 인도다. 인도의 오래된 의학서 《아유르베다》에 그 기록이 있다. '소변을 많이 보고 심한 갈증을 호소하며 쇠약해지는 병'인데 소변에 벌레가 꼬이느냐 여부로 이 병을 진단했다고 기록되어 있다.

의학에서는 공복혈당 100mg/dl을 기준으로 그 이하를 정상으로 판단하는데, 소변이 달아서 벌레가 꼬일 정도라면 180mg/dl 이상은 되는 것으로 보이며, 매우 중증인 상태다. 이 '단 오줌 병'에 걸린 당뇨 환자들은 대체로 1년에서 3년 안에 다 사망했다고 한다. 즉 20세기 전까지는 불치병이었다. 치료법이라고 나오는 게 고작 굶는 것이었다. 음식을 줄이면 대사할 게 없으니 소변에서 당이 줄어든다. 하지만 계속 안 먹다가는 굶어 죽는다.

그런데 1921년 캐나다에서 의사 프레더릭 밴팅Frederick Banting이 당뇨병에 유효한 치료제를 발견한다. 췌장이 망가진 개가 소변을 보자 개미가 꼬이는 걸 우연히 목격한 밴팅은 당뇨병이 췌장에 문제가 있어서 발병한다는 사실을 깨달았다. 그리고 실험을 통해 개의 췌장을 묶어서 소화효소, 즉 인슐린이 나오지 않도록 했더니 개가 당뇨병 증세를 보였다. 이 개에게 인슐린을 주사했더니 죽어가던 개가 다시 살아났다. 이를 통해 인슐린의 역할을 알아내고 이를 채취하는 방법도 개발했다. 1922년에 개의 췌장에서 추출한 인슐린을 당뇨로 고통받던 소년에게 주사해 증상을 호전시켰다. 인간의 수명 연장을 이뤄낸 혁신적인 치료의 순간이다.

그때까지 걸리면 무조건 죽는 병이었던 당뇨가 인슐린이 발견되

프레더릭 밴팅(오른쪽)은 개 실험을 통해 인슐린의 역할을 알아내 당뇨병 치료제를 개발했다.

고 나서 치료 가능한 병이 되었다. 밴팅은 이 공로로 역대 최연소 노벨 생리의학상을 수상한다.

참고로 이 치료법을 발견하고 나서 초기에는 개의 췌장에서 채취한 인슐린을 사용했지만, 그 양이 너무 적어서 비효율적이었다. 그래서 덩치가 큰 육우를 도살할 때 췌장을 떼어 와서 인슐린을 추출하게 되었다. 이 또한 치료용으로 사용하기에는 가격이 높아서 지금은 유전자 재조합 기술을 통해 만들어진 합성 인간 인슐린을 사용한다.

치료법이 개발되었다고는 하더라도 인슐린 투여는 당뇨병의 증상 악화를 막고 합병증을 방지하는 수준일 뿐이다. 현재의 의학기술로 당뇨병을 완치할 방법은 아직 없다. 당뇨병에 걸리면 평생을 식이요법과 약물을 병행하며 관리해야 한다.

그런데 앞서 살펴본 엘비스의 식습관은 건강관리와는 거리가 멀었다. 그래서 결론은 다음과 같다.

엘비스 프레슬리의 심장이 멎은 건   **비만 합병증**   때문이다.

엘비스는 달고 기름진 음식을 폭식하는 습관과 함께 '죽음의 스케줄'을 소화해야 했다. 그는 군에서 제대한 직후부터 무려 7년 동안 단 한 번도 무대에 선 적이 없었다. 그 이유는 바로 영화 촬영 때문이었다. 7년 동안 엘비스는 27편의 영화를 찍었다. 연평균 네 편이다. 매니저 톰 파커가 엘비스를 배우로 성장시키려고 했기 때문이다. 하지만 그의 영화 성적은 처참했다. 처음 한두 작품만 반짝 뜨고 줄곧 내리막을 걷는다.

결국 7년 만에 엘비스 프레슬리는 다시 무대로 돌아온다. 소년미가 남아 있는 20대를 넘기고 30대 청년이 된 엘비스의 완숙미에 사람들은 다시 한번 열광한다. 음반이 불티나게 팔리기 시작하자 매니저는 기회를 놓치지 않고 공연 계약을 계속 진행한다. 공연을 끊임없이 하는데도 연일 매진이 이어졌다. 그러자 공연을 열었던 호텔 사장이 아주 통 큰 제안을 한다.

계약 연장하시죠, 5년 계약으로! 계약금 500만 달러입니다. 그런데 지금 바로 계약하면 100만 달러 더 드리겠습니다.

600만 달러는 지금 환율로 단순히 계산해도 81억 원이다. 이를 현재 가치로 환산하면 상상할 수 없는 큰돈이 된다. 톰 파커는 사장의 마음이 바뀔세라 테이블 식탁보 위에 주저 없이 사인한다. 그런데 문제는 공연 일정이었다. 한 달 동안 해야 하는 공연이 57회에 달했다.

하루에 두 번씩, 저녁 8시부터 시작하는 이브닝 쇼를 한 차례 하고 새벽 3시부터 시작되는 미드나이트 쇼도 해야 했다.

사람의 뇌는 낮에 햇빛을 받아 멜라토닌이라는 호르몬을 생성하고 이를 밤에 분비한다. 밤에 숙면을 취할 수 있는 것이 바로 이 멜라토닌 덕분인데, 멜라토닌은 아침 해가 뜰 때쯤에는 분비가 줄어들어 자연스럽게 잠이 깨도록 만들어준다. 그런데 새벽 3시부터 시작되는 공연을 거의 매일 해야 하는 엘비스가 과연 잠이나 제대로 잘 수 있었을까? 불면증 때문에 잠 못 드는 날들이 계속해서 이어지다가 수면제를 먹는 습관이 생긴 것이다. 그러다 스케줄 때문에 정신 차리려면 다시 각성제를 복용하는 악순환이 시작되었다. 게다가 어느 때인가부터 신문에 그를 깎아내리는 기사가 실리기 시작했다.

'살찌고 뚱뚱한 퇴물 엘비스보다 의상이 빛나.'
'40살의 엘비스 배 나오고 절망적.'

이런 기사가 실리자 엘비스는 운동을 시작한다. 군에 있을 때 가라테를 배웠던 엘비스는 다시 운동해야겠다고 결심했을 때 한국인 이강희 사범이 운영하는 태권도장을 찾아갔다. 그리고 운동만으로 살이 빠지기는 쉽지 않기에 식이 제한을 병행하기로 한다. 그가 선택한 방법은 좋아하는 탄산음료를 젤리로 만들어서 먹는 젤리 다이어트나 매 끼니를 주스로 때우는 액상 다이어트였다.

지금 우리의 다이어트 상식으로 보면 최악의 선택이다. 주스나 탄산음료는 당이 엄청나게 많고, 소화할 덩어리도 없기에 즉각 흡수된다. 고카페인 에너지 드링크를 마시면 기운이 반짝 나는 이유가 빠르게 흡수되기 때문이다. 이런 방식으로 혈당이 단번에 급격하게 오르는 것을 혈당 스파이크라고 부르는데, 정상적인 대사 상황에서는 있을 수 없는 일이다. 이상 상황에 놀란 몸이 밀려 들어오는 당을 저장하기 위해 인슐린을 과다 분비한다. 그런데 평소보다 많은 양의 인슐린이 단기간에 나오면 포도당을 지방에 저장한다. 인슐린이 많이 분비되어 당을 다 처리하고 나면 다시 혈당이 떨어진다. 나는 분명히 음식(주스)을 먹었는데, 금세 배가 고파진다. 이런 작용 때문에 우리가 다이어트를 할 때 멀리해야 하는 음식으로 탄산음료, 떡볶이, 빵 같은 것들이 꼽힌다. 이런 음식들은 대부분 정제 탄수화물과 당으로 이루어져 있어서 앞서 설명한 대사 과정을 거친다. 그래서 열량이 지방으로 저장되고, 또 실제로는 충분한 열량을 섭취했는데도 배가 고프다고 느껴서 더 먹게 된다.

본래 인류가 풍요롭고 잉여 생산물이 있는 시대를 살게 된 지는 그다지 오래되지 않았다. 계속해서 가난하고 배가 고픈 삶을 살았다. 그래서 아주 옛날에는 풍만함이 미의 기준이었다. 중세 시대부터 날씬함이 미의 기준으로 변하더니, 근대에 들어서면서 다이어트의 역사가 시작되었다. 20세기 초에는 비누가 지방을 씻어낼 수 있다고 생각해, 비눗물로 위를 세척하거나 비누를 섭취하는 다이어트가 유행했다. 다행히 건강에 해롭다는 사실이 알려지면서 금방 사라졌다. 1920년대에는 담배 다이어트도 있었다. 실제로 '담배를 피우면 식욕을 억제할 수 있다'는 광고도 등장했다. 1974년에는 미국 식약처가 승인한 최초의 비만 치료제가 나온다. 식욕을 억제하는 효과로 인해 비만 치료제로 쓰인 약은 암페타민이다. 하지만 이름에서 알 수 있듯이, 메스암페타민의 연료로서 도파민 분비를 촉진하기 때문에 중독의 위험이 있어 1979년에 허가가 취소되었다.

그림 4 엘비스와 그의 전 부인 프리실라 프레슬리. 엄청난 공연 스케줄과 나쁜 식습관, 약물 남용 등으로 비만이 되면서 엘비스의 스트레스는 더 심해져 약물과 고열량 음식에 의지하는 악순환을 겪었다.

엘비스 프레슬리

가장 최근에는 일론 머스크Elon Musk가 '위고비' 주사를 맞고 다이어트에 성공했다고 해서 세상을 떠들썩하게 만들었다. 음식을 섭취하면 장에서 여러 호르몬이 나오기 시작하는데, 그중의 하나가 GLP-1glucagon-like peptide-1, 글루카곤 유사 펩타이드이라는 물질이다. 이 물질은 에너지가 많이 들어왔으니까 그만 들어와도 된다는 신호를 뇌에 보낸다. 즉 포만감을 느끼도록 하는 것인데, 이 느낌의 반감기가 겨우 2분이라고 한다. 위고비는 GLP-1의 아미노산 배열에 변화를 줘서 이 반감기를 일주일까지 늘린 물질이다. 이전까지의 다이어트약은 대체로 식욕을 억제하기 위해 중추신경계에 직접 작용했다. 이 때문에 중독의 위험성과 요요현상의 부작용이 있었다. 하지만 위고비는 본래 비만 치료제가 아닌 인슐린 분비를 촉진하는 당뇨병 약으로 개발되었다. 당뇨병의 치료가 목적이었던 만큼, 안정성 테스트가 무척 엄격히 이뤄졌다. 부작용 위험이 줄어든 덕분에 전 세계에서 다이어트약으로 주목받고 있다. 만약 엘비스 프레슬리가 살아 있었을 때 이 약이 나왔으면, 그의 운명이 달라지진 않았을까?

총체적 난국이었던 건강에 방아쇠가 된 것

그런데 엘비스 프레슬리를 사망에 이르게 한 범인 후보가 아직 더 남아 있다. 죽은 엘비스의 몸에서 20kg이나 나왔다는 그것, 바로 대변이다. 화장실에서 바지를 내린 채 사망한 그의 몸을 부검했을 때 대장 안에는 4개월 정도 묵은 변이 있었다고 한다.

변비는 현대인의 생활 습관과 식습관에 부록처럼 따라오는 흔한 질환이지만, 생각보다 훨씬 위험하다. 미국에서는 연간 800명 정도가 변비 때문에 사망한다. 변비가 있으면 심장마비나 심부전 등 심혈관계 질환의 발병률이 2배 정도 증가한다.

풍선을 부는 것처럼 숨을 참은 상태에서 힘을 줄 때가 있는데, 이때 체내 압력이 급상승하고 뇌에 산소 공급이 일시적으로 중단되어 의식을 잃기도 한다. 이를 발살바 효과라고 하는데, 이런 현상은 배변 활동에도 발생하기 쉽다. 협심증이나 동맥경화가 있는 사람들이 변기에 앉아서 힘을 주다가 심장마비나 혈관 파열을 일으킬 수도 있다. 엘비스의 시신처럼 얼굴이 얼룩덜룩하고 눈에 핏발이 선 것도 복부 압력이 높아질 때 복부 대동맥이 압박돼서 심장을 정지시켰기 때문일 수도 있다.

보통 인간의 대장 길이는 1.5m 정도 되고 지름이 7~8cm 정도다. 그런데 엘비스 프레슬리의 대장은 길이가 2.5m에 지름이 15cm나 됐다는 기록이 있다. 다른 사람들보다 2배는 큰 것이다. 장이 이렇게 많이 늘어진 걸 거대결장이라고 한다.

대장 벽의 두께는 5mm 정도밖에 되지 않는다. 그런데 대장이 2배로 늘어났다면 그 두께는 2mm 정도로 얇아진다. 그로 인해 허혈성 변화를 일으키거나 세균이 과다하게 증식하거나 장폐색 같은 합병증이 생길 가능성이 커진다. 최악의 경우 대장이 파열해 사망할 수도 있다. 실제로 엘비스의 의료 기록들을 살펴보면 1975년에는 장폐색이 있는 창자 꼬임, 거대결장으로 입원했던 기록이 있다.

장은 인간의 몸 안에 있으니 늘어날 수 있는 공간의 한계가 있다. 그 공간 안에서 2배로 늘어난 만큼 압력도 증가했을 것이다. 이때 복부 구획증후군이라는 문제가 생길 수 있다. 심장에서 뿜어져 나와 다리로 내려간 피는 다시 올라와서 심장 안으로 들어가야 한다. 그런데 복부 안에 압력이 증가해서 심장으로 피가 못 들어가게 되는 것이 복부 구획증후군이다. 그런 상태에서 배변을 위해 순간적으로 힘을 주면 안 그래도 압력이 높은 장에 발살바 효과가 겹쳐서 자칫 잘못하면 쇼크 상태에 빠질 수도 있다.

장이 늘어졌다는 건 장 근육이 약해졌다는 뜻이기도 하다. 장이 운동을 해야 배변 활동이 원활한데 수축이 잘 안 되면 내용물을 이동시키기가 어려워진다. 그러면 변비가 더 심해지고, 그 결과 장이 더 늘어나는 악순환에 빠진다. 결국 대장 벽이 손상되거나 감염을 일으킬 수도 있기에 수술해서 잘라내야 한다. 그런데 엘비스는 그 수술을 하지 않았다.

엘비스가 약물이 아닌 변비로 인해 사망했다는 이야기를 가장 처음 한 사람은 다름 아닌 주치의 니코폴로스 박사였다. 그는 1979년의 총격 사건에서 살아남아 2016년까지 살았는데, 2010년에 엘비스 프레슬리와 자신에 관한 자서전을 썼다. 책에서 그는 엘비스의 심각했던 변비에 관해 밝혔으며, 엘비스가 이미지 때문에 변비를 제대로 치료하지 못했다고 했다. 남자답고 섹시한 이미지의 엘비스 프레슬리가 사실은 변비였다는 게 알려지면 팬들이 실망할까 걱정했다는 것이다. 이로 인해 수술을 여러 번 권했음에도 혹시나 이야기가 새어나갈 것을 우려해서 거절했다고 한다.

엘비스는 정말 변비 때문에 사망했을까?

지금까지의 이야기를 모두 종합해보면, 단지 변비 때문에 사망했다고 보기는 좀 어려울 것이다. 다만 변비가 죽음의 방아쇠로 고려될 만큼 그의 건강 상태가 좋지 않았다는 점이 중요하다. 그 무렵 의료 기록들을 보면 당뇨도 있었고, 고콜레스테롤 혈증에 고혈압, 빈혈도 있었다. 심지어 간염으로 입원 치료를 받은 적도 있었다. 부검 기록에 의하면 엘비스의 간이 약 3.5kg 정도였는데 성인 남성들의 간이 보통 1.5kg 정도 된다. 2배 이상 커져 있었던 것이다.

거대결장으로 장이 늘어지면 소화가 안 되는데 엘비스는 폭식을 했다. 게다가 엘비스가 과다 복용한 코데인은 마약성 진통제로 장 운동을 저하시켜 변비를 더욱 심하게 만들었다. 소화도 안 되고 배출도 안 되는데 계속 먹으면 어떻게 될까? 몸속에 독성이 가득 차게 된다. 장 내 압력이 높아지다 보면 장 파열도 발생할 수 있다. 간 기능이 약한 사람들은 대변의 암모니아 가스가 축적되면 뇌에 영향을 주어 사망에 이를 수도 있다. 복압이 높아져서 심장에 무리가 왔을 수도 있고, 코데인 과다 복용으로 호흡이 억제되거나 혈압이 심각하게 떨어졌을 수도 있다. 술을 좋아하고 기름진 음식을 폭식한 것도 간에 안 좋았던 듯하다. 한편 그가 먹었던 그 많은 약들을 대사하는 것도 간이기 때문에 복합적으로 작용했을 것이다.

엘비스의 부검 기록에 의하면 심장 또한 비대해져 있었다. 인간의 심장은 자기 주먹 정도의 크기로, 생각보다 작다. 보통 성인 남성의 경우 350g 정도인데, 엘비스의 심장은 520g이었다. 게다가 심장 혈관도 50% 이상 막혀 있었다. 즉 심장과 간이 좋지 않았고, 거대결장증에 변비도 심했다. 살인적인 공연 스케줄로 인한 불면증과 만성 피로에 스트레스도 심했고, 거기에 발살바 효과도 있었을 것 같다. 이런 여러 요인이 겹쳐지면서 최종적으로 갑자기 쇼크가 발생했는데, 그것을 이겨낼 만큼 심장이 튼튼하지 못했던 것 같다.

화려한 무대의 뒤편

엘비스는 폭식으로 찐 살을 투어가 시작될 때마다 혹독하게 빼는 생활을 반복했다. 1977년 엘비스가 사망하던 바로 그해에 엘비스의 머리 손질을 담당하던 친구가 잊을 수 없는 장면을 목격한다. 그날은 엘비스 컨디션이 유독 좋지 않았다. 공연 준비가 한창일 때 누군가가 쿵쿵대며 대기실로 찾아온다. 손에 큰 바가지를 든 매니저 톰 파커였다. 바가지에는 물과 얼음이 잔뜩 채워져 있었다.

"엘비스, 어딨어? 이제 곧 무대에 올라가야 하는데 엘비스 어딨어!"

놀라고 우왕좌왕하는 스태프들을 거칠게 지나친 톰 파커는 기운이 쭉 빠져 있는 엘비스 머리맡에 얼음물이 가득한 바가지를 내려놓더니 그대로 엘비스의 얼굴을 푹 담가버렸다.

"엘비스, 정신 차려! 무대에 올라가야지. 팬들이 기다리고 있잖아? 거기 빨리 와서 머리 분장 다시 해. 시간 없어, 빨리!"

겨우겨우 몸을 일으켜 세운 엘비스는 그날도 허겁지겁 무대에 올랐다. 앞으로도 무려 10개 도시를 돌면서 열흘씩 공연하는 투어 일정이 줄줄이 남아 있었다. 엘비스의 머리를 손질해주던 친구가 걱정스러운 마음에 물었다.

"엘비스, 그만 좀 쉬어야 하는 거 아냐?"

그러자 엘비스는 이렇게 대답한다.

"그만할 수는 없지. 내가 돈을 벌어야 우리 팀도 지킬 수 있어. 괜찮아."

그렇게 다섯 번째 공연까지 힘겹게 마무리한 엘비스는 결국 여섯 번째 공연 무대에는 오르지 못했다.

스타의 화려한 삶 뒤에는 외롭고 힘겨운 혼자만의 싸움이 있었다. 자신을 사랑해주는 대중을 위해 끊임없이 음악을 내고 영화를 촬영하고 공연하며 그들을 행복하게 해줬지만, 살인적인 일정 속에서 엘비스 자신은 행복하지 못했을 것 같다. 일도 무척 중요하지만 나를 돌아보고 나를 챙기는 시간, 휴식을 조화롭게 병행하는 것이 무엇보다 중요하다는 생각이 든다.

엘비스 프레슬리

5

뒤로 감춘
왼손의 비밀

아돌프 히틀러

Adolf Hitler

1889. 4. 20.~1945. 4. 30.

독일 베를린 서부의 번화가 쿠르퓌르스텐담, 일명 쿠담 거리는 1930년대에 가장 번화한 쇼핑 상업 지역이었다. 그중에서도 셀럽들에게 가장 인기 있는 곳은 테오도어 모렐Theodor Morell이 운영하는 병원이었다. 그는 논문 한 편 내지 않은 의학계의 주변인이었지만, 부자들 사이에서는 엄청난 인기를 자랑하는 의사였다. 유명 배우부터 정계와 재계의 거물까지, 모렐의 병원 앞에 줄을 섰다. 당시에는 첨단 의료기술이라고 할 만한 고주파 엑스레이며, 전기치료를 받을 수 있는 욕조를 네 대나 갖췄다는 것도 세일즈 포인트였지만, 이 병원 환자들이 가장 많이 찾는 것은 따로 있었다.

"비타뮬라 한 대 놔주세요."

일명 비타민 주사다.

현대적인 수액 주사인 링거 주사는 1832년 영국의 의사 토머스 라타Thomas Latta가 콜레라 환자를 치료하면서 수액을 놓은 것이 최초다. 콜레라에 걸리면 위아래로 계속 쏟아내는 통에 탈수에 이르고, 심하면 쇼크로 사망하기도 한다. 그래서 라타는 탈수 증세가 온 환자들에게 염화나트륨 수액을 주입해보았고 이것이 치료에 도움이 된 것이다. 비타민을 정맥으로 투여하는 의료 행위가 유행한 건 한참 뒤인 1950년대의 이야기다. 그러니 1930년대에 비타민 주사를 놔준다는 건 무척이나 파격적인 의료 행위에 해당했다.

그러던 어느 날, 모렐은 운명적인 전화 한 통을 받는다.

"총통께서 좀 보자고 하십니다."

연설의 왕 히틀러 실종 사건

아돌프 히틀러Adolf Hitler가 죽기 약 한 달 전에 촬영된 영상에서 그는 왼손을 심하게 떨었다. 누구나 알아챌 수 있을 만큼 문제가 확실히 있었지만, 이를 검증하기 위한 다른 영상을 찾기가 쉽지 않다. 그가 연단에서 사라져버렸기 때문이다. 몰입감을 높이는 불빛과 무대 장치, 웅장한 배경음악으로 청중을 완전히 사로잡았던 연설의 왕 히틀러가 어느 순간 대중 앞에서 자취를 감춘다.

1941년부터 히틀러는 연설 횟수를 대폭 줄인다. 연설할 때도 대중 앞에 직접 서는 게 아니라 '뉴스 영화'나 라디오를 통해서 녹음된 영상이나 목소리만 내보냈다. 히틀러는 떨리는 왼손을 들키지 않기 위해, 대중 앞에 서지 않았던 걸까? 도대체 히틀러에게 무슨 문제가 생긴 걸까?

히틀러 왼손의 비밀은 [   ]다.

히틀러는 유명한 채식주의자였다. 신참 요리사가 식탁에 고기 수프라도 올렸다가는 날벼락이 떨어졌다.

"누가 내 식탁에 '시체 국물'을 올렸어?!"

세계에서 가장 먼저 동물보호법을 제정한 것도 나치 독일이었다. 히틀러는 반려견 블론디에 대한 사랑으로도 유명했다.

"사람이 동물을 잡아먹다니, 어떻게 그런 야만적인 짓을…."

600만 명이 넘는 사람을 죽인 학살자가 개를 그렇게나 사랑했다는 것이 아이러니하다. 이에 관해 두 가지 시각이 있다. 히틀러도 사람이라 내면에서 치솟는 죄책감이나 불안함이 있었을 테고, 이를 상쇄하려는 심리적인 방어기제라는 시각이 그 하나다. 나머지 하나는 이마저도 이미지 메이킹으로 '엄격해야 할 때 엄격할 뿐, 연민이 있는 지도자'로 보이려 했다는 것이다.

한편 의학적인 다른 이유도 있는 듯하다. 히틀러 평소에 배탈 때문에 고생을 많이 했는데, 고기를 먹는 날에는 더 아팠다고 한다. 히틀러는 일종의 '건강염려증'을 가지고 있었다. 연설하다가 목이 좀 아프면 "후두암이면 어떡하지?" 하는 걱정을 하고 부친이 뇌졸중으로 사망한 뒤에는 술을 끊기까지 했다. 그런가 하면, 애인과도 매번 흡연 문제를 가지고 다퉜다고 한다.

아돌프 히틀러   143

"담배야, 나야? 둘 중 하나만 선택해!"

히틀러가 에바 브라운Eva Braun에게 한 말이다. 그 시절에 독일은 남자고 여자고 할 것 없이 흡연율이 엄청 높았는데, 히틀러는 담배라면 질색했다. 이로 인해 1930년에서 1940년대 초반까지 나치는 전 세계에서 가장 강력한 금연 운동을 펼쳤다. 대중교통에서 흡연을 금지하고, 군대에도 담배 배급을 제한했다. 대중교통에서 금연하는 게 지금은 너무나 당연한 에티켓이지만, 1980년대까지도 비행기 안에서 담배를 피울 수 있었으니, 그 당시 금연 정책이 얼마나 파격적이었는지 가늠할 수 있다.

단순히 담배 연기를 싫어해서 이런 정책을 펼친 것은 아니다. 여기에는 히틀러가 보여준 광기의 근간이 되는 더 무시무시한 이유가 있다. 그는 독일인이 아리아인의 위대한 DNA를 이어나가기 위해 몸에 해로운 것을 하면 안 된다고 생각했다. 히틀러는 우생학을 신봉하며, 게르만족만이 아리아인의 우수한 혈통을 이어받은 민족이라고 여겼다. 열등한 혈통은 씨를 말리고 우수한 혈통을 전 세계에 널리 퍼뜨려야 한다는 잘못된 신념을 지키고자 무수한 악행을 저질렀다.

그 일환으로 나치 정권은 국민에게 '건강에 대한 의무'를 부과했다. 건강한 신체와 건강한 정신을 갖추지 못한 사람이 결혼하는 것을 법으로 금지하고, 강제 불임이나 집단학살도 할 수 있는 법적 근거가 되는 '유전질환자 후손 출산 방지법'까지 만든다.

그런데 본인은 자꾸 배가 아프니 건강염려증이 더 심해지는 것이

독일 나치의 선전달력. 나치가 이상적으로 여기는 인종인 금발 아리아인 가족의 모습 뒤로 나치의 상징인 독수리가 보인다.

아돌프 히틀러

었다. 독일 최고의 의사들을 줄줄이 옆에 두고도 히틀러가 소문난 동네 의사 모렐에게 먼저 연락한 것도 그 때문이었다.

"자네, 내 배탈을 해결해줄 수 있겠나? 사실 다리 습진도 심각해. 정강이가 짓물러서 부츠도 신을 수가 없지 뭔가."

"저에게 시간을 1년만 주십시오, 각하. 1년 안에 낫게 해드리겠습니다!"

호언장담한 모렐은 히틀러에게 캡슐로 된 약을 하나 권한다. 어떤 약이었을까?

히틀러의 복통에 주치의가 처방한 약은

에서 추출했다.

이 답을 알아내려면 제1차 세계 대전으로 거슬러 올라가야 한다.

제1차 세계 대전에서 발견된 기적의 약

히틀러가 아직 말단 병사였던 이 시절에 뮤타플로라는 신약이 개발된다. 지금으로 따지면 프로바이오틱스의 일종이다. 이 약이 만들어진 것은 기관총 때문이다.

현대적 개념의 기관총은 1883년에 선보인 맥심 기관총이 처음일 것이다. 하지만 기관총이 실전에 쓰이기 시작한 것은 제1차 세계 대전이었다. 연속해서 총탄이 발사되는 기관총을 쏘기 시작하면 상대편은 이를 피하기가 어렵다. 그래서 구덩이를 파고 '참호'에 숨기 시작했다.

제1차 세계 대전은 거의 내내 참호전으로 치러졌다. 그런데 참호전의 문제 중 하나는 배수구가 없다는 점이었다. 삽으로 땅을 파는 단순한 작업으로 만든 참호는 화장실이 따로 없었다. 구덩이 안에서 먹고 자며, 생리현상도 해결해야 했다. 비라도 오면 물이 차오르는데 그 안에 대소변이 섞이면서 그야말로 오물 구덩이가 되었다. 더러운 물에 발을 담근 군인들은 군화를 벗지도, 씻지도 못했다. 그 결과 '참호족'이라는 병으로 발을 절단하는 병사들도 줄줄이 나왔다. 이와 벼룩이 옮긴 전염병으로 죽는 사람이 총에 맞아 죽는 사람

그림 2) 제1차 세계 대전에서 선보인 참호는 군사들의 위생에 큰 해가 되었다.

보다 더 많을 정도였다. 심지어 사방에 널린 시체를 먹은 쥐들이 강아지만큼 컸다는 이야기도 있다.

많은 군인이 복통과 설사에 시달렸다. 그런데 웬일인지 한 부사관만 멀쩡하게 밥을 먹고 변도 잘 보는 것이었다. 그 병사의 대변을 받아 연구해보니 특이한 대장균 균주가 있었다. 이 균주로 만든 장 치료제가 뮤타플로다.

히틀러의 복통에 주치의가 처방한 약은
인간의 대변 에서 추출했다.

21세기에 들어 새롭게 등장한 장뇌축gut-brain-axis 이론에 의하면 히틀러의 증상인 배탈과 다리 습진 역시 장 트러블과 관련이 있을 수 있다. 장뇌축은 장과 중추신경계 사이에서 일어나는 양방향 생화학적 신호 전달을 말하며, 여기에 장내 미생물이 중요한 역할을 한다는 이론이다. 이 신호 전달은 면역계, 내분비계 등을 통해 이루어지는데, 우리가 흔히 마이크로바이옴이라고 부르는 장 내 미생물 군집에서 방출되는 화학물질이 뇌의 발달과 기능에 큰 영향을 미친다고 한다.

마이크로바이옴은 우리가 아는 거의 모든 질환과 연관이 있다고 알려져 있다. 심각한 장 트러블을 겪는 사람들뿐 아니라 류머티즘 관절염, 각종 암, 파킨슨병, 알츠하이머병에도 마이크로바이옴이 연관돼 있다는 연구를 찾아볼 수 있다. 지금 한창 주목받는 장뇌축 이론에 의하면 습진 역시 면역 반응의 이상으로 인해서 발생하기에 유익균, 즉 프로바이오틱스를 섭취함으로써 개선될 가능성이 있다고 한다.

장에 유익한 미생물 군집을 형성하기 위해 변을 이식하는 사례도 있다. 정확히는 기증자의 건강한 대변을 환자의 장에 이식해 장내 미생물의 균형을 맞추고 유익한 박테리아로 다시 채우는 수술이다. 미생물학계에서는 건강한 사람의 대변을 아주 귀하다고 해서 '유니콘'이라고 부르는데 이런 '유니콘' 대변을 심각한 장 문제를 겪는 환자에게 심으면 전쟁터에 특공대를 투입하는 것과 같은 효과를 발휘해 건강한 장으로 만들어줄 수 있다는 것이다.

시대를 앞서서 이런 이론을 적용한 모렐의 처방은 효과를 보았다. "기적의 의사가 나타나 내 병을 고쳤어!"

히틀러는 모렐을 자신의 주치의로 삼고 으리으리한 저택을 선물한다. 유명한 나치 선전 장관 파울 요제프 괴벨스Paul Joseph Goebbels의 옆집을 선물한 것이다. 그리고 히틀러는 논문이 없어서 교수 자격이 안 되는 모렐에게 교수 타이틀을 달아주고 나중에는 기사 십자 훈장까지 수여한다.

그런데 공교롭게도 모렐이 주치의가 된 지 4~5년 정도 된 시점부터 히틀러는 대중 앞에 모습을 드러내지 않게 된다. 어쩌다 한 번 찍힌 영상에서는 왼손을 덜덜 떠는 모습이 포착되었다. 그 무렵 히틀러를 목격한 사람들은 이런 증언을 남겼다.

"히틀러가 왼발을 질질 끌며 지하 벙커의 복도를 비틀비틀 걸어 다녔다."

"왼손을 심하게 떨어 안경에서 달그락대는 소리가 나는 바람에 그 안경을 더는 쓸 수 없었다."

"주름지거나 얼룩이 생긴 복장으로 등장할 때가 많아졌다."

"서명하는 걸 힘들어해서 나중에는 고무도장으로 서명을 대신해야 했다."

모렐은 1941년에 히틀러의 '떨림beben' 증상을 처음 기록한다. 정확한 원인은 알 수 없었기에 이유를 '스트레스'라고 적어두었다. 그리고 4년 뒤의 진료 기록에는 '쉬텔레뭉Schüttellähmung'이란 단어가 등장한다. 이것 역시 독일어로 '떨림'이란 뜻인데 다른 뜻이 더 있다. 바로 파킨슨병이다.

히틀러 왼손의 비밀은   **파킨슨병**   이다.

노인 3대 질환 파킨슨병

뇌의 한가운데에 위치한 중뇌에 흑색질이라는 부위가 있다. 이곳에 있는 도파민 생성 세포가 손상되거나 점차 죽어가면서 생기는 병이 파킨슨병이다. 이 병에 걸리면 행동이 느려지고 몸이 떨리며,

근육이 굳어진다. 또 걸을 때 발을 질질 끌게 되고 관절이 굽는 신경퇴행성 질환이다. 치매, 뇌졸중과 함께 3대 노인 질환으로 불리는데, 전 세계가 고령화되면서 환자가 급속히 늘고 있다. 건강보험공단에 따르면 국내에서 파킨슨병으로 진료를 받은 환자가 최근 5년간 15% 정도 증가했다고 한다.

파킨슨병은 19세기에 이 병을 발견한 영국 의사 제임스 파킨슨James Parkinson의 이름에서 따왔다. 하지만 '파킨슨병'이라고 불리지만 않았을 뿐, 비슷한 증상에 관한 기록은 수백 년 전부터 있었다. 중국의 고대 의학서적《황제내경》에는 '떨림과 경직, 머리를 웅크리고 눈은 한 곳을 응시하며 몸통은 앞으로 숙이고 걸을 때 떨림이 있다'는 기록이 있다. 고대 인도 의학서《아유르베다》에도 '캄파바타'라는 질병이 등장하는데 '캄파'가 떨림이고 '바타'가 움직임과 감각을 뜻한다. 캄파바타에 걸린 사람은 떨림이 있고 몸이 뻣뻣하며, 움직임이 없어진다고 묘사하고 있다.

파킨슨병의 치료는 1960년대 와서야 레보도파levodopa라는 성분이 발견되면서 비로소 획기적인 진전을 보인다. 레보도파는 도파민으로 바뀌기 전 성분인 도파민 전구체다. 파킨슨병이 한마디로 뇌의 도파민이 부족해져서 생기는 병인데 레보도파를 섭취하면 뇌의 신경세포에 흡수되어서 도파민으로 전환되는 것이다.

《아유르베다》에 '캄파바타에는 무쿠나 프루리엔스Mucuna pruriens라는 식물의 열매를 섭취하면 좋다'는 내용이 있다. 현대에 와서 이 식물의 성분을 분석해보니 놀랍게도 레보도파 성분이 들어있었다.

여하튼 히틀러가 이 병을 앓았던 1930~40년대에는 파킨슨병을 진단할 수는 있었더라도 제대로 된 치료는 할 수 없었을 것이다. 히틀러가 파킨슨병에 걸렸다는 추측은 그의 서명을 통해서도 유추해볼 수 있다. 1930년대와 1940년대에 히틀러의 서명을 비교해봤더니 크기가 갈수록 작아지는 것을 발견했다. 이를 '작은 글씨증(또는 소서증)'이라고 하는데 정상 크기의 글씨를 유지할 수가 없기 때문에 문장을 이어갈수록 글씨 크기가 점점 작아지는 특징을 보인다.

파킨슨병이 왜 생기는지는 아직 명확하게 밝혀지지 않았다. 뚜렷한 발병 원인을 모를 때 '특발성'이라고 하는데 파킨슨병은 특발성인 경우가 대부분이다. 그 밖에 외상, 뇌졸중 같은 혈관성 질환이나 약물, 감염 후유증으로 생기기도 한다.

파킨슨병의 권위자 장진우 고려대학교 안암병원 신경외과 전문의는 히틀러가 파킨슨병이라는 것에 관해서는 역사학자와 의사들이 공통적으로 인정하는 사실이라고 설명했다. 역사 기록과 그 당시 뉴스 및 홍보 자료에서 히틀러가 왼손을 떨고 굳어 있으며, 지팡이를 잡는 모습 등을 통해 그가 파킨슨병에 걸렸음을 유추할 수 있다고 한다. 장진우 교수는 "파킨슨병은 가만히 있을 때 떨리는 것이 특징으로, 우리가 가장 흔히 보는 수전증은 가만히 있을 때는 괜찮다가 손을 들고 움직일 때나 손을 쓰려고 할 때 떨리는 점이 다르다"고 파킨슨병의 구분법을 알려주었다.

히틀러의 자료 영상을 살펴보면 1930년대부터 왼손을 주머니에 넣거나 지팡이를 짚고 있는 모습이 많다. 손이 떨리는 걸 감추려고 뭔가를 꽉 잡거나 주머니에 손을 넣어버린 것은 아닐까?

그런데 이뿐만이 아니다. 장진우 교수는 파킨슨병으로 판정받기 전에 환자의 과거를 조사해보면 이미 전조증상이 나타난 경우가 상당히 많다고 한다. 냄새를 잘 못 맡거나 자율신경 기능의 이상으로 인한 장운동의 저하로 변비 또는 소화 불량 증상을 호소하는 것이 그 사례다. 수면 중에 괴성을 지르거나 팔다리를 허공에서 차는 하지불안증후군 같은 다양한 수면 이상 증상들도 파킨슨병의 전조증상이다.

이런 증상들을 염두에 두고 다시 살펴보면, 히틀러는 상당히 오랫동안 소화 불량을 앓았다. 게다가 수면 문제에도 무척 민감했다. 그래서 그의 거처는 항상 보안만큼이나 방음 설비를 최우선으로 고려해 설계했다. 심지어 전쟁통에도 히틀러가 잠자리에 들면 주변에선 어떤 소음도 들어가지 않도록 신경 썼으며, 아침에 자연스럽게 깨어날 수 있도록 창 위치와 빛의 방향도 고려해 거처를 설계했다는 기록이 남아 있다.

이 정도면 히틀러가 왼손을 감춘 이유는 파킨슨병 때문이라고 보는 게 맞다. 그리고 여기까지는 이미 널리 알려진 사실이다. 그런데 여기서 한 가지 의문이 풀리지 않는다. 히틀러의 곁에는 독일 최고의 의사들이 있었다는 점이다. 그런데 불과 3년 만에 히틀러의 상태가 몹시 나빠진다. 히틀러의 주변인들은 일찍부터 주치의 모렐을 의심했다. 아침에 다 죽어가던 총통이 모렐의 주사 한 방만 맞고 나면 믿기지 않을 정도로 쌩쌩해졌기 때문이다. 그런데 시간이 좀 지나고 나면 그전보다 오히려 더 축 늘어지곤 했다.

그러니 주변에서는 이렇게 수군댔다.

"저 인간, 혹시 스파이 아냐?"

그에 대한 의심과 함께 히틀러의 왼손에 관련된 새로운 용의자가 등장한다.

독일군이 500km를 4일 만에 통과한 비결

다시 제1차 세계 대전으로 돌아가 보자. 종전 후 참전국들은 심각한 인플레이션을 겪었다. 그중에서도 패전국인 독일은 막대한 배상금을 치르기 위해 화폐를 대량으로 찍어내는 바람에, 물가가 3년 만에 1억 배가 올랐다. 마르크는 말 그대로 휴짓조각이 되었다. 이를 틈 타 히틀러와 나치당은 일자리를 늘리고 경제를 회복하겠다는 공약으로 정권을 잡았다. 경제를 빨리 회복하려면 온 국민이 지금보다 더 열심히, 잘 시간조차 줄여가며 일해야 했다. 그런데 우리가 졸음을 쫓고 집중력을 높이기 위해 가장 흔하게 사용하는 도구가 그당시 독일에서는 구하기 힘들었다. '커피'가 없었던 것이다.

독일은 제1차 세계 대전에서 패하면서 아프리카의 식민지를 모두 잃어버렸다. 그래서 커피를 구하기 힘들어지자 이를 대체할 각성제를 만든다. 그렇게 탄생한 것이 페르비틴이다. 문제는 약의 주성분이 메스암페타민이라는 점이다. 메스암페타민은 다른 말로 하

히틀러와 나치는 독일 군사들의 작전 능력을 최대한 끌어올리기 위해 메스암페타민 성분의 페르비틴을 개발해 군에 보급했다.

면 필로폰이다. 필로폰이라는 이름은 '노동을 사랑하다'라는 뜻의 그리스어 필로포노스philoponus에서 따온 것이다. 즉, 일을 잘하기 위해 먹는 약이다. 이 약을 먹으면 도파민 수치가 평소의 12배까지 오른다. 과도한 쾌감을 약물로 끌어내는 것이다. 그런데 몸의 자연스러운 작용이 아니기에 강제로 끌어 쓰고 나면 더 이상 생성되지 않는다. 이런 일이 반복되다 보면 결국 도파민을 만드는 시스템 자체가 손상된다. 그 결과 도파민 생성량이 떨어지고, 덩달아 기분도 다운된다. 다시 그 기분을 느끼려면 약을 늘리는 수밖에 없다. 이것이 마약에 내성이 생기는 과정이다.

그런데 나치 정부가 이 페르비틴이란 필로폰을 마치 자양강장제처럼, 약국 어디서나 쉽게 살 수 있도록 했다. 초기에는 처방전도 필요 없었다. 심지어 필로폰을 넣은 초콜릿 제품도 등장한다.

출산을 막 마치고 산후우울증에 시달리던 주부들이 마약을 사탕처럼 빨고, 수술 전 의사들도 집중력을 높이려고 이 약을 삼켰다. 밤샘 근로하는 노동자나 어린 학생들도 잠을 쫓을 땐 페르비틴을 먹었다.

페르비틴은 제2차 세계 대전에서도 중요한 역할을 한다. 독일 나치 부대의 전격전blitzkrieg은 파격적인 전술이었다. 번개전쟁이라고도 했는데 전차부대를 선봉으로 공군과 공수부대가 긴밀하게 공조해 적진을 빠르게 돌파하는 작전이다. 전통적인 전쟁에서 평원에 군사들이 쭉 늘어선 채 상대를 공략할 때, 어느 일부가 적진 깊숙이 들어갔다가는 포위당해서 패배하게 된다. 그래서 전투는 적진으로 무조건 치고 들어가지 않고 전선을 유지하며 공략하는 것이 중요했다. 그런데 나치의 전격전은 기존의 상식을 완전히 뒤집어 좁은 일직선으로 빠르게 적의 방어선을 돌파해 후방까지 침투해 적을 갈라놓는 작전이다. 이렇게 갈라진 적을 각개격파 하는 것이 전격전의 핵심으로, 나치는 초반에 전격전으로 혁혁한 성과를 거둔다.

1939년에 이루어진 독일군의 폴란드 침공 때도 전력만 따지고 보면 당시 독일군이 폴란드군에 압도적 우위를 보이지는 않았다. 그런데 독일군은 엄청나게 빨랐다. 폴란드 침공 4주 만에 6만 6,000명이 넘는 폴란드인을 죽이고 수도 바르샤바를 함락시켰다. 이어서 다음 해에는 덴마크와 노르웨이를 점령하고 네덜란드와 룩셈부르크까지 집어삼킨다.

적군의 후방에 최대한 빨리 침투하려면 목적지에 다다를 때까지 가능한 한 쉬지 않고 집중해서 돌파해야 한다. 그래서 독일군 병사들은 집에 편지를 쓸 때면 꼭 이런 말을 덧붙였다고 한다.

'부탁이 있는데, 페르비틴 좀 사서 보내주세요.'

페르비틴에 각성 효과만 있는 것이 아니다. 즐거운 느낌의 환각 작용이 있고 두려움이나 소심함 같은 감정을 무장 해제시킨다. 전쟁터에서 인간이라면 당연히 마주하게 될 연민이나 죄책감, 후회나 공포 같은 감정을 무디게 하는 것이다. 페르비틴을 통해 독일 나치 병사들은 감정 없는 '살인 병기'가 될 수 있었다.

하늘을 찌를 듯하게 자신감이 솟은 히틀러는 급기야 프랑스 침공을 결정한다. 독일은 이미 8개월째 전투를 치른 상태였고 당장 투입할 수 있는 병력이 절반 이하로 줄어든 반면, 프랑스 육군은 세계 최강이었다. 게다가 프랑스 뒤에는 영국이 있었다. 최고의 컨디션으로도 될까 말까 한 상대를, 지치고 물자도 부족한 상태에서 침공하려니 승산이 없어 보였다. 하지만 히틀러는 확고했다. 프랑스를 점령해야 영국도 고립시키고 유럽의 패권을 완전히 장악할 수 있다는 판단이었다.

"독일의 완전한 승리를 위해서는 프랑스를 손에 넣어야 한다!"

하지만 프랑스와 독일의 국경에는 독일의 침공에 대비해 프랑스가 설치한 방어 요새인 마지노선Ligne Maginot이 있었다. 어찌나 견고한지 이곳을 돌파할 수 없다고 판단한 나치 독일은 적군이 전혀 예상하지 못한 지역으로 전차부대를 보낸다. 이것이 유명한 '낫질 작전Sichelschnittplan'이다.

독일군은 마지노선의 북쪽으로 우회해서 벨기에의 아르덴으로 향했다. 아르덴 지역은 숲이 빽빽하고 협곡이 많아서 '천혜의 요새'로 불린다. 대규모 군사가 이동할 만한 길이 아니기에 프랑스나 연합군이 방심하고 있던 사이에 독일군이 이곳을 돌파하고 프랑스로 진격한 것이다. 요새를 우회한 뒤에 빠르게 이동해서 프랑스군을 포위해 섬멸하는 모양이 낫질하는 모양과 비슷하다고 해서 낫질 작전이라고 불렸다.

독일은 정면으로 붙으면 이기기 힘든 프랑스군을 공략하기 위해 마지노선에 미끼를 풀었고, 그들이 미끼라는 사실을 프랑스군이 눈치채기 전에 빠르게 후방으로 침투해야 했다. 이동은 빠를수록 좋았다. 여기에 투입된 독일군 병력이 25만이었고, 아르덴을 넘어 이동해야 하는 거리는 500km에 달했다. 이 길이는 서울에서 부산을 넘어 마라도 정도까지의 거리에 해당한다. 게다가 평지가 아닌 험준한 숲길이었다. 그런데 나흘째 되는 날인 1940년 5월 10일 독일군은 프랑스를 침공한다.

보통 성인의 걸음걸이로 1시간에 4km를 이동한다. 잠자는 시간과 밥 먹는 시간 빼고 오로지 걷기만 한다고 했을 때 하루에 약 50km를 걷는다는 계산이 나온다. 지치지 않고 똑같은 속도로 간다면 나흘 동안 고작 200km를 이동할 수 있다. 그런데 험준한 산곡 500km를 나흘 만에 통과하려면, 먹고 잘 시간도 없이 빠른 걸음으로 계속 이동해야 했다. 그것도 20~30kg에 달하는 군장을 갖춘 상태로 말이다. 이게 가능한 일일까?

걱정하는 군 지휘부를 향해서 히틀러가 이 말 한마디를 했다.

　순혈 아리아인의 의지로 못 할 일은 없어.

결국 군 지휘부는 히틀러의 뜻에 따르기로 한다. 그리고 군인들에게 특별한 선물이 주어진다. 바로 페르비틴, 즉 메스암페타민이다.

1940년 4월 17일에 발효된 '각성제 시행령'에 담긴 국방군 마약 소비 관련 문서에 의하면, 페르비틴은 1940년 봄에 공식적으로 국방군에 투약이 허가되었다. 복용량은 하루 한 알을 원칙으로 하지만, '예외적인 경우 24시간 수면을 막는 것도 가능하다'고 기록되어 있다.

메스암페타민을 복용하면 잠만 안 오는 게 아니라 배고픔도 잘 느끼지 못한다. 하지만 이는 어디까지나 착각이고, 신체에는 상당한 무리가 간다. 이런 일이 지속적으로 반복되면 나중에는 신체가 망가진다.

여기서 다시 의문이 생긴다. 앞서 이야기했듯이 히틀러는 유명한 우생학 신봉자다. 건강한 아리아인의 유전자를 널리 퍼뜨려야 한다는 생각을 가진 만큼, 그는 나치당에서 마약을 절대 용납할 수 없는 악으로 여겨졌다. 그래서 나치가 집권한 뒤에 마약과의 전쟁을 선포한다. 마약중독자는 결혼도 제한했고 그 중독자나 판매자가 유대인이면 수용소로 보내고 처형까지 했을 정도다.

그런 히틀러가 승리를 위해서 자신의 부대에 마약을 공급했다. 과

히틀러 성별 논란의 근원

히틀러가 마약과 직접적인 연관이 있었는지 알아보려면 1941년 8월부터 1945년 4월까지 히틀러의 주치의 모렐이 작성한 '환자 A'에 대한 진료 기록을 살펴볼 필요가 있다. 알아보기 어려운 약어와 암호가 많지만, 확실한 건 차트가 작성된 885일 중에 800회 이상의 약물 투여 기록을 찾았다는 점이다.

작가 노르만 올러Norman Ohler는 모렐이 남긴 기록을 살펴보기 위해 베를린의 독일연방기록보관소를 찾았다. 모렐은 환자 성명을 쓰지 않았기에 '지도자'라고 적은 것이 아돌프 히틀러에 관한 기록이었다. 기록에 의하면 1936년부터 1945년까지 9년 동안 수천 건의 주사가 주입되었다. 이를 계산해보면 연간 2,000번 이상 주사를 맞은 것으로 나타났다. 올러는 처음에 유익한 비타민 주사에서 시작해 점점 더 헤로운 마약 성분의 주사로 발전했다고 설명했다.

프랑스를 점령하고 약 1년쯤 뒤, 히틀러는 동쪽으로 이동한다. 외딴 숲속에 어마어마한 콘크리트 건물을 짓고 거기서 지내는데 그 규모가 무려 6.5km², 여의도 면적의 4분의 3에 해당했다. 그 안에 건물이 80개 정도 있었다. 독일어로 볼프스샨체Wolfsschanze 즉 '늑대굴'이라고 하는 이곳은 히틀러가 소련과의 전쟁을 직접 지휘하기

히틀러가 1941년부터 작전사령부 겸 은신처로 사용했던 볼프스샨체. 일종의 벙커였기에 볕이 들지 않고 환기가 안 되는 등 건강에 좋은 환경은 아니었다.

위해 동부전선에 설치한 지휘소다. 지금은 폴란드 땅이지만, 그 시절에는 독일의 동쪽 영토였다.

늑대굴은 히틀러의 주요 지휘 거점이었고, 벙커와 요새로 구성된 거대한 군사 시설이었다. 여러 겹의 방어 구역으로 나뉘어 있으며, 독일의 비밀경찰 게슈타포와 무장 친위대 병력이 주변에 쫙 깔려 있어서 보안에서는 최고의 시설이었다. 그런데 보안에 지나치게 신경 쓰다 보니, 사람이 살기에 좋은 환경은 아니었다. 안개가 자주 끼는 지역에 건물은 볕이 잘 들지 않고 환기도 안 되었기에 건물은 춥고 습했다. 모기는 또 어찌나 많은지 곳곳에 석유를 뿌려놓아서 실내 공기도 아주 안 좋았다. 건강염려증이 있는 히틀러가 산소 공급

설비도 따로 만들었지만, 환경을 바꾸기에는 역부족이었다.

1941년 8월, 독일이 소련을 침공한 지 한 달이 조금 넘었을 때 일이 터진다.

"총통께서 쓰러지셨습니다!"

모렐은 검은색 왕진 가방을 챙겨 들고 부리나케 달려갔다. 도착했을 때 히틀러는 사지가 따로 노는 인형처럼 몸을 가누지 못하고 널브러져 있었다고 한다. 얼른 비타민과 포도당을 써봤지만 소용없었다. 초조해진 모렐은 돼지와 소의 심장, 간, 췌장 등에서 추출한 효소와 동물의 부신 피질에서 나온 호르몬을 섞어서 정맥에 투약한다. 하지만 그날, 히틀러는 결국 회의에 참석하지 못했다.

동물의 장기에서 추출한 성분을 인간의 치료에 사용하는 풍경이 요즘은 낯설게 느껴지지만, 예전에는 흔한 치료법이었다. 당뇨병의 치료제인 인슐린도 처음에는 개의 췌장에서 얻었고, 지금도 소화기 질환 치료제 중에는 돼지 췌장에서 얻은 소화효소를 사용하는 것도 있다.

그런데 모렐이 히틀러한테 투여한 성분 중에 황소 고환 추출물도 있었다. 남성 호르몬인 테스토스테론 성분의 주사인네, 아마도 나이가 들면서 자연스럽게 줄어드는 남성 호르몬을 보충해주는 용도였을 것이다. 하지만 남성 호르몬 주사를 남용하면 몸에서 생성되는 남성 호르몬 수치가 급감한다. 호르몬이 이미 충분하니 내 몸이 호르몬을 만들지 않게 되는 것이다. 주사의 약효가 떨어지면 남성 호르몬이 상대적으로 더 줄어들고 그 결과 근육이 퇴화하고 수염도

그림 5 볼프스샨체 앞에서 중앙의 히틀러를 중심으로 나치 간부들이 모여 있다. 오른쪽 뒤줄 두 번째, 안경을 착용한 사람이 주치의인 테오도어 모렐이다.

잘 자라지 않으며, 가슴이 나오는 부작용이 생길 수 있다. 강한 리더의 이미지를 유지하기 위해 주사한 약 때문에 여성성이 오히려 증가하는 것이다. 특히나 수염은 히틀러의 상징과도 같기에 이런 변화에 위기를 느껴서 테스토스테론 주사를 더 자주, 더 많이 맞게 되었을 수도 있다. 한때 히틀러가 여자라는 얼토당토않은 음모론이 떠돌기도 했는데 그 부작용 때문일 수도 있다.

모렐의 기록에서 '떨림'이란 단어가 처음 등장한 것도 1941년 8월로 거의 같은 시기다. 히틀러의 몸에 들어가는 알약과 주사의 양은 나날이 늘어간다. 매일 28가지의 알약을 복용했고, 전시 중에 복용한 약을 다 합치면 90종에 이른다고 한다.

히틀러 왼손의 비밀은 마약 이다

정작 히틀러 본인은 모렐이 자기 몸에 무슨 짓을 하고 있는지 전혀 몰랐다. 모렐이 아무도 모르게 약물의 양이나 종류를 계속해서 늘려간 것이다. 나중에는 모렐이 히틀러에게 오이코달이나 코카인도 투여한다. 오이코달은 아편 유사제로, 직싱 효과가 모르핀의 2배에 달한다. 아무래도 건강이 안 좋아지니까 몸이든 정신이든 버티기가 힘든 상황에서 약을 더 강한 걸로, 더 많이 늘려갔던 듯하다.

히틀러의 몸이 이렇게 망가지고 있는 사이에 독일군의 전황도 최악으로 치닫고 있었다. 히틀러는 동부전선에 겨울이 오기 전에 전쟁을 끝내고자 했다. 가장 강력하다고 생각했던 프랑스조차 6주 만에 항복했기 때문에 자신도 있었다. 그런데 소련군이 생각보다 끈질기게 저항했다. 포위된 레닌그라드지금의 상트페테르부르크는 항복하지 않았고 모스크바도 결사적으로 항전했다.

결국 전쟁이 한창일 때 겨울이 찾아왔다. 소련의 겨울 추위는 한 세기 전에 이미 '전쟁의 천재' 나폴레옹조차 패배하게 만든 혹독한 것이었다. 심지어 전쟁이 겨울까지 가지 않을 것이라고 생각한 독일군은 얇은 옷을 입은 채 원정에 나섰기에 추위는 더 끔찍했다. 소련군을 죽이면 가장 먼저 하는 일이 옷을 벗기고 신발을 빼앗아 신는 일이었다고 한다. 음식은 꽁꽁 얼었고 허리까지 쌓인 눈길을 뚫다가 독일군의 체력도 바닥났다. 그때 소련의 반격이 시작된다. 초기에 기세등등하게 모스크바로 진격했던 독일군은 결국 후퇴하기 시작한다.

우생학을 스스로 망쳐버린 히틀러

독일군이 소련과 싸우는 사이에 서부전선에는 미국과 영국의 연합군이 지상전에 투입된다. 바로 1944년 6월 6일에 시작된 '노르망디 상륙 작전'이다. 이 작전은 파리를 포함해 프랑스를 해방시키는 것을 목표로 하는 오버로드 작전의 일부로, 오버로드 작전의 수행을 위해서는 먼저 대륙으로 군대를 투입시킬 교두보가 필요했다. 네 개의 후보 가운데 선정된 지역이 바로 노르망디였다. 이 작전이 성공하면서 나치는 완전히 코너에 몰린다.

독 안에 든 쥐가 된 히틀러와 나치 군단이 꺼내든 비장의 카드는 '인간어뢰, 네거' 작전이었다. 초소형 잠수정에 한두 명만 타고 목표 지점으로 가서 폭탄을 두고 오는 작전이다. 적의 방어망을 피하기 위해 물속에 대기하고 있다가 목표물과 거리와 각도가 맞아떨어질 때 어뢰를 수동으로 발사하는 것이다. 이 작전의 어려운 점은 물속 에서 계속 대기하고 있어야 한다는 것이다. 자세조차 바꾸기 힘든 좁은 잠수정에 탄 채 혼자 계속 기다려야 한다. 적의 방어선이 약해 질 때까지 기다렸다가 접근해야 하는데 위험한 것도 위험한 것이지 만, 기회가 올 때까지 얼마나 기다려야 할지 알 수 없다. 그때까지 잠도 잘 수 없는 것이다.

필로폰 각성제인 페르비틴으로도 이 작전의 수행이 녹록지 않자 나치는 새로운 마약을 만드는 데 모든 걸 쏟아붓는다. 페르비틴, 코카인, 오이코달 등 가장 강력한 마약을 이리저리 섞어서 혼합 약물 을 만들었다. 그 약을 먹은 병사들의 3분의 2가 겨우 한두 정만 먹 었을 뿐인데도 2시간 안에 양손이 떨리고 무릎이 후들거리면서 중추신경계가 마비되는 부작용을 겪었다. 하지만 나치의 신약 개발은 멈추지 않았다. 이 프로젝트를 담당한 해군 의사는 이 위험천만한 약을 완성할 곳을 찾아간다. 바로 유대인이 수용된 작센하우젠 강 제 수용소다. 수용소 존속 기간 동안 40여 개국의 20만 명이 넘는 사람이 이곳에 투옥되었으며, 수만 명이 굶주림과 질병, 강제노동, 학대, 인체실험으로 목숨을 잃었다.

해군 의사는 수감자들에게 50에서 100mg의 고용량 코카인, 페르비틴 20mg 등을 먹이고 무거운 배낭을 진 채 운동장을 밤새 걷게 했다. 그리고 다른 약물을 먹이고 더 오래 걷게 만들었다. 그리고 약물을 다시 먹이고 걷게 하는 일이 계속되었다. 유대인과 외국의 인질들을 대상으로 여러 마약을 혼합해 일주일간 깨어 있도록 하는 강력한 마약을 개발하는 실험을 한 것이다. 여러 마약을 다양하게 섞어서 D1에서 D10까지 10가지 혼합물을 개발했는데 D9는 히틀러가 선호했던 옥시코돈, 메스암페타민인 페르비틴, 코카인 등 가장 강력한 마약 혼합물로 만든 알약이었다. 급조한 마약을 나치는 어린 소년병들에게 먹였지만, 다가오는 패망을 막을 수는 없었다. 마약 성분이 너무 강해서 소형 잠수함에서 이 알약을 투약한 군인들은 깨어 있기는 했어도 싸울 수 있는 상태가 아니기 때문이다.

　각성이란, 쉽게 말해서 강제로 '고혈압' 상태를 만드는 것이다. 각성하는 과정은 좌우 신장 위에 고깔 모양으로 생긴 부신이라는 호르몬 생성기관에서 노르에피네프린과 노르아드레날린이라는 신경물질이 나오게 하는 것이다. 한꺼번에 많이 나올수록 집중력도 높아지고 혈류량이나 대사 활동도 활발해진다. 동시에 전신의 혈관이 엄청나게 수축한다. 그로 인해 혈압이 200mmHg까지 급상승한다. 약이 강하게 작용하면 작용할수록 위험한 고혈압 상태가 되는 것이다. 이는 젊은 사람들조차 돌연사하게 만들 정도로 위험하다. 초반에는 마약이 더 빠른 전진을 가능하게 했더라도 결국은 마약의 부작용 때문에 망했던 것이다.

히틀러는 사망하기 1년 전부터 건강이 극도로 나빠졌다. 약효가 떨어지면 바로 몸이 떨렸기 때문에 팔을 위로 쭉 뻗던 나치식 인사는 꿈도 못 꾸게 되었다.

모렐은 히틀러가 어느 부위를 떨었는지 아주 자세히 기록했다. 왼손을 떨다 양손을, 그리고 다리도 떨기 시작했는데 히틀러가 앉으면 떨지 못하도록 팔로 다리를 붙잡고 있었다고 한다. 떨림 증상은 점점 더 악화되었고 신체 여러 부위를 떨기 시작했으며, 더 강하게 떨었다고 기록되었다. 히틀러의 떨림 증상은 모두가 알아챌 수 있을 만큼 심각했고 통제할 수 없었다.

히틀러의 왼손의 비밀은 마약일까, 파킨슨병일까?

사실 파킨슨병이나, 파킨슨병과 증세가 똑같은데 치료법이 다른 파킨슨증후군 같은 병은 모두 도파민이 부족해서 생기는 병이다. 그런데 메스암페타민 같은 약물도 도파민 세포를 파괴한다. 다시 말해 파킨슨병을 유발할 수 있는 것이다. 결국 어느 한 가지가 정답이 아니라, 마약과 파킨슨병 둘 다 영향을 미쳤던 것이 분명하다.

유타대학교에서 메스암페타민을 약으로 먹었던 사람과 대조군을 비교하는 연구를 했다. 그 결과 메스암페타민을 복용한 사람의 파킨슨병 유병률이 약 3배 정도 높은 것으로 나왔다. 히틀러의 증상이 악화된 것은 1940년대에 들어서다. 한편 모렐 박사가 히틀러의 주치의로 고용된 게 1937년부터 사망할 때까지다. 그가 히틀러의 치료에 썼던 약 중에 메스암페타민 성분이 있었고, 이것이 히틀러의 파킨슨 증상을 악화시킨 요인이 되었을 것이다.

20세기 최악의 독재자 최후의 선택

전쟁의 끝이 다가오고 있었다. 프랑스를 수복한 연합군이 독일 본토를 공격해 전역에 사이렌이 미친 듯이 울리고 하늘에서는 폭탄이 쉴 새 없이 쏟아졌다. 영국군은 먼저 메스암페타민과 오이코달을 만들던 제약회사를 폭격한다. 그러자 베를린에서 약을 구하기란 하늘의 별 따기가 되었고 모렐은 처방전을 써도 약을 구할 수 없었다. 마약중독자가 갑자기 약을 끊으면 어떻게 될까?

히틀러에게 금단 증상이 찾아온다. 이때부터 히틀러는 제정신이 아니게 된다. 독일이 이대로 얼마나 더 버틸 수 있을지 군 지휘부는 참담하기만 한데 히틀러는 후퇴는커녕 더 맹렬하게 진군을 명령하고 계속해서 독일 군대를 불구덩이 속으로 밀어 넣었다.

1945년 3월 19일 히틀러는 전군에 긴급 명령을 내린다.

독일을 초토화시켜라!

히틀러는 '전부 아니면 전무'라는 사고방식을 가지고 있었다. 완승을 거두지 못하면 완패가 있을 뿐이어서, 적들이 독일을 완전히 파괴할 것이라고 확신했다. 만약 전쟁에서 진다면 민족도 망하는 셈이니, 민족의 가장 원초적인 생존 토대를 보존하려고 굳이 애를 쓸 필요가 없다고 냉정하게 말한다. 독일의 모든 군사, 교통, 통신, 산업 시설, 제방, 댐, 운하, 항구, 문화재까지, 미래에 적이 전쟁 자원으로 사용할 만한 가치가 있는 모든 것을 파괴하라고 지시한다.

이 지시는 '제국 영토의 파괴 조치'라는 제목으로 하달된다. 히틀러는 '마지막 한 사람까지 마을과 도시를 사수하다 죽어라' '무기를 손에서 놔선 안 된다'라는 비이성적인 명령을 내린다. '도시를 버리고 도망가는 사람은 사살하라'는 내용도 있었다. 하지만 이 초토화 지시는 집행되지 않는다. 그만큼 히틀러의 권위가 약해졌다는 최초의 명백한 징후였다.

1945년 4월 30일, 어두운 지하 벙커 속에서 히틀러는 23세 연하의 젊은 연인 에바 브라운과 결혼식을 올린다. 그리고 반려견 블론디에게 캡슐 한 알을 먹인 뒤 에바와 함께 서재로 들어간다. 몇 시간 뒤에 둘은 싸늘한 시체로 발견된다. 20세기 최악의 독재자 히틀러의 최후다.

두 사람의 시신은 소련의 포탄이 총리관저 정원에서 폭발하는 가운데 바깥으로 옮겨져서 화장되었다. 자동차에서 무려 190ℓ의 휘발유를 빼서 화장했다고 한다. 하지만 전문적인 화장터에서 충분한 시간을 들인 것이 아니기에 완벽하게 화장하지는 못했다. 그저 알아보지 못하게 한 정도였다. 하지만 소련군이 치아를 대조해 히틀러의 시신을 확인했다.

2012년에 히틀러가 죽기 1년 전에 찍은 엑스레이 사진이 공개되었는데, 히틀러의 두개골에 구멍이 뚫려 있었다. 이 때문에 권총으로 자살했다는 설이 널리 퍼졌다. 한편 입안에는 으깨진 유리 캡슐이 남아 있었다는 기록이 있어 청산가리로 음독자살했다는 설도 있

그림 6 히틀러와 에바 브라운이 반려견과 함께 찍은 사진. 히틀러는 애견인의 이미지를 과시했지만 자살할 때 반려견 블론디를 먼저 죽였다.

아돌프 히틀러

다. 이 둘을 합쳐 권총으로 자살하면서 확실하게 죽기 위해 청산가리 캡슐을 깨물었다는 설도 있다.

만약 히틀러가 그때 죽지 않았다면, 혹은 현대의 인물이라면 파킨슨병을 고칠 수 있었을까?

파킨슨병의 완전한 치료법은 지금도 없다. 그나마 레보도파로 증세를 늦추는 게 가장 보편적인 방법인데 레보도파를 장기간 복용할 때 부작용이 있다는 보고가 있다. 파킨슨병의 특정 증세에 가장 효과적인 치료법으로 알려진 뇌심부 자극술이라는 외과적 치료법도 있지만, 일부 증세에만 효과가 있다는 한계가 있다. 하지만 파킨슨병의 치료 가능성은 점차 커지고 있다. 최근에 우리나라 연구팀이 줄기세포를 이용해 도파민을 생성하는 신경세포를 만들어 뇌에 이식하는 치료법을 개발해 발표하기도 했다. 20세기 최고의 독재자를 죽음으로 몰고 간 파킨슨병도 언젠가는 정복될 날이 올 것이다.

6

신분을 세탁한
무희의 비밀

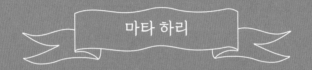

마타 하리

Margaretha
Geertruida Zelle

1876. 8. 7.~1917. 10. 15.

동이 트기 전 아직 어둑한 들판 위에 한 여인이 서 있다. 실크 잠옷 위에 여우 털 모피 코트를 펄럭이며 아찔한 하이힐을 신은 여인은 수풀 사이를 천천히 걸어가고 있다. 까만 장갑을 낀 손으로 풀잎들을 하나하나 훑고 지나간다. 그러다가 조용히 그 자리에 멈춰서 물었다.

"이쯤이 좋겠죠?"

군인 한 사람이 흰 천을 챙겨 들자, 여인은 단호하게 덧붙인다.

"눈가리개는 필요 없어요."

그리고 동녘에서 떠오르는 태양이 들판 위를 잔잔히 물들이던 그 순간….

탕! 탕! 탕!

1917년 10월 15일. 세기의 스파이가 총살된다.

처형 당일, 총을 들고 자신을 쳐다보고 있는 사람들에게 그녀는

마치 무대 위에 선 무희처럼 손 키스를 날리고는 이렇게 말했다고
한다.

그 총 무겁지 않아요? 어서 쏘세요.

'태양'을 뜻하는 마타 하리Mata Hari. 그녀는 그렇게 떠오르는 태양
을 바라보며 쓰러졌다.

프랑스군에 잡힌 독일군의 기밀 정보

1916년 12월 13일, 제1차 세계 대전이 한창이던 때에 독일의 모
스부호 신호가 프랑스의 무선통신 군사 기지국에 잡힌다. 스페인
마드리드에 있는 독일군이 본국의 베를린으로 보내는 무선통신이
었다.

H-21 요원이 이제 막 마드리드에 도착해 프랑스 비밀정보부와의 접
선에 성공했다. 전선에 배치된 몇몇 프랑스 연대의 위치를 우리에게
전해주었다.

내용인즉 H-21이라는 스파이가 프랑스 비밀정보부와 접촉해서
빼낸 프랑스군의 기밀을 독일군에게 전달했다는 것이다. 이 무선

전보를 낚아챈 곳은 파리에 있는 한 기지국이었다. 높이가 324m에 달하고, 무려 7,300t 철골로 이루어진 이 타워는 그 당시 가장 높은 기지국이다. 여기서 전파를 쏘면 저 멀리 대서양 한가운데 떠 있는 선박에 가 닿을 정도로 성능이 어마어마했다고 한다. 이곳이 어디인지 금방 짐작할 수 있을 것이다. 바로 에펠탑이다.

에펠탑의 무선 감청 시스템은 프랑스가 참전한 두 번의 세계 대전에서 중요한 역할을 했다. 일례로 1914년 마른 전투 때 독일군의 병력 이동 계획에 관한 무선 전보를 프랑스가 에펠탑에서 가로챘고, 이 정보를 바탕으로 영국 연합군이 독일군의 진로를 차단하는 데 성공한다. 이 사건 이후 독일군은 무선통신에 암호를 사용하기 시작했다. 제1차 세계 대전에서는 암호가 몹시 단순한 수준이었지만, 제2차 세계 대전부터 달라지기 시작한다. 독일은 에니그마Enigma라는 암호 생성기도 만드는데 이 기계가 만들어내는 조합이 수백조 가지에 달해 인간이 수작업으로 푸는 게 불가능했다. 그런데 이것조차 천재 수학자인 앨런 튜링Alan Turing이 이끄는 영국팀에 뚫리는 등 암호전이 치열했다.

다시 제1차 세계 대전의 무선통신으로 돌아가 보자. 첫 번째 통신이 포착된 날로부터 약 2주 뒤인 12월 26일, 독일의 통신 전보 하나가 더 포착된다.

H-21 요원에게 3,500페세타를 건넸지만, H-21 요원이 네덜란드에 있는 가정부 '안나 린첸스'에게 추가 자금을 전해줄 것을 요청했다.

여기서 스파이의 정체를 밝힐 힌트가 포착되었다. 네덜란드, 안나 린첸스. 이 두 가지 정보를 가지고 프랑스 정보국은 영국의 정보국 인 MI5가 1년 전에 보내준 자료에서 본 이름을 떠올렸다.

- 이름: 젤러, 마르하레타 헤이르트라위다Zelle, Margaretha Geertruida
- 국적: 네덜란드
- 모발: 흑색
- 피부색: 올리브색
- 눈동자: 그레이 브라운
- 언행의 특징:
  - 프랑스어, 영어, 이탈리아어, 네덜란드어를 구사하고, 독일어는 약간 서투름
  - 매력적이고 대담한 유형의 여성
- 의복 및 소지품: 멋지고 화려하게 차려입음

프랑스는 영국이 의심한 이 젤러라는 여성이 암호명 H-21을 부여받은 독일의 스파이라고 확신했다. 애초에 영국은 왜 이 여성을 예의 주시하게 되었을까? 그 답은 출입국 관련 보고서에 있다.

1915년 12월 4일.
39세의 무용수이자 네덜란드 시민인 젤러 여사가 어제 오전 11시 15분, 이곳 영국 포크스톤 항구에 도착했다고 보고드립니다.

그녀는 영국을 출국할 때 받은 심사에서 남미 공연 가능성에 따라 파리에 있는 자택으로 가서 소지품을 처분하고 무용 관련 계약을 체결할 예정이라고 진술했다. 평범해 보이는 진술에도 영국 정보국이 이 여성을 의심한 이유는 그녀가 포크스톤 항구에 도착하기까지 그 여정이 너무 수상했기 때문이다.

이탈리아 밀라노 → 독일 → 네덜란드 헤이그 → 영국 틸버리 → 영국 포크스톤 → (예정) 프랑스 디에프 → (예정) 프랑스 파리

그때 유럽은 한창 제1차 세계 대전을 치르는 중이었다. 전쟁 중에, 그것도 전쟁 참전국을 이렇게 돌아다니는 게 의심스러웠던 것이다. 유럽에서 보기 힘든 인상착의, 무용수라는 직업, 그리고 제1차 세계 대전 중 이동이 많았던 이력 등을 분석한 영국과 프랑스 정보국은 확신한다. H-21 요원이 젤러, 다른 이름으로 유럽 최고 무용수, '마타 하리'라는 것을.

물랭루주 최고의 스타

마타 하리는 물랭루주Moulin Rouge 최고의 스타였다.
1889년에 파리의 몽마르트르에 세워진 물랭루주는 공연이 이루어지는 술집인 카바레로, 근대 유흥문화의 상징적인 장소이며 현재

그림 1 사진작가 외젠 아제Eugène Atget가 1910년대 초반에 촬영한 물랭루주 외관.

도 대표적 관광지로 사랑받고 있다.

이곳에서 공연할 때 마타 하리는 자신을 이렇게 소개한다.

"저는 인도네시아 자바섬에서 온 공주예요."

마타 하리는 말레이시아 말로 '태양'이라는 뜻이다. 이국적인 분위기의 그녀에게 사람들은 매료되었다.

네덜란드 국적의 젤러가 '자바섬의 공주'가 된 이유는 인도네시아가 네덜란드령 동인도제도라는 네덜란드 식민지였기 때문이다. 당시에는 오리엔탈리즘에 대한 관심이 엄청났기에, 힌두교 사원에서 은밀하게 전승되어 온 춤을 보여주는 동양의 공주라는 콘셉트에 대중의 반응은 폭발적이었다. 여기에 마타 하리의 공연에는 사람들을 끌어모으는 중요한 요소가 하나 더 있었다.

베일을 하나씩 벗다가 마지막에는 모두 벗어던지고 탈진한 듯 바닥에 쓰러지는 것이 공연의 하이라이트였다. 시대가 시대인 만큼, 젤러는 피부색 타이츠를 입은 채 공연을 마쳤다. 하지만 어두운 조명 아래서 공연을 본 사람들에게 실제 피부색과 타이츠의 색은 헷갈리기 마련이었다.

"뭐야, 지금 어디까지 입은 거야?"

이처럼 노출에 대한 소문이 끝도 없이 퍼졌다. 너무 선정적이라는 지적이 나오면 마타 하리는 이렇게 받아쳤다.

"자바 사원에서 추는 신성한 춤이에요. 그런 말은 모독입니다."

결국 마타 하리는 파리 올림피아 극장을 접수하고, 이탈리아의 밀라노 스칼라 극장 무대에도 서게 된다. 대형 공연만 연간 30회를 치렀다.

마타 하리의 티켓파워는 어마어마했는데, 현재 가치로 3만 7,000 유로, 한화로 5,800만 원까지 치솟았다. 스캔들도 어마어마했다. 그런데 여러 소문 중에는 마타 하리 본인이 퍼뜨린 것도 많았다고 한다. 가령, 기자들 앞에서 슬쩍 이런 말을 흘리는 방식이었다.

"아니, 아무리 왕자라도 그렇지, 이렇게 비싼 보석을 주면 어쩌라는 거야?"

"뭐? 또, 말을 선물했다고?"

오늘날로 치면 노이즈마케팅인 스캔들과 함께 그녀의 인기는 계속되었다. 그러던 어느 날, 마타 하리가 갑자기 무대에서 사라진다.

"저… 죄송한데요, 제가 오늘 몸이 안 좋아서 춤을 못 추겠어요."

그러더니 다음 날에는 다리를 다쳤다는 핑계로, 며칠 뒤에는 또 다른 핑계로 그녀는 공연에 나오지 않았다. 여기에는 이유가 있었다.

"너무한 거 아니야? 1년째 춤이 똑같잖아. 돈도 올려줬는데 이러면 곤란하지."

극장 대표도, 관객도 새로운 것을 원했다. 하지만 이 핑계 저 핑계 대며 시간만 끌던 마타 하리는 결국 폭탄 발언을 한다.

"저는 사실 자바섬의 공주가 아니에요. 심지어 전문 무용수도 아니라고요!"

마타 하리가 한 말들은 다 거짓이었다. 공주는커녕 인도네시아인 도 아니었다. 그런 그녀가 프랑스까지 와서 국적, 이름, 직업까지 싹 바꾸고 가짜 인생을 살고 있었던 것이다.

그녀가 한계에 처해 진실을 이야기했을 무렵, 공교롭게도 전쟁이 터진다. 그리고 마타 하리는 스파이 제안을 받는데, 그 대가로 받은 돈이 무려 2만 프랑이었다. 이 돈은 그 시절 파리의 노동자들이 받는 월급을 10년 동안 손끝 하나 대지 않고 고스란히 모아야 만질 수 있는 액수였다. 마타 하리에게는 H-21이라는 암호명이 부여되고 8일 동안 스파이 교육도 이루어진다. 이후 마타 하리는 전성기 때보다 더 바빠진다. 이 나라에서 저 나라로, 공연을 핑계로 엄청나게 돌아다닌다. 영국 정보기관의 눈에 띌 정도로 바쁘게 말이다.

중요한 건 그러는 동안에도 마타 하리와 만나고 싶어 한 남자들이 줄을 섰다는 것이다. 그중에서 마타 하리가 유독 공을 들인 남자가 있었다. 러시아의 공군 조종사 바딤 마슬로프Vadim Maslov 대위였다. 21살이었던 그는 40살의 마타 하리보다 19살이나 어렸다.

당시 러시아는 프랑스의 동맹이었기에 러시아군의 움직임이나 전략에 대한 정보를 캐서 독일에 넘기려 한 건 아니었을까? 그러려면 아직 덜 노련한 젊은 대위를 공략하는 게 더 쉬울 수도 있었을 것이다.

전쟁이 한창이던 1916년 8월 21일, 마타 하리가 또 알 수 없는 행동을 한다. 대뜸 프랑스군 당국을 찾아가서 다음과 같은 요청을 한다. "비텔이라는 곳이 그렇게 물이 좋다면서요? 온천 여행을 다녀오려는데 통행증 좀 끊어주세요."

비텔은 프랑스의 소도시로, 예부터 광천이 샘솟던 곳이긴 하다. 그런데 프랑스와 독일의 국경에 근접한 곳이기도 했다. 즉 군사적

그림 2 1917년 2월 13일, 마타 하리가 체포되던 날 촬영된 사진.

요충지였다. 전쟁 중에, 심지어 네덜란드 시민이 그런 곳에 여행을 가겠다며 통행증을 끊어달라고 하니 의심하지 않을 수 없는 상황이었다.

그로부터 6개월 뒤인 1917년 2월 13일에 마타 하리는 결국 체포된다. 그리고 재판 끝에 프랑스군을 비롯한 연합군 5만 명의 목숨을 앗아갔다는 혐의로 사형을 선고받는다.

연합군 5만 명을 죽게 한 혐의

마타 하리가 연합군 5만 명을 죽음에 이르게 했다는 혐의는 어떻게 나왔을까?

1914년, 전쟁이 터지기 전 마타 하리는 독일 베를린에서 오랜만에 공연을 앞두고 있었다. 자바섬 공주가 아니란 게 들통난 후, 찾아주는 곳이 확 줄었던 탓이다. 그런데 제1차 세계 대전이 시작되는 바람이 어렵게 얻은 베를린 공연 기회마저 취소되고 만다. 엎친 데 덮친 격으로 적국인 프랑스에서 왔다는 사실이 밝혀져서 갖고 있던 옷과 돈, 보석 같은 것들을 모두 독일 당국에 압수당하고, 쫓겨나다시피 독일을 떠나게 된다. 고향인 네덜란드로 돌아왔지만 무희로서 전성기를 지난 그녀의 삶은 완전히 달라졌다. 그즈음에 독일 대사관에 근무 중이던 첩보 장교 한 사람을 알게 된다. 그가 마타 하리에게 한 가지 제안을 한다.

"당신, 여러 나라 장교들과 친하잖아. 정보 좀 모아줄 수 있겠어?"

그리고 거액의 돈을 건넨다. 이 돈이 앞서 말한 2만 프랑이다. 나중에 그녀의 진술에 의하면 그 돈을 독일에서 빼앗긴 보석과 옷, 돈에 관한 대가라고 생각해서 받았다고 한다. 이런 그녀의 사고방식이 잘 이해되지 않지만, 그녀의 인생을 다 들여다보고 나면 조금은 수긍이 될지도 모른다. 어쨌든 그녀는 돈을 받았기에 프랑스와 영국 장교들에 관한 정보를 독일 측에 전달한다. 문제는 그 정보의 실체다.

"영국 대위 ○○○요…. 연애를 시작했는데 상대가 유부녀래요."

"○○대령은 빚이 있더라고요. 옷을 사대느라 빈털터리가 됐다지 뭐예요."

전쟁에는 전혀 도움이 안 될 것 같은 가십거리 수준이었다. 게다가 스파이라면 좀 은밀해야 하는데 마타 하리는 눈에 띄어도 너무 띄었다. 1916년 11월에는 스페인 마드리드를 거쳐서 다시 파리로 돌아가려다가 팰머스 항구에서 영국 정보기관에 딱 걸렸다.

"당신, 독일 첩자인 것 같은데…?"

의심하는 영국 정보기관에 마타 하리는 이렇게 말한다.

"사실 저는 프랑스 정보기관의 지령을 받고 움직이는 거예요. … 못 믿으시겠다고요? 그러면 이분들한테 연락해보세요."

그러면서 명단을 쭉 적어 내는데, 이를 본 영국 정보기관의 요원들이 깜짝 놀란다. 거기에 프랑스 군사정보국의 수장 조르주 라두 Georges Ladoux 대위의 이름이 있었기 때문이다. 한편 라두 대위는 그 이야기를 듣고 펄쩍 뛰었다.

과연, 누구의 말이 진실이었을까? 처형되기 전 프랑스 당국에 체포당했을 때도 마타 하리의 주장은 한결같았다.

1916년 8월 21일. 생제르맹대로 282번지에서 라두 대위를 만났다.

이날은 마타 하리가 온천욕을 하고 싶다면서 프랑스의 군사 요충지 비텔로 가는 통행증 발급을 요청한 날이다. 프랑스 군 당국의 직원은 마타 하리를 어딘가로 안내했다. 마타 하리가 직원을 따라가 도착한 곳은 군사정보국 수장 라두 대위의 방이었다. 마타 하리가 말한 바로 그 주소였다. 거기서 라두 대위의 제안을 받게 된다.

"돈을 줄 테니, 독일군의 정보를 빼 올 수 있겠나?"

프랑스도 그녀에게 스파이 활동을 제안한 것이다. 마타 하리는 독일의 제안에 이어 프랑스의 제안도 받아들인다. 연하남, 마슬로프 대위 때문이다.

받는 사람: 마담 맥레오드 (마르하레타)

보내는 사람: 바딤 마슬로프

사랑하는 마르하레타에게

나는 에페르네 병원에 있어요. 목 수술을 기다리는 중이에요.

당신이 여기로 올 수 있다면 좋겠어요.

여기에 좋은 호텔이 있어요. 그곳에서 당신이 머문다면 우리는 행복할 거예요.

진심으로 당신에게 긴 키스를 보내고 싶어요. 이 키스에는 내 모든 사랑이 담겨 있어요.

답장 부탁해요.

두 사람은 사랑하는 사이였다. 마타 하리가 군사도시 비텔에 가려고 한 것도 사실은 온천이 아니라 이 남자 때문이었다. 마슬로프가 입원해 있던 병원이 그 근처였던 것이다. 마슬로프 대위는 전쟁 중에 한쪽 눈을 실명했다. 제1차 세계 대전에 사용된 독가스인 머스터드 가스 때문이었다.

머스터드 가스는 독일군에 의해 염소가스와 같이 인명 살상용으로 사용되었다. 다른 독가스는 날아가는데, 머스터드 가스는 액체 상태로 분무되거나 에어로졸_{공기 중에 떠 있는 고체 또는 액체 상태의 입자} 형태로 퍼진다. 가스에 접촉하면 처음에는 아무렇지 않다가 1시간 정도 지나면 피부가 가렵기 시작해 물집이 심하게 잡히고, 눈에 급성 결막염이나 염증이 생긴다. 일시적 시력 상실 증상도 생기고, 심각한 경우 실명에 이를 수도 있다. 폐의 점막도 타서 벗겨져 나가면서 엄청난 통증과 출혈이 일어나는데, 마치 방사능에 노출된 것처럼 DNA를 파괴한다.

머스터드 가스는 가장 많은 화학전 부상자를 만들어 '전투 가스의 왕King of Battle Gasses'이라고 불렸고, 지금까지도 아주 엄격하게 규제

되는 약물이다.

그런데 이렇게 무서운 머스터드 가스가 항암제로 개발되기도 했다. 알렉산드르 솔제니친Aleksandr Solzhenitsyn은 《암 병동》이라는 소설로 1970년에 노벨문학상을 수상했다. 이 소설에 1950년대에 암을 치료하는 내용이 나오는데, 여기에 사용되는 약이 '엠비킨'이다. 질소 머스터드, 즉 머스터드 가스를 응용해 만든 약으로, 이 성분이 빠르게 분열하는 세포를 공격하는 데서 착안해서 개발되었다. 문제는 이 약이 암만 공격하는 게 아니다 보니 부작용이 엄청나게 많았다. 지금은 항암제가 많이 발전해서 소설에서 묘사되는 치료를 더는 찾아볼 수 없다.

마슬로프는 머스터드 가스로 인해 눈을 다쳤는데 제대로 치료받지 못한 듯하다. 제1차 세계 대전이 벌어지던 시기에는 안과가 있기는 했어도, 전문의가 매우 적었다. 특히 전쟁에서는 외과를 통합적으로 진료하는 경우가 많았기에 일반 외과의가 눈까지 치료했다. 전문지식이 부족하다 보니 불필요하게 안구를 적출하는 사례가 많았고, 마슬로프 역시 여기에 해당했을 것이다.

그런 마슬로프를 향한 마타 하리의 사랑은 진심이었던 듯하다. 이는 프랑스 정보국 기록에서도 볼 수 있는데 마슬로프에 관해 '마타 하리가 제일 사랑하는 연인'이라고 기록되어 있다. 사랑하는 남자에게 아픔을 주고 장애를 준 것이 독일군이었으니 그녀가 했던 "독일군에게서 돈을 받긴 했지만 나는 프랑스를 위해 일했다"는 말이 사실일 수도 있지 않을까?

여기까지 들여다봐도 그녀의 의중은 안갯속에 있는 것처럼, 보이지 않는다. 그녀가 어떤 생각으로 전쟁의 시기에 이중 스파이가 되었는지, 그 속에 감춰진 진심은 무엇이었는지를 보려면, 조금 더 과거로 가야 한다.

어느 날 갑자기 물랭루주에 나타나 화려하게 주목받은 그녀는 이름도, 국적도, 인종도 거짓이었다. 왜 이렇게 감쪽같이 신분을 세탁하고 새로운 사람인 척하고 살았을까?

결혼 도피, 그리고 마타 하리의 탄생

마타 하리의 운명을 바꾼 건 신문 속　　　　　　다.

본명 마르하레타 젤러는 네덜란드에서 태어나고 자란 백인이었다. 부잣집 딸로 태어난 그녀는 모자 사업을 하는 아버지 슬하에서 부족한 것 없이 살았다. 그러던 어느 날 아버지가 석유 사업에 손을 대면서 집안이 기울기 시작했다. 파산한 직후에 그녀의 부모는 이혼했고, 13살의 젤러는 남동생 셋과 함께 어머니 밑에서 살았다. 불행은 끝나지 않아서 2년 뒤 어머니가 갑자기 암으로 돌아가신다. 가족은 뿔뿔이 흩어지고 그녀는 이곳저곳에 맡겨지는 신세가 된다. 18살이 된 젤러는 어느 날, 자신의 운명을 바꿀 신문을 보게 된다.

그림 3 마타 하리의 여권 사진. 그녀는 물랭루주의 무용수, 미인계 스파이가 되기 전에 부잣집 딸로 태어나 곱게 자랐던 여인이었다.

동인도에 복무 중인 육군 대위. 현재 휴가 중

동인도에 같이 갈 아내 구함

좋은 가문 출신의 젊은 여성을 원함

이 구인 광고를 올린 사람은 네덜란드령 동인도에서 복무 중이던 39세의 군인 루돌프 맥레오드Rudolf MacLeod였다.

마타 하리의 운명을 바꾼 건 신문 속 　신부 구인 광고　 다.

석 달 뒤 젤러는 맥레오드와 결혼식을 올리고 인도네시아 자바섬에서 신혼 생활을 시작한다. 하지만 도피로 이루어진 결혼 생활은 행복하지 않았다. 나이 차가 많이 나는 남편은 거칠고 권위적인 사람이었다. 술에 취하면 폭력은 일상이었고 불륜도 대놓고 했다. 친정도, 친구도, 말 통하는 사람조차 없는 자바에서 젤러는 맥레오드와의 사이에서 낳은 두 아이만을 바라보며 살았다. 아이들이 삶의 전부였다.

인도네시아에 머무는 동안 우연히 전통춤을 접하게 된다. 화려하지 않은데도 묘하게 빠져드는 그 동작과 눈빛을 보면서 젤러는 처음으로 '숨 쉬는 느낌'을 받는다. 훗날 이 춤은 '마타 하리'라는 이름으로 무대 위에 서는 그녀만의 무기이자 가면이 된다.

하지만 어렵게 얻은 안정감은 오래가지 않았다.

"사모님, 큰일 났어요! 아이들이… 아이들이 이상해요!"

아이들이 열이 펄펄 끓었다. 갓난아이였던 딸은 다행히 호전됐지만 두 살배기 아들은 고열에 시달리며 호전과 악화를 반복했고, 어느 순간 끈적한 검은 액체를 토해냈다. 그러고는 다시 일어나지 못했다.

아이들이 걸린 병에 관해서는 세 가지 설이 있다. 첫째, 자바섬의 풍토병인 말라리아나 콜레라 같은 전염병이 의심되었다. 둘째, 선천성 매독이다. 바람둥이였던 남편이 성병인 매독에 걸렸는데 그게

임신 중인 젤러에게 옮아서 아이들에게 옮겨갔다는 설이다. 마지막 가설도 남편이 원인을 제공한 것으로 지목된다. 맥레오드가 자신의 부하를 감옥에 보냈는데 그 부하가 유모의 남편이었다. 여기에 앙심을 품고 아이들을 독살했다는 설이다.

검은색 액체를 토했다는 점 때문에 독살설이 가장 유력해 보이긴 하는데, 셋 다 의심의 여지는 있다. 검은색 액체는 피를 토한 것일 가능성이 크다. 보통 위장관에서 출혈이 발생했을 때 나타날 수 있는 증상인데, 위, 식도, 십이지장 등에서 출혈이 발생할 경우, 혈액이 위산과 반응해서 검은색으로 변할 수 있기 때문이다. 다만 이런 상태가 되기까지는 시간이 어느 정도 걸리며 급작스러운 출혈일 경우에는 붉은 피를 토한다. 보통 상부 위장관 출혈은 검은색 변으로, 하부 위장관 출혈은 붉은색 변으로 나온다.

젤러의 아들을 죽음에 이르게 만든 용의자를 좀 더 자세히 살펴보자. 그 시절 자바섬이 배경이라면 풍토병이 더 많이 유행했을 것이다. 이와 관련된 논문들을 살펴보면, 말라리아는 드물게 토혈 증상을 보이는 것으로 나타났다. 말라리아의 가장 특징적인 증상은 삼일열, 즉 3일마다 열이 나는 것이다. 장티푸스 역시 사례집을 살펴보면 매우 드물게 토혈도 가능하다고 나와 있다. 전형적인 증상으로 고열, 오한, 두통을 겪다가 설사나 변비를 앓고 나서 낫는다. 이때 치료를 제대로 못 받으면 위장 출혈이 생길 수도 있다. 마지막으로 황열병의 가능성도 있는데 간 손상으로 인한 황달과 출혈이 특징이다. 앞서 언급했던 질환들보다는 토혈을 더 자주 일으킬 수 있으며, 심각한 감염에서는 꽤 자주 일으킬 수도 있다고 한다.

한편 엄마가 매독에 걸린 상태에서 임신하면 아이들이 선천성 매독을 앓게 된다. 그 당시 남편인 루돌프가 매독에 걸려 그녀에게 병을 옮겼다는 이야기 역시 전해진다. 매독의 증상은 매우 다양한데, 선천성 매독에 걸린 경우 40%가 태아기나 출생 전후기에 사망에 이른다. 간 비대 증세가 흔하게 나타나고, 적절한 치료를 받지 못하면 간부전, 식도정맥류까지 이어질 수 있다. 식도정맥류는 식도에 있는 정맥이 부풀어 오르는 질환으로, 터져서 출혈로 이어지는 경우도 종종 있다. 다만 이런 증상은 급속도로 진행되는 게 아니기에 젤러의 아들이 이에 해당할 가능성이 작아진다.

결과적으로는 풍토병과 독살의 가능성이 더 커졌다. 기록을 찾아보니 유모가 죽기 전에 독살을 고백했다는 이야기도 있다. 유모는 인도네시아 원주민이었는데 그 당시 원주민들 사이에서는 동물 털이나 머리카락을 잘게 잘라 쌀죽에 넣으면 일종의 저주 또는 독 효과가 있다고 믿었다. 그래서 유모가 자기 머리카락을 잘라 아이들의 음식에 넣었다는 이야기도 전해진다. 하지만 그로 인해 장 출혈이 일어나지는 않는다. 또 만에 하나 아이가 독살당했다고 해도 어떤 독을 사용했는지 조사조차 이루어지지 않았다.

아들이 죽고 나서 네덜란드로 돌아온 두 사람은 결국 이혼한다. 다행히 젤러가 딸의 양육권은 가져왔고, 남편이 딸을 보러 찾아오곤 했다. 어느 날, 남편은 딸과 함께 산책하러 다녀오겠다고 나간 뒤 그대로 딸을 데리고 떠나버린다. 15살에 어머니가 세상을 떠났을 때처럼, 27살의 젤러는 또다시 혼자가 된다. 절망에 빠진 그녀는 파리행 기차에 몸을 싣는다.

파리는 남편을 떠난 여자에게 희망을 주는 유일한 곳이니까요.

그 시절, 파리는 말 그대로 유럽의 '아메리칸드림'이었다. 기회의 도시, 자유의 도시, 새 삶을 시작할 수 있을 것 같은 장소. 처음에 젤러는 화가들의 초상화 모델을 하며 생계를 이어간다. 어느 날 문득 자바섬에서 봤던 춤이 떠올랐다. 때마침 유럽은 오리엔탈리즘 열풍이었고, 여기에 부응해 그녀는 무대에 오른다. 마타 하리가 탄생한 순간이다.

들켜버린 정체

프랑스군에서 스파이 제안을 받고 나서 마타 하리는 중립국 스페인으로 간다. 거기서 마침내 표적을 찾아낸다. 마드리드 주재 독일 대사관에 근무하던 아르놀트 칼레Arnold Kalle 소령. 그의 정체는 독일군이 파견한 첩보 책임자였다. 맡은 역할이 역할이다 보니 보안이 얼마나 철통같은지, 칼레는 정보를 전혀 흘리지 않았다. 아니, 일에 관한 이야기를 하지 않았다. 그런데 그날은 웬일인지, 침대에 나란히 누워 있던 칼레 소령이 갑자기 툭 이런 말을 던졌다.

그림 4 젤러는 '마타 하리'라는 예명을 사용해 자바섬에서 온 공주라는 콘셉트로 물랭루주에서 성공
한다.

"프랑스령 모로코 있잖아. 상륙지점을 그쪽으로 정했어. 터키군과 같이 작전을 준비하는데… 신경 쓸 게 너무 많네."

엄청나게 중요한 정보를 얻는 마타 하리는 그날 밤, 프랑스 정보 국장 라두 대위에게 편지를 보낸다.

칼레 소령이 모로코 해안에 독일군을 보낸다고 해요. 자, 이제 뭘 할까요? 칼레 소령은 제 마음대로 요리할 수 있거든요.

라두 대위가 여기에 뭐라고 답장을 보냈을까?

그는 답장하지 않았다. 정확한 이유는 지금도 알 수 없다. 놀라운 점은 독일군이 쫙 깔린 호텔에서 마타 하리가 이 편지를 보통 우편으로 부쳤다는 사실이다. 수신인에 프랑스 대위의 이름이 적힌 편지를 독일군들이 그냥 통과시켰을까, 뜯어봤을까?

스파이의 대명사처럼 불리는 마타 하리지만, 이런 사례를 보면 어설프기 짝이 없다.

그리고 얼마 뒤 칼레 소령은 독일 본국으로 전보를 친다.

H-21 요원이 이제 막 마드리드에 도착해 프랑스 비밀정보부와의 접선에 성공했다.

우리가 앞서 살펴본 1916년 12월 13일, 에펠탑에서 잡은 바로 그 무선통신이다. 마타 하리가 독일 스파이로 체포되는 증거가 된 이

전보는 칼레 소령이 보낸 것이었다. 열흘 뒤에 보낸 전보를 다시 살펴보자.

H-21 요원에게 3,500페세타를 건넸지만, H-21 요원이 네덜란드에 있는 가정부 '안나 린첸스'에게 추가 자금을 전해줄 것을 요청했다.

H-21 요원의 주거지와 가정부 이름까지 적나라하게 적혀 있다. 스파이의 일급 비밀을 이렇게 흘린 게 과연 실수였을까?

재판에 넘겨진 마타 하리의 심문 과정에서 그녀의 주변 인물들이 소환되었다. 그중에는 마타 하리의 연인 마슬로프 대위도 있었다. 하지만 마슬로프 대위는 자기 입장이 난처해질까 봐 수사관 앞에서 그녀를 외면한다.

"저 여자와 깊은 관계는 아니었어요. 제가 부상을 입어서 간호해 줄 사람이 필요했던 것뿐입니다."

마슬로프의 발언을 들은 마타 하리는 그 자리에서 실신한다. 나중에 마슬로프가 해명의 편지를 쓰기는 했다. 사과의 말과 함께 여전히 그녀를 사랑한다는 내용을 담은 이 편지는 안타깝게도 마타 하리에게 전해지지 못했다.

사실 마슬로프의 증언이 그녀의 재판에 큰 영향을 줄 발언은 아니었다. 핵심은 라두 대위였다. 그는 왜 끝까지 마타 하리를 모른다고 했을까? 이것이 가장 큰 미스터리다. 프랑스가 마타 하리를 이중 스파이로 기소했기 때문이다. 이는 프랑스 측과도 분명히 접촉했다는 의미다. 그런데 누구와 어디서 어떻게 접촉했는지 정확히 밝히지도 않고 수사조차 하지 않는다. 오히려 감추려는 느낌에 더 가까웠다.

마타 하리가 영국 정보기관에서 조사를 받을 때 제출한 명단은 전부 그녀의 신원을 보장해줄 수 있는 고위급 인사였다. 그런데 그들은 마타 하리를 도와주기는커녕 그녀와 거리를 뒀다. 아마도 자신과 마타 하리의 관계가 들통날까 봐 전전긍긍했을 것이다. 그래서 그녀가 빨리 제거되기만을 바랐을 것이다.

결국 최종 재판이 열린 1917년 7월 25일에 그녀는 사형 선고를 받는다.

그리고 1917년 10월 15일에 뱅센 군사기지에서 총살형에 처해

그림 5 처형 당일의 모습. 그녀는 실크 잠옷에 모피 코트를 걸치고 하이힐과 모자를 착용했으며, 눈가리개를 스스로 거부하고 차분하게 죽음을 맞이했다.

진다. 당일 그녀의 복장을 다시 살펴보자. 실크 잠옷에 모피 코트, 하이힐과 모자인데 그때는 수용소에서 그런 복장을 갖추고 있는 게 가능했다고 한다. 마타 하리도 수감 당시에 꽤 많은 개인 소지품을 허용받았고, '특별한 포로'로 대우받았다는 기록도 있다.

전쟁의 희생양으로 재평가되다

마타 하리의 사형 집행일은 아직 제1차 세계 대전이 한창이었을 때다. 전쟁이 길어지면서 삶은 피폐해지고 사람들은 지쳐가고 있었다. 바꿔 말하면 전투력이 떨어지는 시점이었다. 그럴 때 정부에서 이런 메시지를 냈다.

파리에 태반이 독일 간첩이니 정신을 바짝 차려야 한다!

마타 하리가 실제 스파이 활동을 했다고 하더라도, 그것이 전쟁을 좌우할 만한 일은 아니었다. 그저 과장되고 부풀려지고 이용되었을 뿐이다. 실제로 당시 군사 재판 기록은 마타 하리의 간첩 행위가 아닌, 자유롭고 방탕했던 성격에 초점이 맞춰져 있었다고 한다. '프랑스군을 비롯한 연합군 5만 명 죽인 혐의'도 사실 전략적 손실이나 전투 흐름에 영향을 줘서 군인들의 목숨이 위태로워질 만큼 위험했다는 뜻으로 해석할 수 있을 정도이지 실제로 그녀의 행동이 군인들을 직접 죽음으로 이끌지는 않았다.

'마타 하리'에 관해 우리가 많은 것을 알지는 못해도 그녀를 뚜렷하게 상징하는 몇 가지 단어가 있다. 팜므파탈, 스파이, 미인계….
그녀는 100년 넘도록 여성 스파이의 대명사로 불렸다. 하지만 그
녀의 행적은 스파이라기에는 너무 어설펐다. 다만 사랑하는 사람을
차례로 잃고, 그러면서도 계속해서 사랑을 갈구한 외로운 여인일
뿐이었다. 이를 방증하듯 현재의 역사적인 평가 역시 스파이라기보
다 전쟁에 희생된 수많은 사람 중 하나라고 해석하는 시각이 많다.

7

마지막 날 행적에
감춰진 비밀

고종

李載冕

1852. 9. 8.～1919. 1. 21.

1919년 2월의 어느 날, 경성의 한 담장 앞에 사람들이 모여서 웅성거리고 있었다. 그들이 보고 있는 것은 벽보였다.

"아니 이게 무슨 소리야? 태황제께서…식혜를 드시고…."

"뭐? 독살당하셨다고?"

"도대체 누가…?!"

고종이 승하한 뒤에 다음과 같은 내용을 담은 괴문서가 전국에 뿌려진다.

〈천도교 국민대회 격고문〉

태황제가 드시는 식혜에 독약을 섞어 잡수시게 드리니

이를 드신 태황제의 옥체가 갑자기 물과 같이 연하게 되고 뇌가 함께 파열되셨으며

아홉 구멍에 피가 용솟음치더니 곧 세상을 떠나셨소이다.

고종

한마디로 고종이 독살당했다는 내용이다.

대한제국의 초대 황제, 고종에게 무슨 일이 벌어진 것일까?

아무도 믿지 않은 공식 사인

조선의 역대 왕 중에서 가장 드라마 같은 인생을 살았고, 또 평가도 엄청나게 엇갈리는 왕이 있다. 조선의 26대 왕이자, 대한제국의 초대 황제인 고종이다. 그는 나라를 빼앗긴 무능한 군주인가, 시대를 잘못 만난 비운의 왕인가? 어떤 인물이든 다 그렇지만 시대 상황과 관점에 따라 그 평가가 달라진다. 고종의 죽음을 보는 시각 역시 관점에 따라 180도 달라진다. 이제 최대한 과학적인 시선에서 한번 살펴보려 한다.

고종이 일제에 의해서 강제 퇴위당한 뒤에 주로 머문 곳은 덕수궁이었다. 그중에서 함녕전은 침전, 즉 침실이다. 내부 구조가 우물 정 자형으로, 중앙에 방 네 개를 터서 만든 큰 방이 있고 가장자리에 다섯 개의 곁방이 있다. 그날 밤 고종은 곁방 하나에 머물렀다고 한다.

그리고 1919년 1월 21일 아침 6시 반 무렵, 고종 황제는 이곳 함녕전에서 급서한다. 조선총독부가 발표한 공식적인 사망 원인은 뇌일혈腦溢血이었다. 뇌일혈의 '일'은 넘친다는 뜻이 담긴 한자다. 즉 '뇌에서 피가 넘쳐흐른다'는 의미로, 뇌혈관이 터져서 출혈이 일어나는 뇌출혈과 같은 말이다. 뇌출혈과 뇌경색을 합쳐서 뇌졸중이라

그림1 고종은 일제에 의해 강제 퇴위된 뒤에 덕수궁에 머물렀다. 함녕전은 고종이 침실로 사용하던 곳이며, 이곳에서 급서했다.

고 하며, 과거에는 '졸중풍'이라고 했다. 어른들이 흔히 쓰던 '풍 맞았다'는 말이 여기서 나왔다. 과거에는 환자가 갑자기 마비 증세를 겪거나 말이 어눌해지면 다 졸중풍이라고 했다.

하지만 고종이 뇌일혈이라는 말을 믿는 사람은 많지 않았다. 지금까지도 이 미스터리는 계속되고 있다. 사망 당일 고종의 곁을 지켰던 내인 신희선은 다음과 같이 증언했다.

그날 밤 11시경에 식혜를 드시고 잠시 궁 내 산책을 다녀오셨어요. 그 뒤 12시 40분경 안락의자에 앉아 쉬셨는데 오전 1시 15분쯤 돌연 "어!" 하는 소리를 내시면서 오른손을 높이 쳐들고 왼쪽 다리는 의자

고종

아래로 떨어뜨리셨어요. 고종의 촉탁의가 뇌일혈이 확실하다며 급히 일본인 전의보를 불러 치료하던 중 12번 발작을 일으키신 후 깨어나지 못하셨어요.

고종은 식혜를 마시고 나서 멀쩡하게 산책에 나섰다. 다시 궁으로 돌아와 의자에 앉은 시간이 밤 12시 40분이었고, 그로부터 35분쯤 지났을 때 갑자기 몸 한쪽에 마비 증상이 나타났다는 것이다.

그때 일을 기록으로 남겨둔 인물이 있다. 바로 윤치호다. 미국 유학파인 윤치호는 독립협회, 독립신문을 운영하고 독립운동 자금을 조달하는 등 독립운동에 투신했으나, 한일강제병합 이후 비관론에 빠져서 친일파로 전향한 사람이다. 그는 무려 60년 가까이 영어 일기를 썼는데, 그 당시 상황을 다음과 같이 남겼다.

'고종은 식혜를 마신 지 30분도 채 되지 않아 심한 경련을 일으켰다.'
'황제의 팔다리가 하루 이틀 사이에 엄청나게 부풀어 올라서 사람들이 통 넓은 한복 바지를 벗기기 위해서 바지를 찢어야만 했다.'
'황제의 이가 모두 구강 안에 빠져 있고 혀가 닳아 없어져 버린 것을 발견했다.'
'30cm가량 되는 검은 줄이 목 부위에서부터 복부까지 길게 나 있었다.'

이 내용은 윤치호가 직접 목격한 것이 아니라 고종의 시신을 염한 사람이 지인에게 들려준 이야기를 전해 들은 것이라고 한다. 이런 상황을 염두에 두고 기록을 의학적 측면에서 살펴보자. 먼저 경련은 대뇌에서 비정상적인 전기적 방전이 발생해서 자기 의지와 상관없이 갑작스럽게 생기는 현상이다. 이때 근육이 수축하는 걸 발작이라고 하는데, 경련과 발작은 거의 혼용되는 편이다. 경련은 독약뿐만 아니라, 치료 목적으로 쓰는 약으로도 유발되는 증상이다. 다만 독성물질을 사용했다면 더 흔하게 나타날 수 있다. 빠르게 작용하는 독성물질을 섭취하면 몇 분 안에 신경계 문제와 근육 발작을 유발할 수 있다.

한편 독성물질이 체내로 들어가면 혈관이 손상되고, 손상된 조직으로 면역세포를 이동시키기 위해 혈관 투과성이 지나치게 올라가면 각 장기로 향하는 혈액량이 줄어서 신장을 비롯한 여러 장기가 망가진다. 그 결과 체내 수분 배출이 어려워져서 부종이 생긴다. 황제의 팔다리가 부풀어 오른 것도 독살의 증거가 될 수 있는 것이다. 림프계 손상으로도 부종이 생기기 때문에 경련과 붓는 증상 둘 다 독성물질 섭취로 인한 증상으로 볼 수도 있다.

다만 경련은 살아 있을 때 나타나는 증상이지만, 몸의 부종을 비롯한 다른 증상은 살아 있을 때 나타난 것인지 사망 이후에 나타난 것인지 알 수 없다.

실제로 사망 당일 고종의 병세에 대한 기록이 너무 빈약하다. 《조선왕조실록》은 기록물로서 유네스코 세계문화유산에 등재될 만큼 그 가치를 인정받은 사료로, 왕실의 거의 모든 것이 상세히 기록되어 있다. 역대 왕들의 건강 상태나 병세, 승하 기록 역시 마찬가지다. 하지만 〈고종실록〉과 〈순종실록〉은 일제강점기에 쓰였기에 그 중립성이 훼손되었다고 볼 수 있다. 이런 이유로 《조선왕조실록》에 포함시키지 않는다. 고종의 승하 기록 역시 단 한 줄로 기록되어 있을 뿐이다.

> 묘시에 태왕 전하가 덕수궁 함녕전에서 승하했다. 다음날 복復을 행했다.
>
> ─〈순종실록〉 부록, 1919년 1월 21일

기록이 빈약하다 보니 고종의 사인을 명확히 밝힐 수 없어 의혹은 더 짙어진다.

고종은 정말 독살됐을까?

유력한 독살 용의자는 사돈

1907년 7월, 네덜란드 헤이그의 국회의사당인 비넌호프에 세 명의 동양인 남자가 등장한다.

"대한제국 황제의 친서를 가져왔습니다."

세 남자의 이름은 이준, 이상설, 이위종, 바로 헤이그 특사였다. "을사늑약의 부당함을 알리라"는 고종의 특명을 받아 어렵게 네덜란드까지 온 것이다. 하지만 헤이그에서 열린 만국평화회의에는 끝내 참석하지 못한다. 그런 상황에서도 특사들은 해외 언론과 인터뷰를 하고 거리 연설을 하는 등 대한제국의 부당한 상황을 알리려 애를 썼다.

이 일이 일제의 귀에 들어가자 그들은 조약 위반이라며 황실을 압박한다.

"황제가 국제적 불신을 자초하고, 일본과의 관계를 훼손시켰으므로 황위에서 물러나는 것이 적절합니다."

고종을 강제 퇴위시키고는 그 자리에 아들 순종을 앉힌다. 고종은 1907년 7월 20일에 있었던 순종의 즉위식에 참석하지 않았다. 자기 뜻으로 물러난 게 아니라는 의지의 표현이었다. 일제는 그런 고종이 어지간히도 껄끄러웠을 것이다. 눈엣가시 같았던 명성황후도 궁궐에서 살해하는 만행을 저지른 일제가 고종을 없애야겠다는 계획을 세웠어도 이상한 일은 아니었다.

마침 1919년에 헤이그 특사 파견과 유사한 저항이 계획되었다. 제1차 세계 대전이 끝나고 연합군 주도로 파리 강화 회의가 열렸다. 무려 수개월 동안 계속된 국제회의인데 그 개막식이 바로 1919년 1월 18일이었다. 고종이 사망하기 사흘 전이다. 그 당시 전 세계가 파리 강화 회의를 주목하는 상황이었다. 고종 황제가 여기에 밀사를 보냈는지 여부에 관해서는 소문만 무성하다. 일각에서는 고종이 아니라 친일파들이 파리 강화 회의에 가서 '한국은 독립을 원하지 않는다'는 〈독립불원서〉를 제출하려고 했지만, 고종이 도장을 찍어주지 않아서 살해했다는 소문마저 돌았다.

(…) 저 원수 같은 일본은 간교한 술책을 써서 뒤에 기재한 역적들로 하여금 조선이 일본에 동화되었음을 증명한 글에 먼저 도장을 찍도록 한 후 태상황제께서도 옥새를 찍으실 것을 강박하도록 하였다. 폐하께서 크게 노하시며 이를 물리치시니 저들은 후환이 있을까 두려워하였다.

—〈국민회보〉 1919년 3월 1일

또 다른 기록도 있다. 일본 황실 행정기관인 궁내성의 회계심사국 장관 구라토미 유자부로의 일기다.

데라우치가 하세가와로 하여금 이 태왕에게 설명하게 했지만, 그가 이를 수락하지 않았기 때문에 그 일을 감추기 위해 윤덕영, 민병석 등이 태왕을 독살했다는 풍설이 돈다는 이야기를 들었다. 하지만 데라우치가 하세가와에게 말한 구체적인 내용은 듣지 못했다

—1919년 10월 30일

일기의 내용은 고종이 독립을 호소하는 문서를 준비했는데 총독부에서 막으려고 하다가 잘되지 않자 친일파를 이용해 죽였다는 내용이다. 게다가 그날 밤 덕수궁 특별 당직자 명단에는 익숙한 이름이 적혀 있다. '이완용'. 하필 이완용이 숙직한 그날, 고종이 승하했다? 전국에 나붙은 벽보에는 이런 내용이 실려 있었다.

이완용은 윤덕영과 한상학을 시켜서 시중을 들던 궁녀 두 사람을 핍박해 한밤중에 식혜에 독약을 탄 후 드리게 했다. 두 궁녀도 동시에 독살했다고 한다.

고종 독살설에는 몇 가지 다른 버전이 있는데, 공통적으로 등장하는 인물이 한 명 있다. 바로 윤덕영이다.

윤덕영은 권세 높은 양반 가문 출신이다. 할아버지인 윤용선은 오늘날로 치면 국무총리에 해당하는 요직에 있었고, 조카는 순종의 동궁 시절 계비가 되었다. 훗날 조카딸이 황후가 되면서 윤덕영 또한 엄청난 권력을 쥐게 된다. 권력의 맛을 본 윤덕영은 작정하고 친일파가 되었다. 한일병합조약을 가결할 때 순종이 서명을 계속 거부하자 친일파들은 국새를 찾아서 직접 찍으려 해지만, 찾을 수가 없었다. 순정효황후가 치마 속에 감춰놓고 있었다고 전해지는데, 이걸 찾아내 결국에 도장을 찍은 것이 바로 윤덕영이었다고 한다. 〈고종실록〉이나 〈순종실록〉의 기록 특성상 이 역시 안타깝게도 1차 사료는 존재하지 않는다. 하지만 윤덕영은 그 공로를 인정받아서 국권 피탈 직후에 일제로부터 귀족 작위를 받고 그에 걸맞는 대우도 받게 된다. 그 대표적인 것이 인왕산 자락의 벽수산장이다.

벽수산장은 프랑스 어느 귀족의 집 설계도를 가져다 지었다는 윤덕영의 저택이다. 1966년 보수공사 중에 불이 났고 1973년 철거되어 지금은 존재하지 않지만, 기록에 의하면 면적이 2,644m²가 넘는다. 800평에 달하는 저택은 유리 한 장, 벽돌 하나도 국산이 없이

그림 2 순정효황후의 백부인 윤덕영은 친일 행위로 귀족 작위를 받고 벽수산장의 주인이 되었다. 벽수산장은 프랑스의 저택을 본따 만들었으며, 1966년 화재 후 철거되었다.

전부 수입품으로만 지어졌다고 한다. '천장에 두꺼운 대형 유리로 만든 수족관이 있다' '배를 띄울 수 있을 정도로 연못이 넓다' '집 안에 대형 숲이 있다' 등등 별별 소문이 다 있었는데, 놀랍게도 대부분이 사실이었다고 한다. 여기 딸린 부속건물까지 다 합치면 윤덕영의 집은 6만 6,000㎡, 즉 2만 평 수준이었다. 축구장 아홉 개를 합친 면적에 해당한다. 심지어 이웃은 이완용이었다.

이런 사람이 시종원경, 즉 왕의 비서실이자 건강을 돌보는 시종원의 수장을 맡았으니 고종을 독살할 수도 있지 않았을까?

고종은 독살을 두려워했다

조선시대에 독살 여부를 확인하는 방법이 몇 가지 있었다. 그중 반계법은 죽은 사람 목 안에 백반을 넣고 한두 시간 기다렸다가 그걸 닭 모이에 섞어서 주는 것이다. 닭이 죽으면 독이 들어있다는 뜻이다. 백반은 알루미나이트가 주성분인 물질인데 단백질을 침전시키는 효과를 가지고 있다. 단백질로 된 독에 백반을 넣으면 독만 붙잡아두는 원리를 이용한 것이다. 다만 이 방법은 독 중에 분자가 작은 종류는 검출하지 못하는 한계가 있었다.

은비녀로 독살 여부를 확인하는 방법도 있었다. 시신의 목구멍이나 항문에 은비녀를 넣었다가 꺼내서 색이 변하는지 살펴보는 것이다. 까맣게 변하면 독살로 판단한다. 은이 비상의 황과 결합하면 황화은이 되며, 검은색이라서 색으로 구분하기 쉽다.

한편 태황제의 시신에 목부터 배까지 까만 줄이 있다는 기록도 독살의 가능성을 의심하게 했다. 조선시대 사람들은 중독으로 사망하면 피부가 검게 변한다고 생각하는 경향이 있었다. 원래 질식으로 사망하게 되면 청색증이 동반되는데 이를 오해한 걸 수도 있고 은이 비상을 만났을 때 까맣게 변하는 걸 보고 피부도 까맣게 변할 거라고 유추했을 수도 있다. 하지만 실제로는 독으로 사망하더라도 피부색이 변하는 일이 거의 없다. 조선시대에 독으로 주로 사용된 비소, 수은, 부자附子, 초오, 협죽도의 독 성분이나 청산가리까지, 어떤 독극물에서도 피부색의 변화가 일어나지는 않는다.

심지어 기록을 보면 고종의 사망을 두고 독살 여부를 확인해보지도 않았다. '영친왕이 진상조사를 요구했지만 거부했다'는 기록만 남아 있다. 아들인 영친왕이 진상조사를 요구한 데는 이유가 있다. 이 사건 전에도 독살 시도가 있었기 때문이다.

고종 황제는 19세기 말에 수입된 서양 문물인 커피를 종종 마셨다. 그런데 누군가가 고종과 순종의 커피에 아편을 넣은 사건이 있었다. 커피를 워낙 좋아했던 고종은 맛이 평소와 다르다는 걸 알고 바로 뱉었다. 하지만 이를 그냥 삼킨 순종은 며칠 동안 혈변을 보고 이가 빠지기 시작해 총 18개가 빠지는 후유증을 겪었다고 한다.

범인은 고종이 총애하던 러시아 통역관 김홍륙이었다. 그는 뒷돈을 받다가 들켜서 귀양을 갔는데, 이에 앙심을 품고 궁의 요리사를 매수했다고 한다. 여기서 다시 윤치호의 일기로 돌아가 볼 필요가 있다.

> 황제의 이가 모두 구강 안에 빠져 있고 혀가 닳아 없어져 버렸다는 것
> 을 발견했다.

혹시 이번에는 식혜에 아편이 들어갔던 것은 아닐까?

아편은 호흡을 억제하기 때문에 독살에 이용될 수 있으며, 과다 복용하면 치아우식증, 건조증 등으로 치아를 잃기 쉽다. 하지만 이는 장기 복용 시에 나타나는 부작용이다. 한 번에 많은 양을 넣으면 맛이 달라지고, 또 그걸 먹었더라도 아편의 작용을 보면 호흡 곤란으로 구토를 일으킬 가능성이 크며, 그 과정에서 위궤양 등이 발생해 혈변을 볼 가능성은 있다. 하지만 치아가 몇 시간 만에 빠질 가능성은 극히 적다.

이런 일이 있다 보니 고종은 무척 불안해하게 되었다. 물 한 잔을 마실 때도 과연 괜찮을까, 밥 한술 뜨려다가도 '누가 약을 탔으면 어쩌지?' 하는 불안함이 엄습했다. 이는 명성황후가 시해된 뒤 극심해졌다. 그래서 이런 초강수를 둔다.

> 고종 황제의 수라상은 [   ]으로 운반했다.

고종이 불안해할 때 도움의 손길을 내만 사람은 미국인 선교사 호러스 그랜트 언더우드Horace Grant Underwood다. 언더우드는 연세대

학교의 전신인 연희전문학교를 세우고, 최초의 서양식 국립병원인 제중원에서 영어와 물리학, 화학을 가르치는 등 대한제국의 교육에 힘썼다. 고종 황제와도 친밀한 관계를 유지해 고종으로부터 '원두우'라는 한국 이름을 하사받기도 했다. 그런 그가 독살을 두려워하는 고종에게 다음과 같이 제안했다.

제가 서양 공관에서 만드는 과정을 철저하게 감시해서 완성한 음식을 전하께 안전하게 배달하겠습니다.

언더우드는 음식을 만들어 철가방에 넣은 뒤 자물쇠까지 채웠다. 수라를 외부에서 배달시키는 전대미문의 사태가 벌어진 것이다.

고종 황제의 수라상은 　철가방　으로 운반했다.

고종은 식혜를 너무 좋아해서 도저히 끊을 수가 없었지만 절대 그냥 마시지 않았다고 한다. 내인들이 먼저 은그릇에 담은 식혜를 차례대로 맛보고 고종이 5분의 1쯤 마시고 나면 나머지를 또 내인들이 나눠 마셨다고 한다.

그런데 고종이 사망했을 무렵에 궁 안에서 두 사람이 더 사망한다. 다시 앞쪽의 벽보로 돌아가 보자.

이완용은 윤덕영과 한상학을 시켜서 시중을 들던 궁녀 두 사람을 피박해 한밤중에 식혜에 독약을 탄 후 드리게 했다. 두 궁녀도 동시에 독살했다고 한다.

아귀가 딱 맞아떨어지는 느낌이다. 하지만 이 사건을 쫓은 신문에 진실이 남아 있다.

2월 1일에 죽은 이는 덕수궁 보기내인 박완기(62세)인데 그는 내전 청소와 아궁이 일 등 잡역에 종사했고 이미 폐결핵을 앓고 있다가 고종 서거 후 낙담하다가 죽었으며, 창덕궁 침방내인 김춘형(79세)은 1월 23일에 죽었지만 덕수궁에는 출입한 적이 없는 자였다고 한다.

—〈매일신보〉 1919년 3월 15일

한 사람은 오랫동안 폐결핵을 앓았고, 다른 한 사람은 덕수궁에는 출입도 해본 적 없는 창덕궁 내인이었다. 식혜를 나눠 마신 내인들이 아닌 것이다. 참고로 이때는 스페인 독감이 유행했을 때였다. 우리나라에서도 14만 명의 사람들이 이로 인해 사망했다.

앞의 벽보를 다시 살펴보자. 이완용이 이날 숙직을 하면서 궁녀에게 식혜에 독약을 타도록 했다는 내용을 확인할 필요가 있다. 사실 이 인물은 우리가 아는 을사오적 이완용과는 동명이인이다. 정작 친일파 이완용은 그때 일본에 머물렀다는 완벽한 알리바이가 있었다. 고종의 아들 영친왕과 일본 황족의 장녀 마사코, 즉 이방자 여사의 결혼식이 예정돼 있었기 때문이다.

이 정략결혼을 통해 대외적으로 조선과 일본이 하나라고 선전할 절호의 기회를 얻었는데, 정작 결혼식을 나흘 앞두고 고종이 죽었으니 얼마나 당황했겠는가. 결혼식이 어긋날까 봐 처음에는 고종의 승하를 쉬쉬한다. 그러는 사이에 온갖 뜬소문이 돌면서 독살 의혹이 눈덩이처럼 불어난 것이다.

고종의 증상에 맞는 세 가지 독극물

이제 법의학으로 넘어가서, 고종의 사례처럼 섭취하고 나서 30분 만에 경련을 일으키고 사망에 이르게 하는 독이 있을까?

세 가지 정도의 독극물이 용의선상에 올랐다.

첫 번째 용의자는 청산가리로 보통 음독한 후 15분 안에 증상이 발생하고 1시간 안에 사망에 이른다. 증상으로 호흡 곤란, 불안, 신음 후 경련을 보이다가 사망한다. 아무 맛이 없지만 냄새가 향긋해서 달다고 여겨지기도 하는 독극물이다. 두 번째 용의자는 비소다. 주로 구토, 복통, 설사 등의 증상이 나타나고 심하면 현기증, 마비, 경련을 일으키다가 사망할 수 있다. 마지막 용의자 스트리크닌은 경련, 근육 수축, 호흡 곤란을 일으키며, 심각한 경우 사망에 이를 수 있다.

그런데 이들을 고종 황제의 살인범으로 확정하기에는 무리가 있다. 가장 중요한 사실은 고종이 식혜를 마시고 30분 만에 사망한 게 아니라, 오후 11시에서 12시 사이에 식혜를 마셨고, 공식적 사망 시간은 다음 날 오전 6시에서 6시 30분 사이라는 점이다. 즉 식혜를 마시고 적어도 6시간 후에 사망했으며, 그 사이에 12번의 발작이 있었다.

먹고 1시간 안에 사망에 이르는 청산가리는 아닐 가능성이 크며, 비소와 스트리크닌의 경우 '사망에 이를 수 있다'고 한 것처럼, 섭취량이 어느 정도냐에 따라 사망하지 않을 수도 있다. 게다가 경계가 그렇게 심했던 고종이 독이 든 줄 모르고 마셨어야 한다는 조건이 성립하려면 무색, 무취여야 한다. 그런데 청산가리는 염기성 물질로 물에 타면 혀가 아리기 때문에 치사량에 이르면 사람이 알아차리기 마련이다. 먹고 나서 대여섯 시간 후 사망하는 독극물로, 조선 시대에 가장 흔히 사용된 것이 비상이다. 하지만 비상을 먹으면 구토와 설사 증상을 반드시 동반하는데, 고종에게 그런 증상은 나타나지 않았다.

독이 아니라면 염을 하던 사람이 본 고종의 기이한 모습은 무엇이었을까?

여기서 고려해야 할 것이 고종이 사망하고 나서 시신을 염하기까지의 시간차다. 고종의 사망은 1월 21일 오전인데 수의를 갈아입히고 베로 싸는 소렴식은 사흘 뒤인 1월 24일에 치러졌다. 그 이유는 앞에서 언급한 아들 영친왕의 결혼식 때문이었다. 일본에 있는 영친왕에게 소식을 전하고 그가 대한제국으로 귀국할 때까지 기다려야 했다.

지금은 사람이 사망하면 매장하기 전까지 영안실에서 냉장 또는 냉동 상태로 최대한 보존하며 안치한다. 하지만 그 시절에는 그런 시설이 없었고 계절이 겨울이다 보니 고종의 시신을 오히려 따뜻한 곳에 모셨을 가능성이 크다. 조선시대에도 여름에는 시신을 얼음 위에 올려놓았다는 기록이 있다. 하지만 고종은 왕이었기 때문에 아무리 시신이었더라도 추운 겨울에 냉골방에 모시는 것이 꺼려졌을 것이다. 온돌방에서 사흘이면 시신이 엄청나게 부패한다. 이 부패는 상상을 초월하는데, 고환이 핸드볼 크기로 커질 정도다. 팔다리가 부어올라서 옷을 벗기기 위해 찢었다는 기록은 부패를 그 원인으로 추측할 수 있다.

고종의 이가 모두 빠져 있고 혀가 사라졌다는 부분도 부패로 어느 정도 설명이 가능하다. 평소 치아 상태가 좋지 않았을 때 시신이 부패하면서 이가 빠지는 일은 흔하다고 한다. 실제로 고종은 이가 안 좋아서 치과 진료를 여러 번 받았다. 우리나라 임플란트 1호가 고종이었을 정도다. 어느 날 고종이 홍합에서 나온 돌을 씹고 이가 부러지는 일이 생긴다. 그때 서울에 머물던 미국인 치과 의사가 고종의 치아를 빼고 금으로 만든 보철로 '임플란트'를 해 넣었다는 기록이 있다.

혀가 없어졌다고 하는 것 역시 부패로 인한 것일 가능성이 크다. 시신이 부패하면 혀가 상당히 부어올라서 도저히 혀라고 인식되지 않을 만큼 모양이 변한다. 이 때문에 부패한 시신에 익숙하지 않은 사람은 혀가 없어졌다고 생각했을 수 있다.

목에서 복부까지 이어져 있던 30cm가량의 검은 줄은 부패망이라고 부르는 것으로, 부패균이 혈관을 타고 퍼지면서 암녹색의 줄이 생기는 현상이다. 즉 고종의 시신에서 이상하다고 생각했던 세 가지 모두 부패의 흔적이라고 볼 수 있다.

이제 독살의 가능성을 버리고 고종의 병세를 다시 추측해보자.

신기술이 가져온 폐해

고종이 쓰러진 건 ⬚ 이 바뀌었기 때문이다.

앞서 살펴본 고종의 사망 당일 행적에는 보통 사람들과는 다른 좀 이상한 게 있었다. 왕이니 당연히 보통 사람들과는 다른 삶을 살았겠지만, 왕이라는 신분과도 관계없다. 고종은 자정에 식혜를 마시고 산책하러 나갔다가 밤 12시 40분에 들어왔다. 그러고도 잠자리에 든 게 아니라 안락의자에서 쉬었다. 사실 고종에게 이런 일과는 드문 일이 아니었다. 관료들의 일기를 보면 '고종 알현 후 새벽 2시에 귀가했다'느니 '대궐에서 등불놀이를 보고 새벽 3시에 돌아왔다'는 기록들이 나온다.

이것이 가능했던 이유 중 하나는 1887년에 경복궁 안의 건청궁에 전기가 들어왔기 때문이다. 에디슨이 전구를 발명한 지 8년밖에 되지 않은 이른 시기에, 동양 최초로 전깃불이 들어온 것이다. 중국과 일본보다 더 빨랐다고 한다. 여기에 힌트가 있다.

고종이 쓰러진 건 │ **밤낮** │ 이 바뀌었기 때문이다.

　생체리듬을 거스른 채 습관적으로 밤잠을 취하지 않으면 문제가 생길 수밖에 없다. 만성 불면증이 뇌졸중 위험을 크게 높인다는 연구도 많다.

　사람이 잠을 제대로 못 자면 자율신경계에 교란이 생긴다. 보통 수면 중에는 혈압이 낮아지는 딥dip 현상이 일어나는데 수면 부족이나 불면증이 지속되면, 교감신경이 계속 활성화돼서 밤에도 혈압이 떨어지지 않고 오히려 상승한다. 그러면 심박수를 안정적으로 유지하기 힘들고 결국 심장에 부담을 준다. 이로 인해 심장이 불규칙하게 뛰는 부정맥이 발생할 가능성도 커진다. 이것이 다시 심혈관과 뇌혈관에도 영향을 미친다. 그러다 뇌혈관이 막히면 뇌경색이 되고, 터지면 뇌출혈이 된다.

　뇌졸중뿐만 아니라, 거의 모든 만성 질환이나 암에 수면이 영향을 미친다고 봐야 한다. 세계보건기구WHO에서는 교대 근무로 밤낮이 바뀌는 행위를 2군 발암물질로 지정하기도 했다. 그만큼 수면이 건강에 미치는 영향은 지대하다.

　사망했을 때 고종의 나이는 68세였다. 그 당시 평균수명의 정확한 기록은 없지만, 조선 왕들의 평균수명은 47세였고, 유엔의 기록에 따르면 1950년대 한국인의 평균수명이 48세였다. 즉 고종은 노령에 속했다. 수면의 문제는 고종에게 더 치명적으로 작용했을 것이다.

그런데 고종은 대체 왜 이렇게 밤낮을 바꿔 생활했을까? 그 원인을 찾으려면 아관파천 사건을 살펴볼 필요가 있다. 명성황후가 사망하고 나서 일제의 만행에 위협을 느낀 고종은 1896년 2월 11일 세자를 데리고 러시아 공사관으로 피신한다. 이후 약 1년간 이곳에서 지내다가 1897년 2월 20일 덕수궁 함녕전으로 환궁했다. 그날 이후, 고종은 늘 큰방을 두고 작은 곁방 다섯 개를 옮겨 다니면서 잠을 잤다고 한다. 고종이 너무 불안해하니까 언더우드를 비롯한 외국인 선교사들이 3인 1조로 불침번을 섰다는 기록도 있다.

러시아 공사관에서 지낼 때 고종은 후에 손탁호텔의 주인이 된 손탁Marie Antoinette Sontag 여사를 통해서 "커피 맛을 제대로 알게 되었다"고 했다는 이야기가 전해진다. 고종 황제가 커피를 얼마나 마셨느냐에 관한 정확한 기록은 없지만, 커피에 든 카페인 성분이 각성제인 만큼, 커피를 즐긴 고종 황제가 밤에 잠을 제대로 자지 못한 것도 이해가 간다.

그런데 밤낮이 바뀌었다는 이유 하나로 사람의 건강이 나빠지거나 사망하는 것은 아니다. 고종의 경우 밤낮이 바뀌면서 건강에 안 좋은 온갖 습관이 더해졌다. 고종의 일과를 살펴보면, 기상은 빨라야 오전 11시, 거의 점심때가 되어서야 눈을 뜬다. 그리고 오후 3시에 아침을 먹는다. 점심은 과자나 죽으로 대충 때우고 저녁식사는 밤 11시~12시경에 한다.

상궁 김명길의 기록을 보자.

새벽 6시나 되어야 주무시며, 겨울 야참으로는 설렁탕, 냉면, 온면을
좋아하셨고, 술을 전혀 못 하시기에 음료로는 사이다와 식혜를 드셨다.

게다가 커피와 함께 다디단 디저트도 즐겼다고 한다. 당시 수라간
에서는 와플, 카넬레, 푸딩까지도 고종에게 제공했다고 한다.

이 음식들에는 공통점이 있다. 당뇨가 생기기에 아주 적절한 식단
이다. 그리고 당뇨가 생기면 고지혈증도 생기기 쉽다. 인슐린이 부
족해지면 리포프로테인 리파아제의 활성이 줄어들면서 고지혈증이

SONTAG HOTEL Seoul Korea   J. BOHER Proprietor.

그림 3 대한제국 시기의 서양식 호텔인 손탁호텔은 커피의 역사에서 **빼놓을 수 없는 곳**으로, 고종에
게 커피를 소개한 손탁 여사의 이름을 딴 호텔이다.

발생하는 것이다. 간의 인슐린 저항성으로 LDL 수용체가 감소하면서 나쁜 콜레스테롤인 LDL이 증가하고, 간에서 지방 합성이 증가하면서 중성지방도 증가한다. 반대로 우리가 좋은 콜레스테롤이라고 하는 HDL은 줄어든다. 또한 당뇨가 있으면 고혈당으로 혈관이 손상되면서, 고지혈증으로 인해 지방이 혈관에 들러붙는 증상도 가속화된다. 그 결과 혈관이 좁아지면 고혈압도 더 쉽게 생긴다.

고혈압, 고지혈증, 당뇨 이 세 가지가 다 갖춰지면 뇌졸중 위험은 가파르게 상승한다.

2021년 국가 통계를 보면 뇌졸중 유발 연령이 60대가 28.4%로 가장 많았다. 그다음으로 70대, 50대 순으로 나타났다. 당시 고종의 나이가 68세였고, 밤낮이 완전히 바뀐 데다, 밤늦게 식사하고 단음식을 좋아하는 식습관까지 갖췄다. 거기다 고종은 키가 153cm에 몸무게가 70kg에 달했다. 단순히 체형만 봐도 뇌졸중 위험이 크지 않다고 보긴 어렵다.

뇌졸중의 가능성

그러면 공식 발표처럼 뇌졸중이 맞는 걸까?

사실 부검하면 독살 여부뿐만 아니라, 뇌졸중일 경우 뇌경색인지 뇌출혈인지까지도 바로 알 수 있다. 뇌경색이면 한쪽 혈관이 막히기 때문에 뇌가 물컹해지는 특징이 있고 출혈성 뇌졸중, 즉 뇌출혈은 혈관이 터지는 것이기 때문에 뇌 전체에 피가 흥건하다.

부검 기록은 없지만, 아쉬운 대로 고종 사망 당일의 진료 기록이 있다. 이를 살펴보면, 맨 처음 발작이 일어났을 때 김형배 전의가 청심환을 처방했다. 청심환은 조선시대에 졸중풍의 구급약으로 이용되던 약이다. 즉 첫 발작 증세를 확인한 의사도 고종의 증세를 뇌졸중이라고 판단한 걸로 짐작할 수 있다. 그중에서도 뇌출혈에 가까운 것으로 보이는데, 뇌경색은 발병 직후 사망하는 경우가 흔치 않은 반면, 뇌출혈은 발병 후 병원에 도착하기도 전에 사망에 이를 수 있을 정도로 사망률이 높다.

고종 사망 당일 고종을 직접 진찰했던 일본인 여의사 도가와 기누코가 이런 이야기를 했다.

발병하기 4, 5일 전에 저에게 다소 식욕이 없고, 잠이 잘 오지 않는다고 말씀하셔서 매우 걱정하며 진찰했으나 특별한 이상은 없었습니다. 전하 승하 당일 두 번째와 세 번째 경련은 맥박이 110, 네 번째 경련부터는 130~140 사이를 왔다 갔다 하고 체온은 37.7℃로 올라갔습니다. 여덟 번째 경련부터는 의식이 완전히 없어졌습니다. 경련은 12회까지 이어졌고 안타깝게도 결국 훙거하셨습니다.

여기에 뇌출혈 환자에게 나타나는 전형적인 증상이 몇 가지 있다. 첫 번째는 식욕 부진이다. 뇌졸중으로 시상이나 뇌간이 손상되면 식욕을 조절하는 기능에 영향을 줄 수 있다. 그리고 발병 직후 나타난 전신 경련과 체온 상승 역시 뇌출혈 환자에게서 나타나는 증상이다. 그중에서도 뇌동맥류 파열일 가능성이 가장 크다. 뇌동맥류 파열은 뇌혈관이 작은 풍선 모양으로 부풀어 오르다가 터지는 것이다. 유성호 법의학자는 뇌동맥류가 파열되면 피가 뇌 조직 내 여러 군데로 퍼질 수 있는데, 뇌를 감싸고 있는 세 개의 막 중 가장 안쪽인 지주막 안쪽으로 피가 흘러 들어가 고일 수도 있다고 말한다. 이것이 지주막하 출혈이라고 한다. 그는 지주막하 공간을 뇌척수액이 흐르는 곳이라고 설명하며, 혈액이 뇌척수액에 섞이면 뇌에 압력을 가하고 뇌 기능에 심각한 영향을 미친다고 덧붙였다.

파열 전까지는 증상이 전혀 없는데 동맥혈이 터져서 지주막하 공간에 출혈이 일어나면 뇌를 압박하면서 결국 뇌가 기능을 제대로 못 하게 돼 발작, 의식 저하 증상 등이 나타난다. 그리고 시야가 흐릿해지는 현상을 겪기도 하는데, 고종 사망 당일에 일본인 주치의의 진술을 보면 고종이 경련 후 자신을 알아보지 못했다는 내용도 있다.

한편 내인 신희선의 증언에 나온 '식혜를 마시고 얼마 후에 한쪽 마비가 잠깐 일어났다'는 부분도 주목해야 한다. 뇌졸중 증세 중에 일과성 허혈 발작이 있다. 몸 한쪽에 아주 잠깐 힘이 빠지고 마비가 오거나, 한쪽 눈이 갑자기 흐릿해졌다가 다시 잘 보인다. 이런 현상이 모두 뇌에 혈액 공급이 일시적으로 차단돼서 나타나는 증상이다. 일과성 허혈 발작이 나타나면 24시간에서 48시간 안에 진짜 뇌졸중이 발생하는 경우가 많다.

이승훈 서울대병원 신경과 교수는 혈관이 막혔다가 운 좋게 다시 열리는 일과성 허혈 발작을 전조증상으로 볼 수 있다고 말한다. 만약 편마비 증상, 즉 한쪽에 불편감이 생겼다가 10분에서 15분 이내에 사라진다면, 단순히 컨디션이 안 좋다고 생각할 게 아니라 실제로 뇌혈관이 막혔다가 열리면서 넘어갔다고 생각해야 한다. 그리고 바로 병원에서 검사를 받아봐야 한다. 이승훈 교수는 다음과 같이 당부한다.

> 영어로 FAST라는 용어가 있습니다. F는 얼굴face, A는 팔arm, S는 말 speech로, 얼굴이 마비되는 증상, 한쪽 팔이나 다리가 힘이 빠지거나 마비되거나 그 밖에 감각이 이상해지는 증상, 발음이 이상해지거나 말을 못 알아듣는 증상이 생기면 T, 즉 시간time이 없다는 뜻이에요. 그러니까 가능한 한 빨리 치료받아야 합니다.

뇌출혈에는 뇌 조직 안에서 터지는 뇌실질 출혈, 뇌 바깥에서 터지는 지주막하 출혈이 있다. 둘 다 사망률이 높은데 뇌실질 출혈은 사망률이 약 30%, 지주막하 출혈은 약 50% 정도로 볼 수 있다. 지주막하 출혈이 훨씬 강한 출혈이기 때문에 사망률도 높고 대개 초반에 의식 소실로 나타나는 경우가 많다. 뇌실질 출혈은 한쪽에 종괴로 서서히 형성되기 때문에 의식 소실보다는 편마비, 한쪽 팔다리 마비, 구음장애, 언어장애 같은 증상이 생기는 게 일반적이다. 이는 뇌경색 증상과 대부분 일치한다.

고종의 증세를 종합해봤을 때는 뇌동맥류 파열에 가장 가깝다고 추측해볼 수 있다.

조선시대에는 뇌졸중이라는 개념을 몰랐으니까 기록되어 있지 않을 뿐, 지금 살펴보면 뇌졸중으로 의심되는 왕들도 많다. 조선시대의 거의 모든 왕이 고열량 음식을 섭취한 데 비해 운동량은 턱없이 적었고 수면도 부족했다. 임진왜란을 겪은 선조는 고종과 비슷한 점이 많은데, 나라를 빼앗긴 것에 대한 극도의 스트레스 때문인지 고종처럼 늘 소화 불량을 겪다가 나중에는 중풍 증세가 나타났다. 그러던 어느 날 아침에 "편히 잠을 잤다"고 하더니 고종처럼 정말 갑자기 세상을 떠났다. 그 외에도 태조, 정종, 태종, 세종도 뇌졸중 가족력이 있었다고 한다.

조선에서는 풍을 맞으면 구급약으로 일단 청심환부터 먹었지만, 유럽에서는 17세기에 이미 뇌졸중을 정확히 알고 있었다. 요한 야콥 베퍼Johann Jakob Wepfer라는 스위스 병리학자가 갑작스러운 마비로 의식을 잃고 사망한 환자들을 부검해서 뇌혈관이 막히는 뇌경색과 뇌혈관이 터지는 뇌출혈의 두 가지 기전을 모두 밝혀냈다. 또 고종이 사망했던 시기에 서양에서는 이미 X선으로 뇌 사진을 찍는 뇌실조영촬영법이 개발되기도 했다. 1927년에는 포르투갈의 신경과 의사 에가스 모니즈Egas Moniz가 뇌혈관조영술에 성공하면서 뇌혈관 모양까지 눈으로 직접 확인할 수 있게 발전한다.

요즘에는 CTcomputed tomography, 컴퓨터 단층촬영 검사를 하면 뇌에 출혈이 있는지도 알 수 있고 MRImagnetic resonance imaging, 자기공명영상촬영,

MRAmagnetic resonance angiography, 자기공명혈관촬영 검사로 뇌동맥류 여부를 확인할 수 있다. 검사에서 뇌동맥류가 발견되면 터지기 전에 미리 뇌동맥류 입구를 클립으로 집는 클립 결찰술이나 얇은 코일을 넣어서 뇌동맥류를 채우는 코일 색전술을 처치해서 뇌동맥류 파열을 예방할 수 있다.

최근에는 뇌졸중의 치료법이 비약적으로 발전해서 뇌경색 같은 경우는 혈전을 녹이거나 직접 혈관에 침투해 꺼내는 응급치료법을 사용한다고 한다. 혈전 제거술을 적용할 수 있는 시간이 뇌경색이 일어나고 6시간 정도이기 때문에 그 안에 반드시 치료를 받아야 한다. 한편 머리 혈관에 뇌 경동맥과 중대뇌동맥이라는 큰 혈관이 있는데, 여기가 막히는 경우도 있다. 이런 증상은 과거에는 치료가 어려웠지만, 스텐트 혈전 제거 치료제가 등장하면서 치료가 80~90% 가능해졌다.

끊어지지 않은 독립 의지

고종이 승하한 후 40일 만에 장례식이 치러졌다. 조선의 국장은 왕이 승하하고 5개월 뒤 발인을 하는 게 원칙이었지만 국권을 상실한 망국의 군주 고종의 장례식은 원칙대로 치를 수 없었다. 장례식도 일본의 사카키 관에 담겨서 일본식으로 치러졌으니, 떠나면서도 얼마나 원통했을까.

그림 4 급서한 고종의 장례는 조선의 국장으로 치러지지 못했고, 그의 죽음에 의문을 품은 백성들이
삼일운동을 일으키는 계기가 되었다.

하지만 이 땅의 백성은 나라를 잃고 군주를 잃은 서러움을 눈물로 흘려 보내지만은 않았다. 고종의 죽음은 삼일운동의 도화선이 되었다. 장례식 전후로 경성에 40만 명이 넘는 사람들이 몰려든다. 조선총독부 추산 106만여 명이 삼일운동에 참여했다.

어떻게 보면 고종은 죽고 나서야 비로소 꿈을 이뤘다고 볼 수도 있을 것이다. 헤이그 특사 때 고종은 전 세계에 조선의 독립 의지를 알리려고 하다가 실패했다. 그런데 고종이 승하한 뒤 퍼진 독살설을 계기로 결집한 백성의 삼일운동이 미국, 프랑스, 영국 등 서양 여러 나라에서 보도되면서 조선의 독립 의지가 알려진 것이다.

8

발레리노를 은퇴하게
만든 병의 비밀

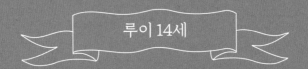

루이 14세

Louis-
Dieudonné

1638. 9. 5. ~ 1715. 9. 1.

-1700년 건강일지-

- 왕이 침대에서 일어나 땅에 발을 디뎠을 때 엄지발가락 힘줄을 따라 통증을 느꼈습니다. 신발을 신는 것도 힘들었습니다.
- 왕은 고통에 잠에서 깨어났고, 그 이후로 발과 다리는 붉어지면서 상당히 부어올랐습니다.
- 왕은 몸을 짊어지고 다니듯이 했습니다.

 의사들이 매일 왕의 건강 상태를 일기처럼 써둔 기록에 의하면, 무대를 날아다니던 춤의 왕은 언제부터인가 걷는 것조차 힘들어졌다. 신하들의 부축을 받거나 매일 산책하던 정원에 휠체어를 타고 나타나기도 했다. 급기야 죽기 전 한 달은 아예 침대에서 나오지도 못한다.

 루이 14세를 걷지 못하게 만든 질병은 과연 무엇이었을까?

하이힐을 신은 남자

다섯 살에 왕이 되어 무려 72년 3개월 18일 동안 왕으로 살았던 사람이 있다. 유럽의 군주 중 최장기 집권자의 기록을 가진 그는 18세기의 유럽을 호령한 루이 14세다. 루이 드외도네Louis-Dieudonné, 신이 주신 아이라는 뜻의 본명은 아버지인 루이 13세가 결혼하고 23년 만에 얻은 늦둥이였기에 붙여진 이름이었다. 인간이 보통 4세 이전의 기억을 거의 갖고 있지 못하다는 '유아 기억 상실' 이론에 빗대어 보면, 다섯 살에 왕이 된 루이 14세는 날 때부터 왕이었던 삶을 살지 않았을까. 이처럼 다른 의미로도 '절대 군주'인 루이 14세는 한 인간으로 봤을 때 건강에 관한 흥미로운 사연도 끝없이 이어지는 인물이다.

우리가 알고 있는 루이 14세의 대표적 모습은 궁정화가 시아신트 리고Hyacinthe Rigaud가 그린 초상화다. 플뢰르 드 리스fleur de lys: 중세 프랑스와 유럽에서 왕족과 귀족들이 상징으로 사용한 백합 무늬 패턴이 수 놓인 화려한 망토, 같은 백합 모양의 헤드를 가진 왕 홀을 거꾸로 세워놓은 끝에는 왕관이 놓여 있다. 그리고 허리춤에 찬 대관식용 검에는 화려한 보석이 박혀 있다. 절대 군주의 권위가 머리부터 발끝까지 풍겨 나오는 그림이다.

빨간 통굽의 하이힐을 신은 발에도 주목해야 한다. 이 구두는 루이 14세의 트레이드 마크라고 할 만한 것으로, 그의 다리를 더욱 돋보이게 해주었다. 의상 밑으로 흰 스타킹을 착용한 다리는 탄탄한

그림 1 궁정화가 시아신트 리고가 1701년에 그린 루이 14세의 초상화. 당시 왕의 나이는 64세인데 탄탄한 근육질의 다리가 인상적이다.

루이 14세

근육질이다. 그런데 얼굴에는 주름이 선명하게 보인다. 이 그림에서 왕의 나이가 얼마로 보이는가? 그림을 그릴 당시 루이 14세의 나이는 64세였다. 얼굴만 현실을 반영한 모습이고 다리는 더 젊게 그려 넣은 것이라고 한다.

루이 14세는 외모에 관심이 많았다. 특히 다리를 아주 중요하게 생각했는데, 튼튼한 다리는 루이 14세의 자존심과 같았다. 그를 춤의 왕이라고도 부르는데, 취미가 발레였던 데서 비롯되었다. 소싯적에는 하루 2시간씩 꼬박꼬박 연습했다고 한다. 무대에도 종종 섰던 프로 발레리노로, 태양신 아폴론의 복장을 하고 공연한 걸로 유명해 '태양왕'이라는 별명이 생겼다고 한다.

그런데 맨 앞의 기록에서 살펴본 것처럼, 그림이 그려진 시기에는 왕의 건강 상태가 썩 좋지 않았음을 알 수 있다. 왕은 발의 통증 때문에 잠을 제대로 잘 수 없었고, 발이 부어서 신발도 제대로 신기 힘들 정도였다.

18세기 프랑스인의 평균수명이 25세 안팎이라고 하는데, 루이 14세는 77세까지 살았다. 오늘날로 치면 100세 이상 장수한 축에 속하는 것이다. 그런데 '병의 왕'으로 불릴 정도로 많은 질병을 앓기도 했다. 그 많은 질병 중에 무언가가 태양왕의 발목을 잡았다.

태양왕의 발목을 잡은 것은 ☐ 다.

베르사유 궁전의 저녁식사

17세기에 건축된 베르사유 궁전은 바로크 건축의 걸작이며, 부르봉 왕조의 권세를 상징하는 건물이다. 루이 13세의 사냥용 별장으로 처음 건축된 이 궁전은 루이 14세가 자신의 권력을 과시하기 위해 당대 최고의 건축가들인 루이 르 보Louis Le Vau와 샤를 르브룅Charles Lebrun, 앙드레 르 노트르André Le Notre를 고용해 증축하며, 지금의 화려한 모습을 갖췄다. 방만 무려 450개에 달하며 약 5,000명이 거주할 수 있는 규모에, 하늘에서 보면 완벽한 대칭을 이루는 정원도 갖췄다. 그중에서도 정점은 거울의 방으로, 일자로 걸었을 때 총

그림 2) 루이 14세의 강력한 왕권을 보여주는 베르사유 궁전. 그중에서도 거울의 방은 357개의 거울이 배치되어 있는 걸로 유명하다. (출처: commons.wikimedia.org)

루이 14세

241

거리가 73m 정도 되는데 그 길을 따라 커다란 창과 무려 357개의 거울이 배치되어 있다. 그야말로 '럭셔리 한도 초과'로 불리는 프랑스 최고의 궁전이다. 예술적인 면은 물론이고 건축, 기술 모든 면에서 당대에도, 지금도 최고를 자랑한다.

17세기 후반의 어느 날, 아침 8시에 벽시계가 울리고 침대 다리 밑에서 누군가가 깨어난다.

"폐하 일어나실 시간입니다"

침대 커튼을 젖히고 침전 시종이 왕을 깨우는 걸로 궁전의 하루가 시작된다. 사람들이 곧장 침실로 몰려와서 왕의 몸을 이리저리 마사지한다.

'기침을 좀 함.'

'열이 약간 있는 것 같다고 함.'

수석 의사와 외과의는 왕의 상태를 점검하며 일지를 적는다. 그 사이에 의상 담당이 잠옷 오른쪽 소매를 잡고, 수석 시종은 왼쪽 소매를 잡아 능숙하게 옷을 벗긴 뒤 내의를 입힌다.

30분 정도 지나면 다음 일행이 방 안에 들어온다. 이발사는 왕의 나이트캡을 벗기고 가발을 골라 잘 고정시킨다. 기분에 맞춰 의상도 고른다. 비단 스타킹이 붙은 짧은 바지에 다이아몬드가 박힌 빨간 하이힐을 신고 나면 침실을 나설 준비가 끝난다.

이제 침실의 문이 활짝 열린다. 문 앞으로 100명이 넘는 귀족들이 죽 늘어서 있다. 왕은 우아하게 겉옷을 날리며 아침 인사와 함께 사람들을 훑어본다. 그리고는 그중 한 사람을 선택한다. 왕의 선택을 받고 뛸 듯이 기뻐하며 따라나선 귀족들이 하는 일은 산책길에 왕에게 양산을 받쳐주는 것이다.

베르사유 궁전은 단순한 거주 공간이 아니라 일종의 '정치 무대'였다. 귀족들은 어떻게든 국왕의 곁에 머물기 위해 집을 떠나 베르사유로 들어오려고 했다. 450개의 방에 5,000명이 수용 가능한 어마어마한 규모인데도 베르사유는 항상 발 디딜 틈이 없을 정도로 북적거렸다. 궁정에 거주하고자 하는 귀족들은 서로 경쟁할 수밖에 없었다.

이런 경쟁은 루이 14세의 철저한 계산으로, 귀족들을 자신의 영향력 아래 두려는 전략이었다. 그래서 루이 14세를 게임의 왕에 비유하기도 한다.

왕궁에 들어서면 눈에 띄는 사람들이 있다. 이들은 모두 같은 옷을 입고 있는데, 파란색이나 빨간색 비단 재킷에 금색과 은색으로 장식된 화려한 옷이다. '쥐스토코르 아 브레베justaucorps á brevet'라고, 소위 '왕의 재킷'으로 불리는 이 옷을 루이 14세는 가장 총애하는 신하 50명에게만 주었다. 이 옷을 입으면 왕과 말도 타고 사냥도 갈 수 있었다. 너도나도 이 옷을 입고 싶어서 왕의 눈에 들기 위한 충성 경쟁을 펼쳤다.

애초에 루이 14세가 사냥용 별장을 화려한 궁전으로 증·개축한 이유가 귀족을 잔뜩 불러들여서 연회를 하기 위함이었다. 초대받은 귀족들은 웅장함과 화려함에 압도되었다. 왕의 권위가 피부로 느껴졌고, 그럴수록 왕의 총애가 더 절실해졌다. 입소문은 더욱더 퍼지고 경쟁은 점점 더 치열해진다.

게다가 루이 14세는 귀족을 평가해서 서열을 매기고 그에 걸맞는 금전적 보상과 명예까지 하사했다. 마치 하나의 거대한 게임판의 규칙을 짜고 게임을 감독하며 때로는 게임의 규칙을 무시하고, 아예 규칙을 바꾸기도 했다. 그래서 게임의 왕이라는 별명이 붙은 것이다. 이렇게 귀족들의 경쟁심을 이용하면서 왕은 귀족들을 통제하는 힘을 강화했다고 볼 수 있다.

왕의 초대에 늘는 이들이 가장 기다리는 시간은 저녁 10시였다.

"드디어 폐하의 식사를 보게 됐어! 빨리 가자!"

왕궁의 하이라이트인 식사 시간이었다. 일명 그랑 쿠베르Grand Couvert라고 하는 왕과 왕족들의 만찬이다. 식탁 주변에는 시종 40명이 대기하고 있다. 이 인원은 서빙만 하는 숫자이고 식사를 준비하는 인원은 무려 324명이나 되었다. 그런데 재미있는 것은 선택받은 귀족들이 식사를 함께하는 게 아니라 구경만 하는 것이다. 그들이 얻은 것은 참관의 기회였다.

왕이 손가락으로 신호를 보낼 때마다 접시가 계속 등장했다. 전채 요리에 이어서 닭고기, 오리고기, 멧돼지, 비둘기, 칠면조, 사슴고기, 토끼고기, 양고기, 생선, 과일, 디저트까지, 계절마다 다른 재료를 산지에서 직송된 신선한 상태로 요리에 사용한다. 메뉴도 화려하지만, 더 눈길이 가는 건 왕의 위대한 식사량이었다.

"들었어? 우리 왕은 하루에 닭을 50마리까지도 드신대…!"

"정말 위대한 분이지 않아?"

많이 먹는 것도, 하나의 능력처럼 보였다. 그럴수록 왕은 더 먹었다. 보란 듯이…. 아침을 18접시, 저녁은 30접시까지 먹었다는 소문도 있었다. 식사에는 음주도 빠지지 않았다. 왕은 특히 샴페인을 아주 좋아했다.

이런 식사가 매일같이 계속되면 어떻게 될까?

루이 14세를 괴롭힌 병의 후보가 많이 좁혀졌다. 힌트를 하나 제공하자면, 이 병 때문에 특정 가구를 애용하게 되었다.

루이 14세는 [   ] 가 달린 의자에서 생활했다.

왕은 늘 소화가 안 된다면서도 너무 잘 먹었다. 이것이 만성 장염으로 이어졌다. 당시 의사들은 이 병을 치료하기 위해 설사약을 처방했다. 그런데 궁전은 넓고, 화장실은 멀고, 공식 일정은 많았다. 왕이 화장실에 자주 갈 수 있었을까? 그래서 이 가구를 개발했다.

루이 14세는 **변기** 가 달린 의자에서 생활했다.

일하면서 앉은 자리에서 그대로 볼일을 본 것이다. 근데 원래 변기에 너무 오래 앉아 있으면 찾아오는 병이 있다. 치질이다.

현대인에게도 흔하디흔한 질병인 변비에 걸리지 않기 위해 고쳐야 할 생활 습관으로 가장 많이 지적되는 것이 바로 변기에 오래 앉아 있는 것이다. 특히 의사들은 최근에는 변기에 앉아서 스마트폰을 보는 습관을 버려야 한다고 강조한다. 변기에 오래 앉아 있으면 항문 주변의 정맥들이 압력을 받아 부풀어 오르면서 치핵이 생기거나 악화될 수 있다. 첫 번째 용의자가 방금 등장했다.

태양왕의 발목을 잡은 것은 | **치질** | 이다.

마취 없이 치질 수술을 이겨낸 왕

화장실에서 한창 볼일을 보는 중인 사람과 그 순간에 함께 일해야 한다면 어떨까? 민망함을 넘어 냄새는 어떻게 참아야 하나? 그래서 프랑스 귀족들은 향수를 애용했다. 왕이 배변하고 그걸 시종들이 치우는 동안 신하들은 손수건을 향수로 적셔서 코를 막고 있었다. 사실 향수가 발달하게 된 이유 중 하나가 바로 이것이다. 지금은 합성 향을 만들어서 가격이 저렴해졌지만, 과거의 향수는 모두 천연재료로 만들었기에 매우 비싼 사치품에 속했다. 그래서 아무나 살 수 없었지만, 귀족들이 모인 루이 14세의 궁전을 중심으로 프랑스에서 향수가 엄청나게 발달하게 된다.

참고로 왕에게는 배변 후 뒤를 닦아주는 시종도 있었다. 심지어 인기 직종이었다. 그도 그럴 것이, 사람이 볼일을 볼 때 안전에 가장 취약하기 때문이다. 이럴 때 뒤를 맡길 수 있는 것은 신뢰하는 사람뿐이다. 그래서 귀족들이 서로 이 역할을 맡으려고 다투기까지 했다고 한다.

루이 14세의 건강일지를 보면 변의 상태와 색깔, 얼마나 배출했는지, 심지어 개수까지 세서 적어뒀다고 한다. 그런데 그 기록을 보면 배변의 질이 그다지 좋지는 않았다. 늘 설사를 달고 살았고 변의 색깔도 건강과는 거리가 멀었다.

국가의 수장인 왕의 건강은 개인의 건강 문제를 넘어선다. 그래서 항상 철저하게 건강을 살펴야 했다. 지금처럼 엑스레이나 초음파, 혈액이나 소변 검사 등이 없었기 때문에 변을 검사하는 것은 그 시절 기본적인 건강검진에 해당했다. 그래서 조선에서도 왕은 아무데서나 매화틀을 대령하라고 해서 변을 봤고, 어의들이 그 변을 보고 왕의 건강을 유추하기도 했다.

1686년의 어느 아침, 강력한 왕권의 상징 루이 14세가 체념한 얼굴로 엎드린 채 누워 있었다.

"나는 괜찮으니 나를 왕으로 생각하지 말게."

48세의 왕이 참고 참다가 마침내 수술을 결심한 것이다.

항문에 종기가 생기나 싶더니 자꾸 커졌다. 승마를 그렇게나 좋아하던 왕이 말을 탈 수 없을 지경에 이르렀다. 정확한 병명은 치루였다.

항문에 생기는 모든 질환을 치질이라고 하는데, 치핵, 치열, 치루가 여기에 속한다. 치핵은 항문 안쪽 살이 빠져나온 것이고, 치열은 항문 입구에서 안쪽으로 찢어져 변을 볼 때 피가 나거나 아픈 증상이다. 치루는 항문 주변의 농양이나 항문선의 염증으로 고름이 터지면서 만들어진 샛길로 고름이나 분비물이 나오는 질환으로, 기본 적으로는 감염이나 염증에 의해서 생긴다. 기름진 음식을 많이 먹고 설사를 자주 할수록 악화되며, 심해지면 수술 외에는 치료할 방법이 없다.

치질은 역사가 오래된 병이다. '신의 말씀을 담는 상자인 성궤를 빼앗은 놈들은 치질에 걸려서 괴로워하라'는 저주가 있을 만큼 오래되고, 또 괴로운 질병으로 여겨졌다. 치질은 네발짐승은 걸리지 않으며, 인간만이 걸린다고 한다. 두 발로 걸을 때 항문이 아래로 쏠리기 때문에 치질에 걸리는 것이므로, 인류가 직립 보행을 하면서 발생했다고 볼 수 있다. 즉, 인류와 그 역사를 함께했다고 봐도 무방하다. 함무라비 법전에도 치질에 관한 언급이 있다. 그만큼 치료의 역사도 길다.

그리스의 히포크라테스는 직장경을 만들어 항문에 넣고 벌려서 거울에 보이는 치핵을 잘라보기도 하고 횃불로 지지는 방법을 쓰기도 했다. 나폴레옹도 치질 때문에 거머리를 붙이는 치료를 받았음을 앞서 살펴봤다. 근데 그때나 지금이나 손대기 싫고, 말하기도 어려운 게 항문 질환이다. 루이 14세의 치루는 꽤 심각해서, 계속 나오는 고름으로 인해 매일 두세 번씩 옷을 갈아입어야 할 정도였다.

왕은 한참이나 고통을 견딘 끝에 어렵게 수술을 결심한다. 수술을 오래 고민한 이유 중 하나는 마땅한 의사가 없기 때문이었다. 그 시절에는 제대로 된 외과의가 없었다. 당시 외과 의사들이 하는 일이라고는 뼈를 교접하거나 상처를 꿰매고 몸에 난 고름을 짜주는 정도였다. 수술이라기보다는 간단한 시술이었다. 게다가 이들은 하루는 상처를 꿰매고 다음 날은 사람들의 수염을 깎고 머리카락을 잘랐다. 외과 의사가 보통 이발사를 겸업했던 것이다. 이발소의 삼색등 빨간색, 파란색, 흰색이 각각 동맥, 정맥, 붕대를 뜻한다고 한다. 즉 이발사가 곧 외과 의사였던 시절이다.

중세를 거쳐 근대 초기까지 왕실이나 귀족들의 주치의는 다 내과 의사였다. 세균이나 미생물, 감염 같은 개념이 없었을 때라서 기구 소독도 제대로 하지 않았기에 칼을 대면 죽는 사람도 많았다. 그러니 외과 의사에 대한 평판도 좋지 않았다. 그런 시절에 왕이 외과 의사에게 수술을 받는다는 건 엄청난 일이었다.

왕실은 열심히 수소문한 끝에 한 이발사를 점찍는다.

"왕의 병이 심각하네. 하지만 이번 수술만 잘 끝내면 자네 앞날은 보장되네. 할 수 있겠나?"

이 큰일을 맡게 된 사람은 샤를 프랑수아 펠릭스Charles-François Félix였다. 펠릭스는 한 가지 조건을 건다. 6개월만 시간을 달라는 것이었다. 그리고 6개월 동안 펠릭스는 모든 일을 마다하고 연습에 돌입한다. 왕의 항문에 칼을 대기 전에 일반인을 대상으로 연습을 하는데, 기록에 따르면 이 과정에서 희생된 인원이 무려 75명에 이른다. 밤마다 사람들이 강제로 잡혀 온 것이다.

드디어 결전의 날, 펠릭스의 손에는 그가 개발한 수술 도구가 들려 있었다.

치루는 쉽게 말해 항문 이외의 구멍이 생긴 것인데, 그 구멍이 어디로 이어져 있는지 눈으로 봐서는 알 수가 없기에 구멍이 난 길을 찾기 위해 개발한 도구다. 끝부분이 잘 휘어지는 탐침의 형태라 정확히 어느 부위를 절개해야 할지 이 도구로 찾고 나서 절개하는 것이다. 절개한 후 고름을 제거하고 새살이 차오르게 한다. 치루는 현대에도 쉽지 않은 수술이다. 당시로서는 치료법도, 도구도 아주 혁신적이었다.

수술 당일 루이 14세의 가족, 총리, 가톨릭 신부까지 여러 사람이 궁정에 모였다. 펠릭스는 떨리는 손으로 자신이 개발한 도구를 들고 왕의 엉덩이로 향한다. 마취나 소독 같은 전처리작업은 없었다. 수술에 마취제가 쓰인 역사가 길지 않아 그때만 해도 마취의 개념이 없었기 때문이다. 따라서 통증을 그대로 참아 넘기거나, 머리를 때려서 기절시키거나, 술을 마시게 했다.

예부터 안데스산맥 근처에서는 통증을 줄이는 데 코카잎을 썼다. 또 17세기에 유럽에서는 아편이나 라우다눔, 즉 알코올에 녹인 아편을 진통제로 사용했다. 이는 마취라기보다는 그냥 잠시 기절시키는 쪽에 가깝다. 진통 효과는 크지만 아편이 호흡을 억제하는 작용을 하기 때문에 다시 깨어나지 못할 수도 있었다.

1784년, 존 헌터John Hunter라는 영국 의사는 환자의 팔다리에 지혈대를 꽁꽁 감는 방법을 사용했다. 신경을 압박해서 마비시키는 것이다. 그런데 이때 지혈된 부위가 괴사할 수 있다.

한편 18세기 말에 활동한 영국의 의사 로버트 리스턴Robert Liston 은 최대한 빨리 끝내는 전략을 쓴다. 아픔이 오래 지속되지 않도록

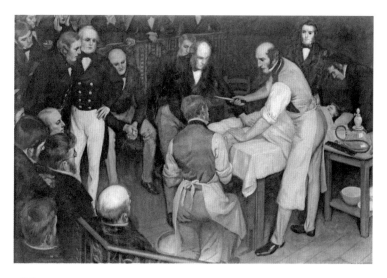

그림 3 로버트 리스턴의 수술 장면. 마취 기술이 없던 시대에 리스턴은 누구보다 빠르게 환부를 절단하는 기술로 유명했다.

가장 빠른 속도로 수술을 끝내는 것이다. 그는 팔이나 다리를 절단하는 데 평균 1~2분 정도밖에 걸리지 않을 만큼 정신없이 칼을 휘둘렀다고 한다. 얼마나 서둘렀으면, 환자의 다리를 절단하다가 보조하던 사람의 손가락까지 자르는 일도 있었다. 이 사례에서 결국 환자와 보조자 모두 패혈증으로 사망했다고 한다. 칼을 갈무리하는데 옆에서 구경하던 사람의 옷이 쓱 베여서 심장마비로 또 한 명이 사망했다. 수술 한 번에 세 사람이 사망한 사망률 300%의 수술이었다.

그러니 누가 수술을 받으려고 할까? 그래서 18세기 의사들은 환자의 비명을 들으면 마음이 약해질까 봐 귀마개를 하고 수술실에 들어갔다고 한다.

이런 모든 두려움을 극복하고 진행한 루이 14세의 수술은 성공을 거두었다. 그 후로 의학의 역사가 바뀌었다. 루이 14세는 수술에서 완전히 회복되고 나서 새로운 법을 제정한다.

이발사와 외과 의사의 업무를 분리했으며, 외과 대학을 신설하고 외과 강의를 만드는 법이었다. 이때부터 '외과의'라는 직업을 그 자체로 인정하게 되었다. 프랑스 왕립 아카데미에는 펠릭스의 초상화가 걸렸고, 펠릭스는 큰 상금과 집을 하사받았다. 그 뒤로 펠릭스에게 치루 수술을 요청하는 사람들이 몰려들었다. 가난한 이발사에서 명의로 인생 역전을 이룬 것이다.

치질 수술에 성공한 루이 14세는 그 후 약 30년을 더 장수하다 사망했다. 사후 부검 결과에 따르면 왼쪽 몸의 조직 전체에 괴저가 나타나 왼쪽 머리끝에서 발끝까지 검게 변해 있었다고 한다.

도대체 루이 14세에게 무슨 일이 있었던 걸까?

루이 14세를 따라다닌 온갖 질병

1715년 8월의 어느 날, 루이 14세는 며칠째 꼼짝을 못하고 있었다. 발이 너무 아파서 침대에서 일어날 수가 없었다. 밥도 침대에서 먹어야 할 정도였다. 발에 검은 반점이 생기더니 며칠 뒤에는 다리까지 번졌다. 그리고 며칠 뒤 왕은 갑자기 세상을 떠난다.

그 당시 부검 기록을 살펴보면, 왕의 병이 시작된 왼쪽 허벅지 안쪽은 모든 부분이 완전히 괴사되어 있었다. 왼쪽 발끝에서 머리 꼭대기, 목구멍의 모든 근육에까지 괴저가 있었다. 몸은 팽창하고 부푼 상태였고 위가 매우 컸다.

괴저란, 감염이나 혈관 질환, 외상 등으로 손상된 부위에 혈액 공급이 차단되면서 세균이 자라 생체 조직이 괴사하는 걸 말한다. 혈액이 제대로 통하지 않아서 특정 부위가 썩는 것인데, 발이 괴사되는 것은 당뇨병의 대표적 증상이다. 즉, 당뇨발의 가능성을 생각해 볼 수 있다.

당뇨발이란 당뇨병으로 인한 합병증인 당뇨병성 족부병증이다. 당뇨병은 혈액 속의 포도당을 처리하는 호르몬인 인슐린이 부족하거나 제대로 기능하지 않아 혈액에 포도당이 많아지는 병이다. 이를 '혈당이 높다'고 표현하는데, 혈당이 높아지면 혈관 내피세포 기능이 저하되고 혈관 투과성이 증가되어 혈액 성분이 새어 나오기도 하며, 또 모세혈관이 고혈당에 의해 점도가 높아져 혈액 공급이 어려워지기도 한다. 인체 말단에 속하는 손과 발은 모세혈관이 많은데 피가 잘 공급되지 않으면 신경에 문제가 생기고 감각이 점차 떨어진다. 그로 인해 상처에도 둔해지고, 발에 상처라도 생기면 자기도 모르는 사이에 세균에 감염되면서 조직이 서서히 괴사한다. 이 상처를 제대로 치료하지 못하면 발이나 다리를 잘라야 하는 사태에 이르기도 한다.

당뇨 환자들은 너무 뜨거운 물에 오래 들어가 있거나 해변을 맨

발로 걷는 것도 피해야 한다. 감각이 떨어진 상태여서 다친 줄 모르기 때문이다. 그렇게 감염이 되면 정말 심각한 상황에 빠질 수 있다. 루이 14세 역시 당뇨병이 발부터 잠식했을 수 있다.

태양왕의 발목을 잡은 것은 　**당뇨**　 다.

루이 14세는 대식가이기도 하지만 엄청난 미식가로 알려져 있다. 특히 손에서 놓지 못하던 간식이 바로 초콜릿이었다고 한다. 그중에서도 뜨끈하게 녹여서 마시는 걸 엄청나게 좋아했다. 온종일 사탕이나 초콜릿을 달고 사는 것도 모자라 잠자리에 누워서도 초콜릿을 먹었다. 초콜릿뿐만이 아니었다. 설탕에 절인 과일 같은 간식을 먹으면서 잠들었다고 한다. 당연히 충치도 많았다.

그 시절 충치의 치료법은 뽑는 것밖에 없었다. 충치가 너무 심해 결국 위턱의 치아 하나만 빼고 모두 뽑기로 한다. 그런데 발치하다가 입천장에 구멍이 나고 말았다.

코의 양 측면에 상악동이라는 공간이 있는데, 이 공간과 윗니 사이가 무척 얇다. 그래서 치과에서는 치아 임플란트를 하기 전에 축농증이 있는지 먼저 살펴본다. 축농증이 있는데 함부로 이를 뽑으면 염증으로 약해진 입천장에 구멍이 뚫릴 수 있기 때문이다. 루이 14세의 이가 심하게 썩었다면 턱뼈까지 침범했을 가능성이 크니 그 주변이 더 약했을 것이다. 그래서 구멍이 뚫렸을 것이다.

잇몸을 뜨거운 쇠로 열네 번이나 지졌는데도 뚫린 구멍은 수습되지 않았다. 그 후로 왕은 와인을 마시다 코로 쏟기도 하고, 며칠 전에 먹은 음식 건더기가 코로 나오기도 했다. 대단한 건, 그런 상황에서도 식욕은 줄지 않았다는 사실이다. 음식 인문학자 로익 비에나시스에 따르면 치아가 거의 없었음에도 루이 14세가 구운 고기를 먹는 모습을 본 이들이 다수 있었다. 그들은 이 장면을 기록으로 남겼다.

이런 내용을 종합해보건대, 루이 14세의 발목을 잡은 것은 당뇨가 아니었을까?

그 밖에도 많은 후보가 있다. 루이 14세는 77세까지 장수한 만큼 온갖 병을 앓았다. 9살에 천연두, 15살에 유방 종양, 17살에 임질, 22살에 이질, 24살에 홍역, 47살에 치루, 48살에 말라리아, 만성 편두통, 소화 불량, 피부열, 현기증….

이렇게 많은 병을 앓으면서 머리카락도 거의 다 빠졌다. 그래서 루이 14세는 가발에 더 집착했다고 한다. 중요한 것은 그가 이 모든 질병을 극복했다는 것이다. 치루 수술에서도 살아남고 이를 다 뽑고도 식사를 잘하는 왕을 보고 사람들은 더욱 경외했다. 그 시절에 장수는 권력이자, 왕을 신격화하는 수단이었다. 이른 나이에 사망하는 사람들이 워낙 많으니까 오래 사는 것 자체가 비범한 능력이 된 것이다. 덕분에 루이 14세를 향한 충성도는 하늘을 찌를 듯했다.

많은 병을 이겨낸 루이 14세였지만 종내에는 무릎을 꿇고 만다. 춤의 왕인 그에게서 걸음을 뺏은 것은 치질도, 당뇨도 아니었다. 이 병의 증상을 묘사할 때 '바람만 스쳐도 아프다'고들 말한다.

태양왕의 발목을 잡은 것은 　통풍　이다.

　치질의 괴로움에서 겨우 벗어난 루이 14세를 30년 동안 괴롭힌 병은 바로 통풍이었다. 40대에 시작된 통풍은 죽을 때까지 루이 14세를 따라다녔다.

　통풍의 역사는 무척 길다. 앞서 치질의 역사가 인류의 역사와 함께했다고 말했지만, 통풍의 역사는 이보다 훨씬 앞선다. 약 6,700만 년 전 백악기에 살았던 공룡 티라노사우루스도 통풍에 걸렸다고 한다. 공룡학자들이 미국 사우스다코타주에서 발견한 티라노사우루스 렉스의 표본을 검사했는데 앞발 쪽 뼈에서 통풍 상해가 발견되었다고 한다. 이후 박물관에 있는 또 다른 티라노사우루스에서도 마찬가지로 통풍성 발가락뼈를 확인했다.

　통풍의 별명이 실제로 '왕의 병'이다. 왕들이 많이 걸렸기 때문이다. 영국의 헨리 8세Henry VIII, 신성로마 제국의 카를 5세Karl V, 그리고 프랑스의 루이 14세도 대표적인 통풍 환자였다. 왜 왕들이 유독 통풍에 걸렸을까?

　통풍의 원인은 식습관으로 알려져 있다. 특히 기름진 식사와 술이 치명적이다. 헨리 8세는 일주일에 와인을 33ℓ나 마신 걸로 유명하다. 봉건국가에서 고기에 술을 실컷 먹을 수 있는 사람이 얼마나 되겠는가. 그래서 통풍을 왕의 병, 부자의 병이라고 하지 않았을까?

　세종대왕도 통풍을 앓았다는 이야기가 있다. 조선시대의 상차림은 반찬의 가짓수에 따라 3첩, 5첩, 7첩, 9첩 등으로 나뉘는데 임금

만이 12첩 반상을 받았다. 가장 풍성한 음식으로 구성된 수라를 세종은 하루에 네 번이나 받았다고 한다. 그중에서도 특히 좋아하는 게 있었다.

> 육식을 유난히 좋아했으며, 몸도 뚱뚱했다. 상왕으로 물러난 아버지 (태종)가 "제발 운동 좀 하시라"고 신신당부할 정도였다.
>
> —〈세종실록〉

세종은 밥상에 고기가 없으면 수저를 들지 않았다. 오죽하면 아버지인 태종이 유언으로 자신의 상중에도 세종에게는 고기를 먹이라고 남겼다고 전한다.

통풍은 단백질의 찌꺼기인 요산이 다 배출되지 못하고 몸속에 쌓여서 생기는 병이다. 요산이 관절에 달라붙으면 백혈구가 요산을 외부 침입자로 생각해 공격하면서 염증 반응이 나타난다.

요산 결정을 현미경으로 보면 날카로운 바늘 모양으로 생겼다. 이것이 관절에 달라붙어서 통증이 일어난다. 엄지발가락, 발목, 무릎 관절 쪽에 엄청난 통증이 오다가 며칠 지나면 괜찮아진다. 그러다 어느 날 갑자기 통증이 다시 시작되는 것이다. 바늘로 관절 사이사이를 콕콕 찌르는 느낌이라고 하는데, 고통이 얼마나 심한지 옷의 무게조차 견디기 힘들다는 말이 있다. 누가 움직이기만 해도 그 진동 때문에 통증이 전해져 비명을 지르기도 한다.

통풍으로 죽을 수도 있을까?

통풍 때문에 고생한 유명인 중에 빼놓을 수 없는 사람이 있다. 100달러 지폐의 주인공, 벤저민 프랭클린Benjamin Franklin이다. 미국의 독립 전쟁을 끝내고 독립선언서와 미국 헌법에 서명한 미국 건국의 아버지, 그리고 피뢰침을 발명하는 등 과학자로서도 업적을 남긴 셀럽 중의 셀럽이다.

그의 통풍 이야기는 부인으로부터 시작한다. 1780년의 어느 날 밤에, 프랭클린은 발을 부여잡고 잠에서 깨어난다.

"도무지 잠을 잘 수가 없군!"

부인이 발을 꽉꽉 깨무는 통에 좀처럼 다시 잠들 수 없었다. 프랭클린은 결국 이렇게 외친다.

"제발 나를 떠나주세요, 부인!"

부인의 이름은 마담 고트madam Gout, 바로 통풍이다. 프랭클린은 통풍으로 꽤 오래 고통받았다. 너무 괴로워 잠을 못 이루던 어느 날 밤, 글을 쓴다. 이름하여 〈통풍과의 대화〉라는 극본이다.

(프랭클린)　내가 무슨 짓을 해서 이렇게 잔인한 고통을 받아야 하지?

(통풍)　당신은 너무 자유롭게 먹고 마셨어요. 과하게 아침을 먹고 저녁도 먹고…. 그럴 때 상식이 있는 사람이라면 산책을 할 만도 한데, 당신은 체스를 두느라 산책도 안 했죠! 그래서 전 오늘도 있고, 내일도 있을 거예요!!

(프랭클린) 너무 잔인해! 어떻게 내 고통을 더 늘리려는 거야? 악마 같은 부인! 통풍!

약 245년 전에 쓰인 글 속에 통풍에 대한 정확한 이해가 담겨 있다. '자유롭게 먹고, 운동을 안 했다.'

프랭클린 역시 고기를 아주 좋아했다. 아침식사는 죽, 빵과 버터, 설탕, 꿀, 커피와 초콜릿을 먹었고, 저녁은 소고기나 양고기 요리, 갈비, 구운 비둘기, 과일, 치즈, 비스킷 등으로 화려한 식단을 차려 먹었다. 프랭클린의 애장품이 두 가지 있는데, 바로 마차와 체스였다. 이동은 늘 마차로 했고 취미는 체스였기에 앉아 있는 시간이 길었다. 게다가 많이 먹으니 몸은 갈수록 비대해졌다. 또 평소에 와인을 매우 즐겼다. 와인 저장고에 300병이 넘는 와인을 두고 끼니마다 두 병 정도씩 마셨다고 한다.

벤저민 프랭클린은 명언을 많이 남기기도 했다.

"뭉치면 살고, 흩어지면 죽는다United we stand, divided we fall"는 말도 프랭클린이 가장 먼저 했다고 알려져 있다. 그런데 식사에 관한 명언도 많이 남겼다.

"배부르지 말고 취하도록 마시지 말라!"

"과식은 모든 악의 어머니다!"

"먹기 위해 살지 말고 살기 위해 먹어라!"

구구절절 옳지만, 프랭클린 본인의 식습관과는 거리가 먼 말들이다. 절제는커녕 그는 많이 먹고 마셨다.

(그림 4) 요셉 뒤플레시스Joseph-Siffred Duplessis가 그린 벤저민 프랭클린 초상화로, 100달러 지폐에서 볼 수 있다. 프랭클린 역시 통풍으로 고생한 셀럽이다.

1776년 12월, 프랑스 파리의 한 항구에 도착한 배에서 갈색 정장에 모피로 만든 모자를 쓴 남자가 내린다. 벤저민 프랭클린이었다. 영국으로부터 독립하려는 미국의 목표는 "자유가 아니면 죽음을 달라!"는 패트릭 헨리Patrick Henry의 연설처럼 목숨을 걸어야 하는 일이었다. 당시 영국의 군대는 세계 최고 수준이었기에 미국에 승산이 없었다. 미국의 유일한 희망은 영국의 라이벌인 프랑스와 동맹을 맺는 것뿐이었다. 그 시절 프랑스는 루이 16세가 집권하고 있을 때로, 군대가 여전히 막강했다. 이 프랑스를 미국 편으로 끌어들이기 위해 프랭클린이 나섰다. 그가 나선 데는 이유가 있었다.

"어머! 저 사람이 벤저민 프랭클린?"

"역시 천재는 외모부터 달라!"

당시 프랭클린은 그야말로 국제적인 셀럽이었다. 1752년에 전 세계를 발칵 뒤집는 발표를 했기 때문이다.

"번개는 전기입니다!"

지금은 당연한 상식이지만, 프랭클린이 이 말을 하기 전까지 번개는 신의 분노로 여겨졌다. 번개 때문에 집이 불타도 끄지 않았을 정도였다. 벤저민 프랭클린은 정치인이면서 작가이자 과학자, 발명가, 외교관이기도 했다. 그야말로 못 하는 게 없는 팔방미인이었다.

그런 능력자의 노력으로도 동맹은 쉽게 성사되지 않았다. 프랑스에 도착한 지 1년이 되도록 협상은 지지부진했다. 그러던 중에 통풍 발작이 시작된다. 너무 아파서 닷새나 방 밖으로 나가지 못하고 있을 때 프랭클린의 방을 찾은 사람이 있었다. 프랑스의 외무장관 샤를 그라비에 베르젠 백작Charles Gravier, comte de Vergennes이었다.

통풍을 앓고 있던 베르젠 백작이 프랭클린의 통풍 소식을 듣고 병문안을 온 것이다. 겪어본 사람만 아는 고통이기에 둘은 급격히 가까워졌고, 결국 프랑스와의 동맹 조약이 체결되었다.

좀 과장해서 "미국 건국의 아버지는 루이 16세다"라는 말도 생길 만큼, 미국의 독립에 프랑스의 지원이 컸다. 그 일을 해낸 게 프랭클린, 어쩌면 프랭클린의 통풍이었을 수도 있다는 것이다. 그리고 그

때 얻어낸 지원금이 지금으로 따지면 10조 원도 넘을 정도이니, 프랭클린을 미국 건국의 아버지라 할 만하다.

장수한 벤저민 프랭클린은 84세에 흉막염 발작으로 사망한다. 흉막에 염증이 생긴 것인데, 식습관을 바꾸지 못해 체중이 늘고 말년에는 여러 대사증후군을 앓았다고 한다. 그는 죽기 전에 이런 말을 남겼다.

나는 통풍이 질환이라기보다는 치료법이지 않을까 생각한다. 통증이 가시고 나면 매번 나는 건강을 되찾고 정신력이 강해지는 걸 느끼기 때문이다.

역사가 오래된 만큼 통풍의 치료법 또한 시대를 달리하며 다양하게 등장했다. 말똥을 피부에 바르거나, 사람 뼈를 끓여 마시고, 새끼 고양이를 삶아서 먹기도 했다. 통풍이 관절의 통증으로 나타나는데 고양이의 관절이 유연하니 삶아 먹으면 관절에 좋겠다고 생각한 것이다. 그 외에도 개구리를 끓인 물로 통풍을 치료할 수 있다고 믿거나 수액이 흐르는 시기에 포플러나 떡갈나무에 통풍 환자의 머리카락과 손톱을 넣으면 나을 거라는 미신적인 믿음도 있었다. 온천수가 통증을 완화해준다는 말에 부유한 통풍 환자들을 위한 값비싼 휴양지가 생겨나기도 했다.

하지만 제대로 된 치료제가 개발된 것은 비교적 최근의 일이다. 통풍의 원인이 요산의 축적이라는 걸 19세기에 들어서야 알게 되었기 때문이다. 지금은 알로푸리놀 같은 요산 저하제가 나오지만, 그렇더라도 통풍을 근본적으로 예방하려면 식생활 개선이 가장 중요하다. 유전적으로 고요산혈증에 잘 걸리는 사람들이 통풍에 노출되는 경우도 있는데, 그들 또한 식습관을 개선해서 통풍의 위험을 줄일 수 있다.

그런데 요즘에는 식습관으로 인해 젊은 당뇨가 늘면서 같은 이유로 젊은 통풍도 늘고 있다. 인슐린 저항성이 올라가면 인슐린이 상대적으로 많이 분비된다. 이렇게 분비된 인슐린이 신장에서 요산의 재흡수를 증가시킨다.

송정수 중앙대학교병원 류머티즘 내과 교수는 "보통 붉은 고기와 맥주만 위험하다고 알고 있는데, 종류에 상관없이 모든 알코올이 위험하고 육류보다 인공과당이 훨씬 더 위험하다"고 설명한다. 송교수는 "특히 인공과당의 위험성은 알코올과 똑같다"고 경고했다. 알코올과 인공과당이 소변으로 빠져나갈 요산을 재흡수시키기 때문이다.

통풍은 처음에 단순 관절 질환으로 오인해 치료가 늦어지는 경우가 많다. 증상이 나타나면 빨리 병원을 찾는 게 중요하고, 한번 약을 먹기 시작하면 증상이 없더라도 꾸준히 먹어야 치유가 되는 병이다.

벤저민 프랭클린과 달리 루이 14세에게 통풍은 절망이었다. 모진 치질 수술까지 견뎌냈지만 결국 통풍 때문에 주저앉게 된다. 주치의의 건강일지에 남아 있는 기록들을 좀 더 살펴보자.

- 1688년 11월 21일: 왼쪽 발의 통풍 때문에 지난밤에 전혀 주무시지 못했다.
- 1696년 5월: 통풍으로 인해 왕은 평범한 구두조차 신을 수 없었다.
- 1701년 3월 9일: 왕의 발, 특히 왼쪽 엄지발가락에 통풍이 왔다. 9일에서 10일 밤은 불안하게 지나갔다. 왕은 통증에 못 이겨 잠에서 깼고 발과 다리가 붉은색으로 변해 퉁퉁 부어올랐다. 왕은 사흘간 들것에 실려 미사를 보러 갔다.

통풍은 왕의 발을 꽁꽁 묶어버렸다. 휠체어에서 지내는 시간이 길어졌고 침실 문이 활짝 열리던 아침 기상 의례도 생략되었다. 앞서 살펴본 시아신트 리고의 초상화는 1700년에 그려진 것이다. 주치의의 기록으로 유추해보면 그때 왕은 하이힐은커녕 구두조차 신을 수 없는 상태였다.

프랑스의 역사학자 스타니스 페레즈Stanis Perez는 초상화를 그릴 당시의 루이 14세가 화가를 위해 서 있는 자세를 취할 수 없는 상태였을 것이라고 말했다. 즉 화가가 왕의 얼굴 부분만을 모델을 보고 그린 뒤에 몸과 장식들은 상상화로 그렸다는 것이다.

왕은 통풍을 앓으면서 우울증까지 겪었다. 무대를 누비며 춤을 추던 시절은 온데간데없고, 침대에 누워 있기만 하는 신세를 받아들이기 쉽지 않았을 것이다. 결국 왕을 죽음으로 내몬 건 통풍이 아니었을까?

통풍이 왕의 발에 나타난 괴저를 일으켰느냐는 질문에 송정수 교

그림 5 발레 공연을 하는 루이 14세의 초상화. 루이 14세가 태양왕의 별명을 얻은 것은 이 공연에서 태양신 아폴론으로 분장해 춤췄던 이력 때문이다.

루이 14세

수는 그럴 가능성은 적다고 설명했다. 다만 통풍의 합병증으로 동맥경화가 올 수도 있는데 그 결과 혈관이 막히면서 괴저가 일어날 가능성은 충분하다고 덧붙였다.

과잉 진료의 의혹

마지막 용의자가 남아 있다.

태양왕의 발목을 잡은 것은 주치의들 이다.

왕의 의사들은 왕이 배변을 얼마나 하는지까지 세면서 매일 건강 일지를 작성하는 사람들이다. 왕의 건강이 주치의들의 목숨과 다름없었기 때문이다. 왕만 바라보던 주치의들이 어쩌면 태양왕의 발목을 잡은 주범이었을지도 모른다.

루이 14세에게는 즉위 이래 총 세 명의 주치의가 있었다. 그리고 이 시대에 가장 많이 사용한 치료법은 사혈과 관장이었다. 몸 안의 나쁜 걸 밖으로 빼내서 몸을 정상화시킨다는 원리다. 그런데 이 시대의 사혈이 체했을 때 손가락 따는 수준이 아니다. 칼로 몸을 한 군데 째서 접시에 피를 받아낸다. 건강에 큰 문제가 없을 때조차 몸에 좋은 거라고 의식처럼 뽑아내기도 했다. 루이 14세는 평생 사혈을 100번도 넘게 했다고 한다.

게다가 관장은 2,000번도 넘게 했다. 관장할 때는 가재 껍데기 가루, 말린 독사, 타닌, 말똥 같은 수상한 것을 잔뜩 섞어서 주사기에 담아 항문에 찔러 넣었다. 관장할 때마다 많게는 하루에 18번씩 변기로 향했다. 대야가 가득 차도록 피를 토하기도 했다. 왕의 주치의 중 한 명인 앙투안 다캥Antoine d'Aquin은 매우 독특한 건강이론을 갖고 있었다.

'건강하게 살고 싶다면 목욕을 절대 하지 마라.'

'병의 근원은 치아에 있다.'

'장이 깨끗하게 비어 있으면 평생 소화기관 걱정할 필요가 없다.'

'설사는 만병통치의 근본이다.'

다캥은 이 이론에 따라서 왕의 치아를 모두 뽑고 관장과 사혈을 시도 때도 없이 진행했다. 이런 치료를 모두 견딘 왕의 몸이 멀쩡했을까? 왕의 생애에서 겪은 질병과 치료법들이 오히려 왕이라서 견뎌야 했던 면이 있는 것 같아 씁쓸하다.

일생을 과시하고 모든 사람에게 중계되는 삶을 살았던 왕은 본인의 죽음을 예상하고, 미리 유언을 남긴다.

"짐은 궁정인들 사이에서 살아왔다. 이제 그들 사이에서 죽고 싶다. 그들은 평생 나와 동고동락했으니, 그들로 하여금 내가 가는 모습도 지켜보게 함이 옳을 것이다."

의연하고 담담한 모습이었다. 그러고는 왕위를 물려받을 증손자를 포옹하며 다음과 같은 말을 전했다.

"건축물에 탐닉했던 짐의 취향을 닮지 마라. 전쟁을 좋아하는 짐도 닮지 말아라. 백성의 짐을 덜어주려고 노력해라. 애석하게도 짐은 그러지 못했느니라."

마지막은 루이 14세를 상징하는 매우 유명한 그 말이었다.

짐은 이제 죽는다. 그러나 국가는 영원하리라.

9

얄타 회담 저주의 비밀

이오시프 스탈린

Иосиф
Виссарионович
Сталин

1878. 12. 18. ~ 1953. 3. 5.

1953년 3월 1일, 모스크바 외곽의 어느 숲속 별장.

어느덧 날이 어둑어둑해지는데도 별장 주인의 방에서는 인기척이 없었다. 불안한 기운을 느낀 경호원은 결국 우편물을 핑계로 방에 들어간다. 그런데 침실에는 아무도 없었다.

"이 방이 아니었나?"

경호원이 다른 방의 문을 열었지만, 그곳에도 없다. 경호원은 한참 동안 이 방, 저 방을 헤매고 다녔다. 별장 안에 비슷한 방이 여러 개 있었고, 주인은 종종 방을 옮겨가면서 잠을 잤다.

몇 개의 방을 돌고 나서 경비원은 마침내 주인을 찾아냈다. 하지만 경비원은 더 사색이 된다. 주인이 쓰러져 있었던 것이다. 조심스레 다가가 보니 아랫도리가 축축하게 젖어 있다. 놀란 경호원이 급히 관계자에게 이 사실을 보고했다. 그리고 얼마 뒤 사람들이 속속 별장에 도착한다.

그런데 그들 모두 쓰러진 별장 주인을 조용히 지켜볼 뿐, 아무도 의사를 부르지 않는다.

세 남자의 죽음에 관한 평행이론

1945년, 제2차 세계 대전이 한창인 어느 날, 크림반도의 한 궁전에 세 남자가 모였다. 미국의 프랭클린 루스벨트, 소련의 이오시프 스탈린Joseph Stalin, 영국의 윈스턴 처칠Winston Churchill. 첩보 작전을 방불케 했던 세 정상의 만남이 기적적으로 이루어진 것이다.

그런데 그 후 기이한 일들이 벌어진다. 전쟁 종식을 앞둔 어느 날, 미국의 루스벨트 대통령이 사망하고, 뒤이어 스탈린, 처칠도 유사한 질병으로 목숨을 잃었다.

평행이론 같은 세 남자의 죽음, 그 안에 숨겨진 미스터리는 무엇일까?

그중에서도 스탈린의 죽음이 가장 미스터리했다. 그는 사망 전까지 건강에 아무런 문제가 없어 보였다. 사망 전날인 2월 28일에도 별장에서 부하들과 파티를 즐겼다.

모스크바 외곽에 자리 잡은 그의 별장은 숲의 규모가 24만m²에 달했다. 서울의 대규모 아파트 단지에 해당하는 크기로, 이곳의 사용인만 100명이 넘었고 지하에는 비밀 벙커까지 있었다. 사방에는 높은 울타리로 둘러싸여서 마치 요새처럼 보였고, 24시간 별장을 지

그림 1   얄타 회담이 열린 리바디아 궁전에서 영국, 미국, 소련의 세 정상들이 미소 짓고 있다. 이들은 이후 유사한 질병으로 차례차례 목숨을 잃는다.

키는 무장 경호 인력만 300명 이상이었다.

하지만 이 경호 인력들은 다음날 오후가 되도록 스탈린을 깨우지 못했다. 밤새도록 놀다가 아침에 겨우 잠들었는데 괜히 깨웠다가 불호령을 맞을까 겁이 났다.

이오시프 스탈린은 히틀러의 영원한 맞수, 피의 숙청을 벌인 소련 최악의 독재자로 유명하다. 그의 대표적인 별명은 '인간 백정'이었다. 이 별명이 그냥 붙은 게 아닐 만큼, 공포 통치로 소련의 자국민 수천만 명을 희생시킨 잔혹한 폭군이었다. 1930년대 대기근이 일어났을 때는 소비에트 연방에 속한 다른 나라들로부터 식량을 징발함으로써 식량을 빼앗긴 나라들에서 엄청난 수의 사람들이 굶어 죽게 만들었다. 우크라이나에서 영유아 포함 300만 명이 사망한 홀로도모르, 카자흐스탄 기근, 대숙청 등 스탈린 집권 시절에만 무려 2,000만 명 이상의 사람들이 사망했다고 추정된다.

그래서일까? 독재자 스탈린은 항상 누군가가 자신을 죽일지도 모른다는 두려움을 갖고 있었다. 독살을 두려워해서 요리사나 경호원에게 음식을 미리 먹게 하고 주변 사람들의 전화나 서신도 철저하게 검열했다고 한다. 심지어 대역도 종종 썼다. 그의 이런 걱정은 허상이 아니었다. 그가 쓰러졌던 그해 초에 소련의 일부 의사들이 정부 주요 요인들을 살해하려다가 발각되는 일이 실제로 있었다.

'교수와 의사로 위장한 비열한 스파이와 살인자들'
수사 결과, 이 테러리스트 그룹은 고위 공직자들에게 의도적으로 잘

못된 치료를 제공하고, 그들의 생명을 단축하는 방식으로 음모를 실행하려 했음이 밝혀졌다. 또한 이들은 (…) 많은 환자들에게 고의적이며 위험한 의료 행위를 저질렀다.

〈프라우다Pravda〉 1953년 1월 13일

그들은 서방에 포섭된 스파이로 밝혀졌다. 관련된 의사들이 줄줄이 체포되었고 누가 어떻게 연루돼 있는지도 모르는 상황이었다. 스탈린이 쓰러졌을 때 의사를 부르지 않은 것도 이 때문이었다. 함부로 의사를 부를 수는 없었다.

"제가 확인해보겠습니다"

한 명이 용기를 내 조심스럽게 스탈린에게 다가가는가 싶더니, 얼마 후 이렇게 말한다.

"수령께선 주무시고 계십니다"

그들은 안심하고 그대로 물러갔다.

그런데 나흘 뒤에 스탈린의 사망이 발표된다. 공식적으로 발표된 사인은 뇌출혈이었다. 기록물을 연구하는 역사가들 사이에서는 이런 소문이 심심치 않게 퍼지기 시작한다.

"스탈린은 독살당했다!"

권력자들의 갑작스러운 죽음에 종종 따라다니는 독살설을 스탈린도 피해 가지는 못했다. 스탈린을 죽였다고 의심되는 독은 '와파린'이었다. 와파린은 독이라기보다는 약으로, 혈액을 묽게 해주어 혈전을 예방하고 치료하는 데 사용된다. 비타민K가 혈액 응고에 필요한 물질을 만드는 과정을 와파린이 방해함으로써 혈액을 묽게 해주는 원리다. 다만 사용할 때는 매우 주의해야 한다. 와파린으로 혈액이 과도하게 묽어지면 코피나 얕은 상처로 인한 출혈조차 잘 안 멈추기 때문이다. 다른 약물과 상호 작용이 일어나기도 하는데 특히 스테로이드 같은 약이 항응고 효과를 높여서 출혈 위험이 급상승한다.

혈액이 응고되지 않는 것은 매우 심각한 문제로, 상처가 나지 않는 것만이 능사가 아니다. 우리가 평범하게 생활할 때도 몸 안 어딘가에서는 조직이 파괴되고 다시 회복되는 일이 계속 반복된다. 어딘가에 약하게 부딪히면 통증을 느끼지만 금방 가시고 겉으로 아무 상처도 생기지 않는다. 그런데 부딪힌 부위 안쪽에는 미세한 상처가 나고 곧바로 회복하는 과정이 진행된다. 하지만 혈액이 응고되지 않으면 피부 안쪽에서 출혈이 계속 진행되는 것이다. 심하면 뇌출혈까지 발생할 수 있다.

스탈린의 공식 사망 원인이 뇌출혈이었으니, 음모론이 나올 만하다. 게다가 와파린은 무색무취이기 때문에 차나 커피에 탄다고 해도 눈치챌 수가 없다. 또 약물 작용 시간이 꽤 걸리는 편이라서 농도가 올라갈 때까지 며칠이 걸릴 수 있다. 누군가가 계속 접근해서 약을 줄 수 있는 상황이었다면 뇌출혈로 위장하는 것도 이론상 가능하다. 여기에 앞서 소개한 신문 기사처럼 적절한 용의자가 있기에 이 음모론이 퍼지게 된 것이다. 그런데 또 다른 용의자가 있다면 어떨까?

276

독살설의 시작, 얄타 회담

스탈린이 사망하기 8년 전인 1945년의 크림반도로 다시 돌아가 보자.

크림반도는 우크라이나의 남쪽, 흑해 북부 연안에 위치한 반도로, 온화한 기후 덕분에 과거 소련 시절 인기 있던 휴양지 중 하나다. 푸시킨Aleksandr Pushkin, 톨스토이Aleksey Tolstoy 같은 러시아의 대문호들이 사랑했던 장소이기도 하다. 또한 지정학적으로도 매우 중요했다. 주변에 천연가스와 석유 자원이 많이 매장되어 있는 데다, 1년 내내 얼지 않는 부동항이 부족한 소련에 흑해와 에게해, 지중해로 이어지는 항로를 확보할 수 있는 교두보로 대단히 중요한 곳이었다. 현대에 들어서도 러시아 대통령 푸틴Vladimir Putin이 이곳을 호시탐탐 노리다 우크라이나 본토를 침공하기 8년 전인 2014년 가장 먼저 크림반도를 침공했다.

1945년 2월 어느 날, 그 당시 가장 유명했던 두 사람이 이곳으로 오고 있었다. 미국의 대통령 루스벨트와 영국의 총리 처칠이었다. 두 사람의 표정은 그리 밝지 않았다. 크림반도까지 오는 길이 너무 고되고 힘들었던 탓이다. 제2차 세계 대전이 한창이어서 흑해 주변에 기뢰가 너무 많았다. 어디서 무슨 문제가 생길지 모르니 두 지도자는 기차에 배, 비행기까지 거의 모든 교통수단을 이용해서 몇 날 며칠을 돌고 돌아 겨우 크림반도에 도착했다. 그들의 목적은 스탈린을 만나는 것이었다. 이것이 그 유명한 얄타 회담이다.

스탈린은 미국의 반대편 공산 진영의 리더로 알려진 인물이지만 제2차 세계 대전에서는 연합국의 일원이었다. 나치 독일과 싸우려고 한시적으로나마 미국, 영국과 같은 편이 된 것이다.

6년째 이어지던 전쟁이 거의 막바지에 다다랐을 때 세 지도자가 전후 세계 질서를 논의하고자 모였다. 특히 전쟁 후 유엔 창설과 같은 새로운 국제질서를 수립하기 위해서는 소련의 협력이 반드시 필요했다.

굳이 교통이 불편한 크림반도에서 만난 것은 스탈린의 건강이 좋지 않았기 때문이다. 그런데 이것은 표면적 이유였다. 숨은 진짜 이유는 스탈린의 편집증이었다. 혹시라도 먼 길을 나섰다가 무슨 일이라도 벌어질까 봐 이 핑계, 저 핑계 대서 소련 영토 안으로 둘을 불러들인 것이다. 여러 우여곡절이 있었지만, 세 정상은 2월 4일부터 11일까지 8일간 이어진 얄타 회담을 무사히 끝냈다.

그리고 두 달 뒤인 1945년 4월 12일, 미국에서 갑작스러운 비보가 전해진다. 요양을 떠난 루스벨트가 극심한 후두부 통증을 호소한 뒤 의식을 잃었다. 그로부터 2시간 만에 세상을 떠났는데, 사인은 뇌출혈이었다. 하지만 루스벨트의 시신이 몇 시간 만에 시커멓게 변했다는 이야기가 돌면서 히틀러가 보낸 나치 요원이 루스벨트를 암살했다는 소문이 퍼진다. 괜히 이런 소문이 퍼진 것은 아니었다.

1943년 6월에는 영국 민간 항공기가 나치독일의 공격을 받아 격추되는데, 그 비행기에는 배우 레슬리 하워드Leslie Howard와 매니저 앨프리드 첸홀스Alfred Chenhalls가 타고 있었다. 레슬리 하워드는 영화

〈바람과 함께 사라지다〉에 애슐리 역으로 출연했던 배우로 유명하다. 나치가 민간 항공기를 격추한 것에 관해서는 여러 가지 설이 분분했는데 그중 유력한 것이 매니저 첸홀스를 표적으로 삼았다는 설이다. 매니저의 외모가 처칠과 비슷했기에 나치가 이 비행기를 민간 항공기로 위장한 작전용으로, 처칠이 타고 있었다고 오해했다는 것이다.

그리고 얄타 회담이 열리기 2년 전인 1943년 11월, 세 정상이 처음으로 한자리에 모였던 테헤란 회담 때도 히틀러는 셋을 모조리 죽이려는 계획을 세웠다고 전해진다. 당시 나치 독일은 이미 최악

그림 2 나치가 격추한 비행기에 탑승해 사망한 앨프리드 첸홀스(왼쪽)와 영국 총리 윈스턴 처칠(오른쪽). 둘을 혼동해서 나치가 민간 항공기를 격추했다는 설이 있다.

의 상황에 처해 있었다. 동부전선에서는 예상과 달리 소련의 압도적인 병력에 밀려 고전하고 있었고, 서부전선에서도 미국과 영국의 연합군에게 밀리며 전세가 점점 불리해지고 있었다. 그런 가운데 히틀러는, 양쪽 전선의 적국 지도자들이 회담을 한다는 첩보를 입수하게 된다. 바로 테헤란 회담이다. 셋이 힘을 합치게 둬서는 안 된다고 생각했던 히틀러가 세 사람을 한꺼번에 암살하려는 시도를 벌였다고 한다. 이른바, '롱 점프 작전'. 물론, 소련 측의 일방적인 주장이라서 그 실체는 지금까지도 역사적 논쟁으로 남아 있다.

하지만 이런 이야기들 때문에 루스벨트의 죽음, 그리고 그로부터 8년 후에 벌어진 스탈린의 죽음 뒤에도 혹시나 히틀러의 그림자가 있지 않을까 의심할 수밖에 없었다. 그런데 히틀러의 짓이라고 하기에는 무리가 있었다. 스탈린이 사망했을 때 히틀러는 이미 이 세상 사람이 아니었기 때문이다.

다만 루스벨트의 사망은 히틀러가 스스로 목숨을 끊은 것보다 2주 정도 앞선 일이다. 그렇다면 왜 이런 음모론이 생겨난 걸까? 바로 수상한 정황이 더 있었기 때문이다. 그의 의료 기록 일부가 사라진 것이다. 특별히 아픈 곳이 없던 루스벨트가 갑자기 사망한 것도 이해가 안 되는데 의료 기록마저 사라지자 음모론은 기세를 더했다.

사실 여기에는 그럴 만한 사정이 있었다. 자신의 건강 문제가 밖에 알려지는 걸 루스벨트가 극도로 꺼렸기 때문이다. 국가 수장의 건강 문제는 개인만의 문제가 아니다. 이는 자신의 정치적 약점이 될 수도 있고, 전쟁 중인 상황에서 리더의 질병이 알려지면 국민이 불안에 빠질 우려도 있었다. 그런 이유로 루스벨트가 30대 후반에 소아마비를 앓았다는 사실조차 당시에는 비밀로 했기에 모르는 국민이 많았다. 말년에 건강이 많이 악화된 것도 루스벨트 본인과 의료진, 딸만 아는 비밀이었다고 한다. 하지만 달라진 안색을 숨기기는 어려웠고, 곳곳에서 루스벨트의 건강 이상설이 쏟아져 나왔다. 얄타 회담에서 오랜만에 루스벨트를 만난 처칠의 딸 사라는 이런 글을 남긴다.

> 지난번의 만남 이후 14개월 사이 (…) 테헤란에서 본 루스벨트의 생동성은 사라졌고 재치 넘치던 그의 말은 산만해지고 두서가 없어진 것 같았다.

음모론이 잦아들지 않고 계속 몸집을 키워가자 루스벨트를 마지막까지 진료했던 심장내과 의사가 뒤늦게나마 자신이 가지고 있던 임상 기록의 일부를 공개하기에 이르렀다. 그의 사후 25년이 지난 1970년의 일이다.

자료에 따르면 루스벨트는 1940년대 초부터 혈압이 굉장히 높았다. 진주만 공습 무렵 그의 혈압은 188/105mmHg에 달했다. 요즘 기준으로 정상 혈압이 120/80mmHg 이하이니까 엄청나게 높은 수치에 해당한다. 그런데도 별다른 개선 조치 없이 대통령직을 수행한다.

고혈압이 병이 아니던 시대

　그때만 해도 제대로 된 고혈압 치료제가 없었고 의사들조차 고혈압의 심각성을 잘 몰랐다. 정남식 심장내과 전문의는 20세기 중반까지도 많은 의사들이 혈압 상승을 당연한 것으로 생각했고, 사람이 살아가는 데 필요한 작용으로 여겼다고 설명한다. 즉 혈압이 올라가야 주요 장기에 피를 더 많이 보낼 수 있다고 생각했다는 것이다. 그래서 혈압을 낮추는 치료가 오히려 위험하다고 여겼다.

　1944년 1월에 루스벨트의 고혈압 증상이 심해졌다. 수시로 졸고, 가끔은 서명 도중 의식을 잃기도 했다. 고혈압 증상 중 하나인 아침 두통도 이때부터 나타나기 시작했는데, 두 달 뒤에는 숨이 가빠지고 얼굴이 보랏빛으로 변하는 청색증까지 나타나 병원에 입원하기에 이른다. 심장내과 의사는 그에게 기관지염에 고혈압은 물론이고 울혈성 심부전 진단을 내린다.

　울혈성 심부전은 심장이 우리 몸 곳곳에 피를 보내는 기능이 떨어져서 산소가 제대로 공급이 되지 못하는 증후군을 말한다. 울혈성 심부전이 심해지면 폐 공기증이나 호흡 곤란, 기침, 부종 등 다양한 합병증이 나타난다. 루스벨트의 증상으로 보면 이미 합병증이 꽤 나타나고 있었던 걸로 보인다. 하지만 그에게 나타난 모든 증상의 원인이 고혈압이라고 해도 그 시절에는 이를 치료할 방법이 없었다. 루스벨트가 받은 치료는 사혈이었다.

　고혈압이 이미 발병한 후에는 생활 습관이나 식습관을 개선하는 게 그다지 큰 효과를 발휘하지 못한다. 그래서 적극적인 약물 치료가 필요하지만, 안타깝게도 고혈압 약이 개발된 시기가 1950년대 이후다. 게다가 루스벨트에게는 고혈압을 악화시키는 치명적 습관이 있었다. 루스벨트는 미국의 상징 같은 '음식'을 무척 좋아해서 이 음식으로 불릴 정도였다.

루스벨트는   대통령으로 불렸다.

19세기 독일 이민자들에 의해 미국에 처음 소개된 이 음식은 야구장에서 없어서는 안 될 간식으로 여겨지는 대표적 서민 음식이다. 루스벨트 대통령은 국빈에게도 대접할 정도로 이 음식을 사랑했다.

1939년 6월 루스벨트 대통령은 영국 군주로는 처음으로 미국을 방문한 조지 6세George VI 부부를 뉴욕주 교외에 있는 자신의 저택 마당에서 열린 피크닉 파티에 초대했다. 조지 6세 부부를 위해 은쟁반에 담겨 나온 것은 길쭉한 빵을 세로로 잘라 그 틈에 소시지를 끼우고 겨자소스 등을 뿌린 음식이었다.

"어떻게 먹어야 하나요?"

생전 처음 본 음식에 국왕 부부가 당황해서 묻자, 루스벨트는 "한 손으로 들고 다른 손으로 받쳐서 입에 넣고 조금씩 씹어 가면서 삼키면 된다"고 알려줬다. 왕비는 포크와 나이프를 고수했지만, 왕은 대통령이 알려준 대로 손으로 음식을 먹었다. 이 음식은 바로 핫도 그다.

〈뉴욕타임스〉는 '영국 국왕이 핫도그를 먹어보고 더 청했다. 맥주
도 곁들여 마셨다'고 보도했다.

루스벨트는 ┃ **핫도그** ┃ 대통령으로 불렸다.

핫도그뿐만이 아니었다. 샌드위치, 과일 케이크 같은 고열량 음식
을 워낙 좋아했다. 그냥 두면 이런 음식들만 찾기에 루스벨트의 딸
이 얄타 회담까지 직접 따라가 아버지의 식사를 챙겼다고 한다. 건
강한 음식을 차려줄 요리사까지 대동하고 말이다. 하지만 장거리
이동에 무리한 일정 때문이었는지, 미국으로 돌아온 뒤 루스벨트
상태는 점점 더 악화한다.

얄타 회담의 결과를 보고하기 위해 의회에서 연설하는 루스벨트
의 모습은 평소와는 매우 달랐다. 대통령 취임 연설이나 일본에 선
전포고하는 연설과 달리 훨씬 힘들어 보였다. 목소리에 힘이 부족
하고 말실수도 나왔으며, 손을 떠는 모습까지 보였다. 게다가 보통
은 연설문을 읽을 때 일어서는데 그날은 앉아서 연설하는 바람에
모두 그의 상태가 심상치 않다고 생각했다.

원래 루스벨트는 강박이라고 할 만큼 연설에 사용될 단어도 매우
까다롭게 고르고 사소한 몸짓까지도 예행 연습을 거치는 철두철미
한 성격이었다. 그런데 이때는 유독 즉흥으로 이런저런 말들을 많
이 덧붙였다. 나중에 그 이유를 물으니 "준비된 원고를 보고 읽는

그림 3 미국에서 유일하게 4선에 성공한 대통령 프랭클린 루스벨트. 네 번째 임기를 1년 남짓 보낸 시기에 갑자기 사망한다.

데 어려움이 있었기에 기억을 더듬어 말하거나 즉흥적으로 말했다"
고 대답한다.

이것은 뇌졸중이나 인지장애의 증상이었을 수 있다. 지금이라면
바로 검사해서 이상 여부를 확인하는 게 가능하지만, 그때는 지켜
보는 것 말고는 별다른 방법이 없었다.

루스벨트 대통령의 혈압은 얄타 회담을 전후로 급격하게 올랐으
며, 사망 당일에는 자그마치 300/150mmHg였다고 한다. 혈압이
높아지면 작은 혈관부터 먼저 손상된다. 뇌혈관에 있는 작은 혈관
들이 손상되어 혈류가 차단되면 인지기능과 행동 장애가 올 수 있
다. 얄타 회담 후에 말도 어눌해지고 착각을 일으키는 등 장애가 나
타난 것도 혈압과 연관이 있을 가능성이 크다.

신분을 세탁한 스탈린

루스벨트의 죽음이 질병에 의한 병사였음이 확실해진 만큼, 스탈
린의 죽음과는 연관성이 없어졌다. 그렇다면 스탈린의 암살설은 어
떨까?

그 힌트는 다음에 숨어 있다.

스탈린은 　　　　　였다.

때는 1907년 6월, 소련의 그루지야, 현재 조지아라고 부르는 곳의 트빌리시라는 도시 광장으로 은행 마차가 두 대가 들어오고 있었다. 그때 뭔가가 마차 위로 획 하고 날아왔다.

쾅!!

굉음과 함께 마차가 폭발한다. 놀란 사람들이 서둘러 마차에서 내리던 그 순간 사방에서 총소리가 탕탕 울리고 어디선가 나타난 쌍두마차가 은행 마차를 향해 바람처럼 달려오더니 안에 있던 돈 자루를 들고 순식간에 사라졌다.

빼앗긴 돈은 약 34만 루블. 지금 돈의 가치로 따지면 50억 원에 달하는 엄청난 금액이었다. 이 일로 다친 사람이 50여 명 가까이 나왔으며, 목숨을 잃은 시민도 40여 명이나 되었다. 누가 왜 이런 짓을 했을까?

'폭탄의 소나기: 혁명가들이 군중 속에 파괴를 던지다'
대략 10개가량의 폭탄이 차례차례 도시 중앙부의 사람들로 들끓는 광장에 투척되었다. 폭탄은 엄청난 화력으로 폭발했으며 많은 사상자를 냈다.

—〈데일리미러〉

'폭탄으로 많은 사람이 사망, 17만 달러 압수'

—〈뉴욕타임스〉

이오시프 스탈린

그림 4 범죄를 저질러 붙잡힌 스탈린의 머그샷.

얼마 뒤, 베를린에서 범인들이 체포된다. 그중에 우리가 아는 사람도 있었다. 바로 이오시프 비사리오노비치 주가슈빌리, 스탈린의 본명이다. 스탈린이라는 이름은 1917년에 본격적으로 혁명 활동을 시작하면서 지은 가명으로, 강철의 사나이라는 뜻을 담고 있다.

스탈린은   **은행강도**   였다.

그가 은행강도가 된 이유는 혁명자금 마련을 위해서였다. 21살에 소련 공산당에 입당한 스탈린은 이른바, 강경파였다. 당을 위해서라면 물불을 가리지 않았다. 강도질은 물론, 방화도 하고 화폐 위조도 서슴지 않았다. 당시 소련의 최고 지도자였던 블라디미르 일리치 레닌Vladimir Ilich Lenin의 눈에 들기 위함이었다.

그런데 어느 순간부터 당원들이 하나둘 사라지기 시작한다. 어떤 사람은 교통사고로 죽고 또 누군가는 스스로 목숨을 끊는다. 갑자기 반동 세력으로 몰려 처형된 사람도 있다. 이들의 공통점은 단 하나, 스탈린과 관련이 있다는 점이었다.

농민에게는 토지를, 병사에게는 평화를, 노동자에게는 빵을!

1917년 러시아에서 이와 같은 구호를 앞세운 세계 최초의 사회주의 혁명이 일어난다. 러시아 왕조가 무너지고 소비에트 사회주의 공화국 연방이 탄생했다. 그 수장이 레닌이었다. 혁명이 완수되자 당연하다는 듯 권력 다툼이 시작되었다. 레닌의 후계 자리를 두고 경쟁하던 후보들 가운데 스탈린도 있었다. 그런데 이 경합에서 스탈린의 과거가 발목을 잡았다. 강경파였던 스탈린이 혁명을 위해 했던 일의 대부분이 불법적인 것이었다. 당에서도 쉬쉬하는 일이었기 때문에 소련의 지도자를 꿈꾸는 자신의 이력에 누가 될까 항상 조심했다. 실제로 그는 젊은 시절, 혁명 활동을 위해 했던 무장 강도 같은 일을 거의 언급하지 않았다. 동지였던 당원들의 죽음 역시 일종의 과거 세탁이었다.

레닌의 추천으로 스탈린은 결국 '당 서기장'이 된다. 하지만 레닌은 죽기 전에 이런 편지를 남긴다.

스탈린 동지가 무제한의 권력을 거머쥐었는데, 나는 그가 그 권력을 신중하게 쓰는 방법을 알고 있는지 확신할 수 없습니다. (…) 따라서 나는 동지들에게 스탈린을 권력의 자리에서 물러나게 할 방도를 찾아보라고 제안합니다.

애초에 레닌이 신뢰하던 인물은 따로 있었다. 바로 레프 트로츠키Leon Trotsky였다. 레닌은 자신 못지않게 뛰어난 혁명가로 트로츠키를 높이 평가했고, 스탈린과 트로츠키, 두 사람이 함께 소련을 안정적으로 이끌어가길 바랐다. 그러나 시간이 흐르면서 상황은 달라졌다. 스탈린의 권력이 예상보다 빠르게 커진 것이다. 그제야 레닌은 뒤늦게 스탈린을 견제하려 나섰지만, 그의 뜻은 끝내 실현되지 못했다.

"스탈린을 믿지 말아라."

이것이 레닌의 마지막 유언이었다. 하지만 유언은 전달되지 않았고 어머니 곁에 묻어달라던 그의 작은 바람도 스탈린은 들어주지 않았다. 레닌의 시신을 방부 처리해 모스크바 붉은 광장에 안치한 것이다. 레닌을 혁명의 아이콘으로 만들고, 자신은 그런 레닌의 진정한 후계자라는 걸 과시하기 위함이었다. 즉 정치적인 정통성을 인정받으려는 것이었다.

독재자의 불안

자기가 올라선 자리가 떳떳하지 않아서였는지, 스탈린은 늘 불안했다. 결국 그는 비밀경찰을 동원해 피의 대숙청을 감행한다. 정적들을 제거하기 위해 시작된 이 사건은 고위 간부 숙청에서 그치지 않고 일반 시민에게까지 번졌다. 체포된 사람만 300만 명에 달했고 그중에 최소 70만 명이 처형되고 나머지는 추방되거나 강제 수용소로 보내졌다고 알려져 있다. 이 숫자는 공식 집계일 뿐, 실제로는 훨씬 더 많아 200만 명이 넘는다는 이야기도 있다. 나중에는, 대숙청을 주도했던 비밀경찰의 우두머리에게 모든 범죄를 뒤집어씌우고 총살해버린다.

그런데 당시의 소련 사람들은 이런 사실을 잘 몰랐다. 스탈린이

'이미지 메이킹의 귀재'였기 때문이다. 그러면서 그는 툭하면 간부들을 불러 밤에 영화를 보자고 하거나 술을 마시자고 권했다. 스탈린은 부하들이 만취한 모습을 보는 걸 좋아했다. 젊었을 적에는 술을 즐겼지만 나이가 들면서 직접 마시는 걸 줄이고 부하들에게 술을 마시도록 했다. 그러고는 누가 술에 취해서도 내 말을 잘 듣나, 누가 술에 취해서 어두운 본심을 흘리지는 않나 관찰했다고 한다.

쓰러지기 전날에도 스탈린은 자신과 함께 '5인방'이라고 불리는 부하 네 명과 영화를 보고 새벽까지 술자리를 이어갔다. 그때 그 자리에 있던 부하 중 누군가는 이런 생각을 품었을지도 모른다.

'소련을 위해 스탈린은 없어져야 해!'

스탈린이 쓰러진 날, 별장에 찾아온 부하들은 스탈린을 8시간이나 방치했다. 아무리 의사 중에 스파이가 있을지 모른다고 하더라도, 당 최고 지도자인 서기장이 쓰러졌는데 의사를 부르지 않는다는 건 이치에 맞지 않는다.

그런데 당시 이들의 수상한 행동에 대해 추정해볼 수 있는 단서가 의외의 문서에서 발견되었다. 바로 스탈린의 병사 보고서 초안이다. 쓰러진 스탈린을 진찰한 의사 10명은 스탈린의 병사 보고서를 작성했다. 이 보고서는 무려 7개월에 걸쳐 쓰였고 소련 정부에 제출되었다. 그리고 비밀에 부쳐졌던 이 병사 보고서의 초안이 최근 공개되었는데, 그 내용이 기존에 소련 정부가 발표한 것과는 미묘하게 달랐다.

위 출혈이 반복적인 순환기 쇠약 발작을 유발해 결국 환자를 사망에 이르게 했다.

—스탈린 병사 보고서 초안

순환기 쇠약 발작은 허혈성 쇼크 같은 것을 말한다. 출혈로 인해 우리 몸의 어딘가에서 혈액이 부족해지면 그 부분에 피를 더 보내기 위해 심장이 무리하게 된다. 이로 인해 쇼크가 온다. 즉 위장 출혈이 신체 내 혈액의 양을 감소시켜 순환기계의 부전을 초래했고, 이러한 상태가 반복돼서 환자가 생존하지 못했다는 이야기다. 이런 증상은 일반적인 뇌출혈의 증상과는 거리가 멀다.

더욱 놀라운 점은 스탈린의 병사 보고서 초안을 최종 수정하고 결재한 인물이 공교롭게도 마지막 날 스탈린과 함께 있었던 네 명의 부하 중 한 명이라는 점이다. 그날 밤 스탈린과 이들 사이에 남모르는 사건이 있었고, 그로 인해 부하들이 별장에 의사가 오는 걸 의도적으로 지연시켰을 수도 있다는 의심이 생겨도 이상하지 않은 상황이었다.

이번에는 시각을 바꿔 공식 발표대로 스탈린이 자연사했을 가능성도 한번 살펴보자.

이를 확인하기 위해서는 스탈린의 생활 습관을 점검해볼 필요가 있다. 스탈린은 낮에 쉬고 밤에 일하는 지독한 올빼미족이었다. 밤낮이 바뀐 생활 습관의 치명적인 점은 앞서 고종 편에서 살펴봤다. 스탈린은 사망하기 1년 전의 생일에 60년 가까이 피워온 담배를 끊었다고 한다. 하지만 망가진 몸을 되돌리기에 너무 늦은 건 아니었을까?

그리고 부하들이 의사를 안 부른 게 아니라 부를 주치의가 없었다고 한다. 스탈린을 돌보던 주치의도 '의사들의 음모 사건'으로 수감된 상태였기 때문이다. 뒤늦게 별장으로 온 건 심장 전문의 알렉산드르 미야스니코프Aleksandr Myasnikov였다. 그가 도착했을 때 스탈린의 상태는 심각했다. 우측은 이미 반신불수였고 혈압은 190/110mmHg였다. 미야스니코프가 내린 진단은 고혈압과 동맥경화에 의한 대뇌 좌반구의 출혈이었다. 급히 스탈린에게 약물을 투여하고 거머리 치료까지 진행했지만 손을 쓰기엔 너무 늦었다. 스탈린은 혼수상태로 나흘을 버티다 사망했다.

부검 직후 보도된 기사를 보면 '혈관 전체에 걸쳐 심각한 죽상경화성 변화가 있었다'고 나온다.

죽상경화증은 동맥경화증과 같은 말이다. 당뇨가 있으면 혈관에 상처가 잘 생기고 고혈압이 있으면 피가 혈관을 더 압박하니 상처가 생길 확률이 더 커진다. 게다가 고지혈증까지 있다면 기름도 잘 쌓인다. 즉 당뇨, 고혈압, 고지혈증이 있으면 혈관이 더더욱 빠르게 막힌다는 뜻이다. 기름이 쌓여서 혈관이 좁아지는데 70% 이상 좁아질 때까지 증상이 없을 수도 있다. 그러다 70%에 이르고 혈압이 190/110mmHg 정도로 오르는 순간 뇌출혈이 생길 가능성이 엄청나게 커진다. 여기에 밤낮이 바뀌는 생활을 했다면 그 위험은 더 클 수밖에 없다.

게다가 부하들이 쓰러진 스탈린을 보고도 그냥 돌아갔던 이유 중 하나는 "스탈린이 코를 고는 소리를 들었다"는 점이다. 그가 잔다고 확신했던 것이다. 그런데 코 고는 소리를 들은 게 맞다면 스탈린의 뇌출혈이 거의 확실시된다. 실제로는 코를 고는 것이 아닌데 이와 같은 소리가 나는 게 뇌출혈 환자들의 전형적인 증상이기 때문이다.

그렇다면 스탈린 병사 보고서 초안의 위 출혈은 거짓일까? 통상 뇌출혈과 위 출혈이 같이 오는 경우에 의학적 관련성은 거의 없다. 다만 앞서 언급한 와파린 같은 약을 먹는 사람이라면 관련 가능성이 생긴다. 마침 스탈린이 그때 아스피린을 소지하고 있었다. 아스피린의 대표적 부작용 중 하나가 항응고 성질에 의한 출혈과 위궤양이다. 아스피린은 그 시절, 인류가 보유하고 있던 유일한 '중독되지 않는' 진통제였다. 사람들은 아플 때 만병통치약처럼 아스피린을 복용했다. 아마 스탈린도 그렇지 않았을까?

침묵의 살인자

이제 미뤄두고 있던 마지막 인물의 사망을 살펴볼 때가 되었다. 얄타 회담의 세 번째 주인공 처칠은 스탈린이 사망하고 나서 한참 뒤인 1965년에 90세 나이로 사망했다. 사인은 뇌경색이었다. 지금 기준으로 봐도 장수한 편에 속하는 처칠이기는 하지만, 그래도 그의 죽음을 살펴봐야 하는 이유가 있다. 처칠의 뇌경색이 그때가 처음이 아니었기 때문이다. 세 번의 뇌경색을 이겨냈지만, 네 번째에 쓰러지고 만 것이다.

그리고 미스터리가 시작되었다. 얄타 회담에 참석한 세 명의 정상이 모두 뇌 관련 질환으로 사망한 것이 과연 우연일까?

결론부터 말하자면 우연일 확률이 높다. 세 사람 다 혈압이 높았을 것이다. 그런데 그때만 해도 고혈압을 질병으로 보지 않았다. 고혈압의 위험성을 의학계뿐만 아니라 대중에게도 알리게 된 계기는 루스벨트의 사망이었다. 사실 그선에 이미 보험회사에서 보험금 지급 대상들의 병력을 살펴본 결과 고혈압이 건강에 좋지 않다는 신뢰할 만한 데이터를 확인했다. 그런데도 주류 의학계에서 이를 보편적으로 받아들이지 않았는데, 루스벨트의 사망을 기점으로 관련 법안이 만들어지고 고혈압을 치료하는 약물도 개발되기 시작한다. 그러면서 심장 질환이나 뇌졸중 등 순환기 질환에서의 사망률이 눈에 띄게 감소하게 된다.

세 사람을 둘러싼 얄타 회담의 저주가 굳이 있었다고 한다면, 이는 시대가 탄생시킨 병이자 저주라고 볼 수 있을 것이다.

한 국가의 지도자인 만큼 세 사람 다 젊지 않았고 전쟁을 수행하면서 피로가 굉장히 쌓였을 것이다. 게다가 루스벨트는 한 번도 당선되기 힘든 대통령에 무려 네 번이나 당선된 미국의 유일한 대통령이었다. 늘 과중한 업무와 피로에 시달렸는데 그런 와중에도 담배는 하루 두 갑 이상 피우고 술도 즐겼다고 한다. 이런 생활 습관은 스탈린과 처칠도 마찬가지였다. 루스벨트는 연초, 처칠은 시가,

스탈린은 파이프를 즐겨 피웠다. 특히 처칠이 유명한 골초였는데, 제2차 세계 대전에서 공군을 격려하기 위해 전투기를 직접 탄 일화가 널리 알려져 있다. 전투기의 특성상 조종사가 비행 중에 겪는 기압의 변화가 크기 때문에 산소마스크를 항상 착용해야 했다. 이에 담배를 피울 수 없을까 걱정한 처칠이 기술자를 데려다가 산소마스크에 구멍을 뚫어 비행 중에도 담배를 피울 수 있도록 했다고 한다.

한편 스탈린이 죽고 나서 놀라운 사실이 밝혀진다. 스탈린이 쓰러지기 전에 일어났다는 '의사들의 음모 사건'이 전부 스탈린의 자작극이었음이 밝혀진 것이다.

말년에 스탈린은 사람을 잘 믿지 않았다. 특히 전문가들을 싫어해서 의사의 말도 믿지 못해 제대로 된 치료를 받지 않았다고 한다. 그 대신 수의사 말을 듣거나 민간요법에 심취해 약을 먹고, 물을 마실 때면 요오드, 즉 아이오딘을 몇 방울을 넣어 마시곤 했다고 한다. 정치적 피해망상의 일종이라고 할 수 있는데 그 행동이 너무 황당하고 이상해서 그 당시에 그가 혈관성 치매를 겪은 게 아닌가 하는 논란도 있다.

스탈린은 의사들을 믿지 못했지만, 의사들은 마지막까지 최선을 다해 그를 보살폈다. 쓰러져서 소변으로 얼룩진 몸을 깨끗이 닦고 피를 토하거나 숨을 가쁘게 몰아쉴 때마다 고통을 줄여주려 애썼다. 의사들의 보살핌을 받은 스탈린은 나흘을 버티다가 1953년 3월 5일 밤 9시 50분, 74세의 나이로 생을 마감한다.

임종을 지켜본 딸이 기록한 스탈린의 마지막 모습을 살펴보자.

최후의 순간에 아버지는 별안간 눈을 부릅뜨고 주위에 선 사람들을 흘깃 둘러보았다. (…) 아버지는 마치 저 위의 무언가를 가리키며 우리 모두에게 저주를 내리는 것처럼 불현듯 왼손을 들어 올렸다. (…) 다음 순간, 최후의 몸부림 끝에 영혼이 그 육신을 빠져나갔다.

루스벨트, 스탈린, 처칠 세 사람은 비슷한 원인으로 사망했지만 죽음 이후의 풍경은 너무도 달랐다. 루스벨트와 처칠은 존경과 애도를 받으며 지금까지 기억되고 있지만 스탈린은 그렇지 못했다. "나는 누구도 믿을 수 없다. 나 자신조차도." 생전에 스탈린이 했던 말이다. 주치의까지 감옥에 가둬버리고 고통 속에 홀로 발버둥 치며 죽어가는 자신의 마지막을 예견했던 걸지도 모른다.

10

프랑스에 잠들지 못한
패션여제의 비밀

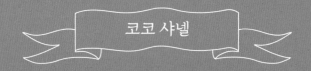

코코 샤넬

Gabrielle Bonheur 'Coco' Chanel

1883. 8. 19.~1971. 1. 10.

파리 방돔 광장에는 베르사유 궁전을 본떠 지은 화려한 호텔이 있다. 이곳은 많은 셀럽들의 사랑을 받았는데, 쇼팽도 여기서 마지막 생을 보냈고 헤밍웨이는 '꿈에 그리는 천국' 같다고 극찬했다. 바로 리츠 호텔이다. 이 호텔의 2층 스위트룸에서 1937년부터 무려 34년간 장기 투숙한 고객이 있다. 그 여성 고객은 일요일이면 항상 친구들에게 전화를 걸었다.

"지금 와 줄 수 있어? 나… 아무래도 곧 죽을 거 같아."

이 말을 들은 친구들의 반응은 한결같았다.

"아… 얘, 또 이러네."

그녀는 일요일마다 몇 안 되는 친구들에게 돌아가면서 연락했다. 그리고 짜증 섞인 말투로 이런 말도 덧붙였다.

"일요일은 정말 질색이야. 왜 다들 일요일에는 쉰다는 거야?"

성공하는 사람들 가운데 워커홀릭이 많은데 그녀 역시 만만치가

않았다. 보통 '월요병'에 걸리는 직장인들과 정반대로 그녀는 '일요
병'이었다. 쉬어야 하는 일요일을 너무 싫어했다. 그때마다 양치기
소년처럼 친구들한테 연락했다.

"내가 너무 아파서 그래. 지금 좀 와 줘, 응?"

그런데 그날은 달랐다.

일요일과 몽유병

1895년 프랑스 시골 마을의 한 수녀원.

자박자박.

모두가 잠든 깊은 밤에 어두컴컴한 복도 끝에서 발소리가 들려왔
다. 작게 웅얼거리는 말소리도 들렸다. 작고 시커먼 그림자가 비틀
거리며 다가오고 있었다.

"가브리엘! 정신 차려, 가브리엘!."

한밤중에 유령처럼 보육원 복도를 떠돈 것은 12살의 가브리엘 보
뇌르 샤넬Gabrielle Bonheur Chanel이었다. 그녀에게는 몽유병이 있었다.

1880년 이전에는 몽유병을 귀신 들렸거나 악마가 개입한 현상으
로 여겼다. 19세기 프랑스의 신경학자 장 마르탱 샤르코Jean-Martin
Charcot가 몽유병에 관해 연구하면서 이 이상행동이 신경계 이상으로
생기는 질환이라는 사실을 처음 발표한 게 1880년 전후였다. 자칫
잘못했으면 샤넬도 귀신 들린 사람이나 마녀 취급을 당했을지도 모

른다.

몽유병은 어떤 병일까?

1987년 캐나다에서 벌어진 케니스 파크스Kenneth Parks 사건을 통해 몽유병을 살펴보자. 23살의 파크스는 어느 날 밤 자다가 일어나서 차를 몰고 20km 떨어진 처가를 방문한다. 그는 장모를 둔기로 내리쳐서 살해한 다음, 장인도 목을 졸라 죽이려고 했지만 미수에 그쳤다. 그러고 나서 피투성이가 된 채 파출소로 가서 자수했다. 그런데 그 내용이 조금 이상했다.

"아무래도 내가 장인어른과 장모님을 죽인 것 같아요."

자신은 기억이 나지 않는다는 것이다. 이 사건의 재판에서 피고인 측 변호사는 몽유병 상태에서 살인을 저질렀기에 파크스에게 형사상 책임이 없다고 주장했다. 이 사건은 엄청난 논쟁을 불러일으켰다. 파크스의 말이 진짜인지 거짓인지, 그가 어디까지 인지하고 있었는지 뇌파검사 등 다양한 검사를 했지만 알아낼 방법이 없었다. 치열한 법정 다툼 끝에 그는 몽유병을 인정받아 무죄 선고를 받는다.

몽유병은 다른 말로 수면보행장애라고 하는데, 수면 중에 돌아다니는 증상을 비롯해 말을 하거나 그 밖의 신체 활동을 하는 질환을 말한다. 수면은 몇 단계로 나눌 수 있는데, 대표적인 것으로 렘수면REM과 비렘수면NREM이 있다. 렘수면은 잠을 자는 것처럼 보이지만 뇌파가 깨어 있을 때 나오는 알파파가 진행되는 얕은 수면 상태를 말하며, 꿈을 꾸는 것도 이때다. 한편 비렘수면은 알파파가 나오지 않고 서파 등을 보이는 깊은 수면 상태다. 몽유병은 깊은 수면 단계일 때 많이 발생하는데, 이 단계에서 뇌 일부는 잠들어 있고 일부는 깨어 있는 것이다. 움직임을 담당하는 운동영역이 각성 상태가 되고 나머지는 잠들어 있을 때 수면보행장애가 나타나며, 자각하지 못한 채로 몸만 움직이게 된다. 기억 형성이 잘 안 되기 때문에 대부분은 이때의 행동에 관한 기억이 없다.

그래서 재판부는 의사들의 의견을 참고해 케니스 사건을 살의가 없는 사고 같은 것으로 판단한 것이다.

몽유병은 왜 생길까?

어릴 때는 신경 발달이 덜 이루어져 있어 몽유병이 흔하게 나타난다. 하지만 성인의 몽유병은 유전적 요인이 작용하거나, 스트레스를 받고 피로가 쌓여서 수면 장애가 있을 때 주로 나타난다. 또 약물로 인해 몽유병이 심해지는 경우도 종종 있다. 한창 문제가 되었던 약물이 졸피뎀이나 노브씬 계열의 약들이다.

그렇다면 어린 샤넬에게는 왜 몽유병이 나타났을까?

그 원인을 찾으려면 그녀가 잠들어 있던 장소에 다시 주목해야 한다. 바로 수녀원이다. 11살에 어머니를 병으로 잃은 샤넬은 그때부터 수녀원에서 운영하는 보육원에서 살게 된다. 그래도 아버지가 있었기에 그녀는 일요일에 아버지를 만나는 것을 눈이 빠지게 기다렸다.

"이번 일요일에는 오시겠지?"

그러다 아버지가 안 오면 "너무 바빴나 보다" 하고 다음 주를 다시 기대했다.

그렇게 한 주가 가고 또 한 주가 가던 어느 날, 샤넬 앞으로 커다란 소포 하나가 배달된다. 그 안에는 예쁜 드레스와 화환이 들어있었다. 부러운 눈빛으로 바라보는 아이들에게 샤넬이 말한다.

"아빠가 보냈나 봐. 미국에서 무척 큰 포도 농장을 하시거든."

"근데 왜 너희 자매들을 여기에 맡기셨대?"

"너무 바쁘시니까…. 우리 아빠가 자리를 비우면 절대 안 되는 중요한 계약이 걸려 있어. 그거 끝나면 곧 데리러 오실 거래."

하지만 그런 일은 일어나지 않았다. 샤넬의 말은 다 거짓말이었기 때문이다. 샤넬의 아버지는 떠돌이 보따리상이었고 애초에 6남매나 되는 아이들을 책임질 생각이 없었던 듯하다. 부인이 사망하자 아들 셋은 농장에 일꾼으로 팔고 딸 셋은 다 보육원에 맡긴 것이다.

그때 샤넬은 이런 생각을 했다고 나중에 말한다.

"제 삶은 저를 기쁘게 하지 않았어요.
그래서 제가 □□□□를 만들었어요."

야망의 코코

보육원을 나온 샤넬은 보조 재봉사로 살아가게 된다. 바느질에 소질이 있었던 덕분이다. 하지만 바느질해서 번 돈으로 생계를 이어가기는 막막했다. 샤넬을 더 절망스럽게 만든 것은, 똑같은 일을 해도 여성은 남성보다 돈을 절반도 못 받는 당시 프랑스의 사회 구조였다. 먹고살아야 하니 그녀는 밤에도 일해야 했다.

그녀의 밤일은 밤무대 가수의 대타였다. 그녀는 대타로 노래할 때 강아지 '코코Coco'를 찾는 가사의 노래를 자주 불렀다. 이로 인해 코코라는 애칭이 생겼다는 설도 있다. 어릴 때 아빠가 다정하게 불러주던 애칭이 코코였다는 이야기를 샤넬이 직접 하기도 했지만, 그녀의 아버지가 다정하기는커녕, 아이들을 보육원에 맡기고 떠난 사람이었기에 샤넬이 자기의 불행했던 과거를 감추려고 지어낸 이야기라는 의견이 많다.

사실 샤넬은 노래에 별로 소질이 없었다. 그렇다고 눈에 띄게 엄청난 미인도 아니었는데, 이상하게도 인기가 많았다. 샤넬을 보러 오는 많은 남자 손님 중에 한 명이 어느 날 이런 제안을 한다.

"코코, 우리 집으로 가자."

남자의 이름은 에티엔 발장Étienne Balsan이었다. 외모는 평범했고 귀족도 아니며, 심지어 바람둥이였지만 샤넬의 관심을 사로잡은 중요한 포인트가 있었다. 바로 발장의 취미였다. 그는 승마를 좋아했다. 그 시절 말 한 마리가 노동자들의 평균 연봉보다 비쌌기에, 승마가 취미라면 십중팔구 부자였다. 현대에 비유하면 테이블 위에 슈퍼카의 열쇠를 자연스럽게 올려놓는 격이랄까. 실제로 발장의 집안은 섬유사업으로 엄청나게 돈을 번 신흥 부자였다.

지긋지긋한 가난을 벗어날 절호의 기회를 샤넬은 붙잡았고, 발장의 저택으로 들어갔다. 그 시절 프랑스 부자나 귀족들은 정부를 여러 명 두는 게 당연한 일이었다고 한다. 심지어 발장은 다른 애인들을 데려오면 샤넬에게 이렇게 말했다.

"코코, 오늘 저녁은 지하에 가서 하인들과 먹어. 내가 부를 때까지 위로 올라오지 말고."

아무리 각오한 일이었다고 하더라도 이런 상황이 되면 기분이 좋았을 리 없다. 참을 수 없는 모멸감이 들 때마다 샤넬은 발장을 방문하는 부자들의 패션을 분석하며 견뎠다.

샤넬이 본격적으로 패션계에 등장하기 직전까지 19세기 유럽의 패션은 극단적으로 화려했다. 로코코 스타일의 귀족풍 의상이 다시 유행했는데, 해당 패션의 핵심은 '있어 보이는' 것이었다. 이를 위해서는 옷감을 많이 써야 한다는 인식이 있어서 드레스는 발목을 덮을 정도로 길고 무거웠으며, 드레스 안에 속치마를 겹겹이 껴입는 게 유행이었다. 모자에도 꽃이며 리본, 깃털 같은 것들을 엄청나게 많이 장식했다. 심지어 새 한 마리를 통째로 박제해서 달기도 했다.

파티에만 이런 옷을 입는 게 아니라 일상복, 심지어 말을 탈 때도 여자들은 화려한 복장을 갖췄다.

그런 모습을 볼 때마다 샤넬은 '어떻게 저런 옷을 입고 말을 타지?' 하는 생각이 들었다. 그리고 어느 날 샤넬은 승마할 때 남자 옷을 입고 나간다. 그 뒤에 처음으로 여성 승마복을 선보인 것도 샤넬이다.

그녀는 모자도 직접 만드는데, 이 모자를 아주 의외의 인물에게 선물한다. 선물을 받은 사람은 집에 드나들던 발장의 애인이었다. 남자친구의 또 다른 애인이라면 질투와 미움의 대상일 텐데, 그녀

프랑스 화가 카롤루스 뒤랑Carolus Duran이 그린 <말 타는 크로이제트 양>. 이 그림처럼 19세기의 여성들은 승마를 하면서도 드레스에 화려한 모자를 착용했다.

는 자신의 상황을 매우 현실적으로 판단했던 듯하다. 즉 기회로 삼은 것이다.

발장의 애인들은 사교계에서 잘나가는 사람이 많았다. 샤넬은 이들을 경쟁자로 본 게 아니라 인맥을 넓힐 발판으로 삼아야겠다고 결심한 것이다. 연예인이나 셀럽들이 뭔가를 들거나 입었다고 하면 갑자기 유행되고 품절 대란이 일어나는 일이 흔하다. 이런 풍경은 그때도 마찬가지여서 새로운 유행을 만들려면 사교계에서 잘나가는 여자들에게 그걸 입혀야 했다.

샤넬의 모자는 당시 유행의 정반대 편에 있는 심플한 스타일이었다. 첫눈에는 '이거 너무 가난해 보이는 거 아냐?' 하는 느낌이 들 정도로 장식이 없었지만, 확실히 새로웠다. 그리고 무엇보다 편했다.

"아니, 그 모자… 어디서 샀어요?"

발장의 집에 드나드는 여자들은 너 나 할 것 없이 샤넬의 모자를 찾기 시작한다. 반응이 뜨거워지자 샤넬은 발장에게 조심스럽게 말을 꺼냈다.

"저… 모자 가게를 열어보고 싶은데 자금을 좀 보태줄 수 있을까?"

그러자 발장은 소스라치게 놀라면서 정색한다.

"뭐라고? 당신, 나 망신 주려고 이래?"

재능 있는 애인이 모자 가게를 여는 것이 왜 망신일까 이해되지 않지만, 그 시절에는 당연한 반응이었다. 프랑스는 유럽에서도 남녀 차별이 심한 나라에 속했다. 1960년대까지도 여자는 남편의 동의 없이 은행 계좌도 못 만들고 직업도 남편이 허락해야 가질 수 있었다. 분위기가 그렇다 보니 귀족사회에서는 여자들이 일하는 걸 천하게 여겼다.

"이 발장이, 내 여자 하나 건사하지 못하는 남자로 보였으면 좋겠어?"

이대로 꿈을 포기해야 하나 싶었던 그때, 또 다른 남자가 운명처럼 나타난다.

"제가 도와드릴까요?"

'아서 보이 카펠Arthur 'Boy' Capel, 발장의 친구다.

폴로선수 출신의 사업가인 카펠은 영국인이었다. 당시 영국의 여성 인권이 프랑스보다 훨씬 앞서 있었기에 여성 사업가들도 많았다. 보이 카펠은 그때부터 샤넬의 후원자이자 애인이 된다. 그리고 샤넬은 지금도 명품거리로 유명한 파리 캉봉 거리 21번지에 모자 가게를 연다.

마침 유명 여배우가 우연히 샤넬의 모자를 쓴다. 연극 무대에도, 패션 잡지에서도 이 모자를 쓰고 등장했는데 한눈에 봐도 스타일이 독특해서 금방 입소문이 났다. 여기까지는 운이 어느 정도 작용했다. 샤넬은 이 운을 다시 한번 기회로 만든다. 과거에 발장의 애인들에게 선물한 것처럼, 셀럽들한테 직접 만든 모자를 선물한다. 간접 광고 효과를 극대화한 것이다.

자신의 재능을 확인한 샤넬이 상품을 모자에서 좀 더 확장해볼까 고민하고 있을 때, 보이 카펠이 샤넬에게 한 가지 제안을 한다.

"당신, 그동안 너무 일만 했어. 머리도 식힐 겸 좋은 데 가서 생각하자."

두 사람이 휴가를 떠난 곳은 노르망디 해안에 있는 도빌이라는 도시였다. 그때나 지금이나 도빌은 부자들이 몰려드는 고급 휴양지로 손꼽히는 곳이다. 파리 상류층은 이곳에 별장을 지어놓고 주말이나 휴가철에 자주 찾았다.

샤넬은 자신의 첫 번째 부티크를 도빌에 열기로 결심한다. 이것은 신의 한 수였다. 그때 파리에는 이미 고급 맞춤 의상을 의미하는 오트 쿠튀르haute couture 디자이너들이 여럿 있었다. 신인 디자이너가 이 시장을 뚫고 자리 잡는 일은 도박이나 다름없었다. 반면에 도빌은 돈 많고 새로운 스타일을 받아들일 수 있는 파리의 부자들이 다 모이는 곳이었다. 게다가 휴양지였다. 평소에 정장을 입는 사람들도 휴가를 가면 편하고 활동적인 옷을 찾기 마련이다. 휴양지에서 조금 더 자유롭고 싶고 변화를 주고 싶은 상류층 여성들에게 샤넬의 스타일은 안성맞춤이었다.

그 시절 프랑스 여성들은 모두 다 코르셋을 입었다. 심지어 어린이용 코르셋도 있었다. 코르셋은 의학적으로 볼 때 정말 폭력적인 도구다. 신체가 견딜 수 있는 복압의 한계가 있고, 이 한계를 넘으면 소화 장애부터 내부 출혈까지 건강 문제가 발생할 수 있다. 임산부도 코르셋을 착용했는데 심하게 조이면 태아가 눌려서 장애가 생기기도 했다. 몸을 조이는 통에 혈액 순환을 방해하니까 실신할 위험도 있다. 오죽하면 코르셋 때문에 19세기 귀부인들은 핸드백 속에 스멜링 솔트smelling salt를 항상 휴대했다. 이 가루는 암모니아 냄새가

그림 2 프랑스 화가 외젠 부댕Eugene Boudin이 그린 19세기 도빌 풍경. 도빌은 부자들이 별장을 두는 고급 휴양지로 유명했다.

나는데 실신했을 때 이 냄새를 맡으면 깨어날 수가 있다고 한다. 역도나 미식축구 선수들이 집중력 향상을 위해 경기 전에 이 가루 냄새를 맡기도 한다.

역사상 가장 아름다운 황후로 알려진 오스트리아의 엘리자베트 Elisabeth 황후는 스위스를 여행하던 중에 암살자에게 피습을 당한다. 그런데 황후는 흉기에 찔리고도 자기가 찔린 걸 몰랐다고 한다. 코르셋을 강하게 조이면 복부와 흉부의 감각을 제대로 느낄 수 없게 되기 때문이다. 한참 후에 스위스를 떠나는 배를 타고 나서 옷을 갈아입으려고 코르셋을 벗자 피가 쏟아져 나왔고, 뒤늦게 자기가 피습당한 사실을 알았지만 이미 늦어서 사망하고 만다.

코르셋 없이 입는 가볍고 편안한 옷을 만들면서 샤넬이 선택한 소재는 신축성이 좋은 저지 원단이다. 영국 저지섬Jersey Island에서 시작된 니트 원단이라서 이런 이름이 붙었다. 그녀가 이 원단을 떠올린 데는 애인의 공이 컸다. 보이 카펠이 폴로선수 출신의 영국인으로, 영국 남자들이 속옷이나 운동복으로 가장 많이 입는 소재가 저지였다.

저지 소재로 만든 여성복인 저지 드레스, 저지 니트셔츠 같은 옷들은 몸에 착 감기고 움직일 때마다 신축성이 생기니 그전까지는 겪어보지 못한 편안함을 선사했다. 그전에는 없었던 패션, 남들과는 다른 스타일을 만든 덕분에 샤넬은 모든 여성이 사랑하는 디자이너로 성공하게 된다.

상실의 시대

일도 사랑도 승승장구하는 것 같았던 샤넬에게 큰 시련이 닥친다. 샤넬을 지지하고 그녀의 꿈을 이룰 수 있도록 전적으로 도와주던 보이 카펠이 샤넬을 가장 외롭고 슬프게 만든 것이다.

"샤넬… 나 결혼해."

야망이 큰 남자였던 보이 카펠은 귀족의 딸과 정략결혼을 결심한다. 그러면서 더 충격적인 얘기를 꺼낸다.

"그래도 널 사랑해… 내 곁에 있어줄 거지?"

아무리 시대가 달랐고 애인을 여럿 둔 남자들이 있었다고는 하지만, 결혼한 남자의 정부는 또 다른 얘기였다. 그런데 샤넬은 이렇게 답한다.

"좋아요."

훗날 샤넬은 보이 카펠에 대해서 이런 이야기를 한다.

> 보이는 잘생기고 비밀스럽고 매혹적이었다. 단순히 잘생긴 게 아니라 눈이 부셨다. 나는 그의 대연함, 그의 초록색 눈농자를 사랑했다. 그는 내가 사랑한 유일한 남자였다. 그는 내게 아버지이자 형제이자 가족 전체와 같았다.

오지 않는 아버지를 기다리던 12살의 샤넬, 그녀는 보이 카펠에게서 그 결핍을 메우려고 했다. 그녀는 그렇게 유부남의 애인이 되었다.

둘은 파리에서 알아주는 커플이었지만, 보이 카펠은 결국 언제나 가족에게 돌아갔다. 그리고 어느 날을 기점으로 샤넬에게 영영 돌아오지 않았다. 크리스마스를 앞둔 1919년 12월 22일 새벽, 비극적인 소식이 전해진다.

카펠 씨가 차 사고로 돌아가셨어요.

가족을 만나러 가던 보이 카펠은 차가 전복되는 사고로 그 자리에서 즉사했다. 샤넬은 보이 카펠이 묻힌 곳 근처의 해변을 떠돌며 몇 날 며칠을 슬픔에 잠겼다. 돌아온 뒤에도 집 안의 모든 방을 검은색으로 칠하고 검은 옷만 입었다고 전해진다. 나중에 샤넬은 "여성에게 검은색이 슬픔을 의미하는 것이 아니라, 우아함을 상징하는 색이 될 것이다"라는 말을 한다. 일부에서는 이 사건이 1926년 샤넬이 선보인 그 유명한 '리틀 블랙 드레스LBD'를 디자인하는 데 영향을 줬다고 해석한다.

하지만 샤넬은 슬픔에만 빠져서 살지는 않았다. 연애도 사업도 열심히 했다.

가장 필요한 건 사랑 아니에요? 사랑받지 못하는 여성은 가치가 없어요. 나이가 몇이든, 젊었든 늙었든, 엄마든 애인이든, 사랑받지 못하는 여성은 그걸로 끝이에요. 죽는 게 나을 거예요. 가치가 없으니까.

샤넬은 사교계에서 잘생긴 남자를 한 명 알게 된다. 드미트리 파블로비치Dmitri Pavlovich. 이름만 들어도 국적이 예상되는 그는 러시아의 마지막 황제 니콜라이 2세의 사촌이었다. 이 황족이 향수를 만들고 싶어 한 샤넬에게 황실 조향사를 소개해준다. 러시아 조향사가 샘플을 열 개 가져왔고 샤넬은 그중에서 다섯 번째 샘플을 선택한다. 그 향수가 샤넬 넘버 파이브CHANEL No. 5다.

그 당시에는 디자이너 브랜드가 향수를 만든다는 개념이 없었다. 하지만 그녀는 옷을 만드는 게 아니라 '스타일'을 완성한다는 생각을 구현하기 위해 향수를 만들었다. 탄생 배경이 달라서일까, 샤넬 넘버 파이브는 보통의 향수와 너무 달랐다. 그 시절의 향수는 장미, 재스민, 오렌지꽃처럼 꽃향기가 나는 향수 일색이었는데 샤넬은 여기에 한 가지 첨가물을 더해 인공적인 향을 만들어냈다. 이름도 난순하게, 병도 사각으로 심플하게, 그야말로 새로운 샤넬 스타일이었다.

샤넬 넘버 파이브의 비밀은 바로 알데하이드라는 화학성분이었다. '-CHO' 작용기를 포함한 유기 화합물 그룹을 알데하이드라고 하는데, 종류가 여러 가지라서 향기도 다양하다. 하지만 대부분 알데하이드라고 하면 주로 샤넬 넘버 파이브의 냄새를 떠올린다고 한다. 그만큼 이 향수의 영향력은 엄청났다. 샤넬 넘버 파이브는 알데하이드를 사용해서 만든 최초의 향수로, 맡아본 사람에 따라 달콤한 꽃향기보다는 비누나 고수 향이 난다는 사람들도 있다. 실제로 이 안에 든 알데하이드 c-10, 알데하이드 c-11 성분이 이와 같은 향을 낸다고 한다. 호불호가 갈릴 수 있는 향을 샤넬은 과감하게 사용했고, 그 당시 사람들에게는 아주 독특한 냄새였기 때문에 반응도 더 컸던 것 같다. 게다가 알데하이드를 섞어 향수를 만들면 지속성이 훨씬 길어지는 장점도 있어서 샤넬 넘버 파이브를 기점으로 향수에 알데하이드를 첨가하는 제조법이 일반화되었다.

샤넬은 새로운 애인 덕분에 처음 출시된 1921년부터 지금까지 세계에서 가장 많이 팔리는 향수, 30초에 한 병씩 팔린다는 '샤넬 넘버 파이브'를 만든 주인공이 된 것이다.

그림 3 샤넬이 사랑했던 남자들. 왼쪽 위 부터 시계 방향으로 에티엔 발장, 보이 카펠, 한스 귄터 폰 딩클라게, 웨스트민스터 공작, 드미트리 파블로비치.

코코 샤넬

하지만 이 향수가 나올 때쯤, 샤넬은 이미 다른 남자친구를 만나고 있었다. 잘생긴 황족과 헤어지고 선택한 새 남자는 영국의 귀족 2대 웨스트민스터 공작2nd Duke of Westminster이다. 그는 당시 유럽에서 제일가는 부자였다. 그리고 이 무렵 샤넬도 화장품, 보석까지 사업 영역을 본격적으로 확장하면서 승승장구한다.

암호명 웨스트민스터

1940년 샤넬의 패션하우스는 돌연 문을 닫는다. 제2차 세계 대전을 일으킨 나치 독일이 파리를 점령했기 때문이다.

프랑스 국민의 삶은 참혹하게 변했다. 지독한 식량 부족으로 수많은 사람들이 영양실조로 죽어나갔고, 거리의 쓰레기통을 뒤지는 일이 일상이 되었다. 하지만 그 거리 끝에 밤마다 화려한 파티가 열리는 곳이 있었다. 샴페인, 와인에 절인 가자미 요리, 자몽처럼 신선한 과일까지…. 밖에서는 상상도 못 할 음식들을 마음껏 먹을 수 있었던 이곳은 리츠 호텔이었다. 히틀러의 오른팔이라 할 수 있는 헤르만 괴링Hermann Göring과 나치의 선전 장관 괴벨스 같은 나치의 고위급 장교들이 리츠 호텔의 주 고객이었다.

그 시기에 샤넬이 머물던 호텔에 독일군이 들어온 것이다. 샤넬은 그중 한 남자와 가까워진다. 샤넬보다 13살이나 어리며, 고급 스포츠카를 타고 다니는 키 크고 잘생긴 한스 귄터 폰 딩클라게Hans

Günther von Dincklage는 독일 귀족 가문 출신의 남작이었다. 이 남자와의 스캔들은 훗날 샤넬 인생의 가장 큰 사건이 된다.

1944년 9월 10일, 누군가가 호텔의 방문을 요란하게 두드린다.

"무슨 일이시죠?"

샤넬이 문을 열자 그 앞에는 권총을 찬 젊은 남자 두 명이 서 있었다. 그길로 샤넬은 숙청위원회로 끌려간다.

독일 나치가 파리를 점령한 지 4년 만에 제2차 세계 대전이 끝나자 프랑스 전역에서는 나치 협력자에 대한 색출이 이루어졌다. 나치에 협력한 사람들은 사형당했고 나치 장교와 연애한 혐의가 있는 여성들은 대중 앞에서 머리를 삭발당하고 조롱거리가 되었다. 일부 여성들은 알몸 상태로 거리를 끌려다녔고, 사람들은 여자들의 가슴에 '나치의 연인'이라는 글씨를 쓰거나 몸에 나치 문양을 그려 넣었다. 샤넬도 독일인과 사귀었기에 이런 일에서 자유로울 수 없었다. 숙청위원회에 끌려간 그녀는 이렇게 항변했다.

"내 나이에 젊은 남자가 같이 자고 싶다고 하는데, 먼저 여권부터 보자고 할 여자가 어디 있겠어요?"

샤넬이 만났던 남자는 나치 독일의 첩보원이었다. 딩클라게는 당시 지중해 지역과 파리에서 자신의 첩보망을 가동하고 거기서 얻은 정보들을 요제프 괴벨스에게 직접 보고할 정도로 거물이었다. 하지만 샤넬은 아무것도 몰랐고 그저 남자와 연애를 했을 뿐이라는 주장을 계속 펼쳤다. 그리고 몇 시간 만에 풀려난 뒤에는 스위스로 떠났다. 사실상 망명이었다.

그녀가 진짜 아무것도 몰랐을까?

2014년에 오래된 프랑스의 기밀문건 하나가 공개되면서 이 오랜 비밀이 드러난다.

> 가브리엘 샤넬은 독일의 첩보기관인 '아프베어Abwehr'에 소속되었고 요원 번호는 F-7124, 코드명 '웨스트민스터'를 부여받은 나치의 스파이였다.

뒤이어 2016년 공개된 파리 경찰국 비밀문서에서 다음과 같은 사실이 추가로 밝혀진다.

> 딩클라게는 1935년에 파리에 있는 독일 대사관에 소속되어 있었디. 한 소식통은 샤넬이 1942년부터 1943년까지 딩클라게 남작의 애인이자 정보원이었다고 밝혔다.

샤넬의 암호명 '웨스트민스터'는 샤넬의 전 남자친구의 이름과 같다. 그와 사귈 때 샤넬은 그의 지체 높은 친구들과도 자주 어울렸다. 대표적인 인물이 바로 영국의 총리 윈스턴 처칠이었다.

영국에서 가장 위대한 정치인으로 꼽히는 처칠은 제2차 세계 대전에서 독일군으로부터 영국을 지켜낸 영웅이었다. 웨스트민스터 공작과도 각별한 사이로 함께 낚시도 다니고 사냥과 파티도 하며 자주 어울렸다.

샤넬은 영국의 웨스트민스터 공작과 사귈 때 그의 영향력 있는 친구들과도 인연을 맺었다. 윈 스턴 처칠도 그중 한 명이다.

　나치 독일은 전쟁 말기 영국과 별도의 평화협상을 시도하려는 작 전을 세웠다. 여기에 샤넬의 인맥을 활용하려 했고, 실제 샤넬은 메 신저로 처칠과 접촉을 시도했다. 그녀가 편지를 가지고 처칠을 찾 아가지만, 때마침 처칠이 테헤란 회담으로 자리를 비워 이 작전은 실패로 돌아갔다고 한다. 역사학자인 서이자 연세대 교수에 의하면, 영국의 첩보기관이 워낙 뛰어났기에 처칠이 샤넬의 스파이 활동을 이미 알고 그녀를 피했을 가능성이 크다.

코코 샤넬은 정말 나치의 스파이였을까?

암호명을 부여받았다고 다 스파이라 할 수는 없다는 주장도 있다. 그때는 본인도 모르게 암호명이 부여되는 경우도 있었다. 다만 샤넬에게는 스파이를 했다고 해도 납득이 될 만한 사정이 있었다. 평생 결혼하지 않은 샤넬에게는 친아들처럼 키워온 조카가 있었다. 그 조카가 독일군 포로수용소에 갇혔다는 소식이 전해지자, 샤넬은 조카를 구하기 위해 백방으로 수소문한다. 아마 그 때문에 샤넬이 독일군들과 협상을 하지 않았을까 하는 추측이 있다.

샤넬의 스파이 활동에 관해서는 여러 시각이 존재한다. 또 이런 이력이 있었음에도 숙청위원회에서 샤넬이 풀려난 것은 뒤에서 처칠이 힘을 써줬기 때문이라는 이야기도 있다. 그래서 샤넬에 대해 '처벌받지 않은 나치 스파이'라거나 '생존을 위해 최소한의 메신저 역힐을 했을 뿐'이라는 두 가지 시각이 존재한다.

파리로 돌아온 샤넬

전쟁이 끝나고 스위스로 떠났을 때 샤넬의 나이는 61세였다. 만날 사람도 없고 할 일도 없어지자, 워커홀릭이던 샤넬은 우울증까지 얻는다.

그녀가 떠나 있는 동안 전쟁이 끝난 파리의 패션은 완전히 달라진다. 거리는 이른바 뉴룩The New Look 패션으로 가득 찼다. 뉴룩 패션은 옷감을 마음껏 사용해서 마치 꽃봉오리처럼 풍성하고 긴 치맛자락과 잘록한 허리를 강조하는 게 특징이다. 전쟁 동안 소박하고 투박한 옷만 입고 살다 보니 옛날의 화려한 스타일이 그리워진 것이다. 코르셋도 다시 등장했다. 이 패션을 만들어낸 주인공은 크리스티앙 디오르Christian Dior다. 바로 우리가 잘 알고 있는 명품 브랜드 크리스챤 디올의 설립자다.

샤넬과 디오르의 스타일은 정반대였다. 원래 직설적이고 까칠한 샤넬은 디오르를 대놓고 비난한다.

"디오르는 여성에게 옷을 입힌 게 아니라 여성을 장식하고 있다."
"디오르의 드레스를 입고 앉은 여자들은 오래된 안락의자처럼 보인다."

샤넬은 파리를 다시 한번 자신의 스타일로 물들이고 싶어졌다. 파리의 패션계로 돌아왔을 때 그녀의 나이는 71세였다. 하지만 그녀는 그 어느 때보다 더 열심히 일에만 몰두했다고 한다. 샤넬의 상징처럼 여겨지는 체인 달린 시그니처 백을 처음 출시한 것도 이때다. 그전까지 여성용 가방은 손으로 들어야 해서 손을 자유롭게 쓸 수 없었다. 그런데 샤넬이 최초로 어깨에 메는 긴 체인을 가방에 달아서 여성들이 두 손을 자유롭게 쓸 수 있도록 만들었다.

돌아온 샤넬은 끼니도 거르고 종일 담배만 피우면서 일하기 시작한다. 바느질을 어찌나 많이 했는지 옆에서 보던 사람들이 "손가락에 말발굽을 얹어도 되겠다"고 말했을 정도였다. 바느질을 하도 해서 손가락 끝에 굳은살이 박였는데 너무 딱딱했기 때문이다.

샤넬은 보육원에서 바느질을 배우기는 했지만, 디자인을 정식으로 배운 적이 없었다. 그래서 스케치에 서툴렀던 그녀는 디자인을 연필로 그리는 대신, 천을 가봉해서 모델에게 입히고 마음에 드는 디자인이 나올 때까지 가위질과 바느질을 계속했다. 대부분의 디자이너들이 마네킹에 맞춰 옷을 디자인한 반면 샤넬은 반드시 모델들에게 직접 입혀서 작업했다. 그것도 가만히 세워놓지 않고 팔을 들거나 걷는 등 계속 움직이게 했다.

"옷은 살아 있는 몸 위에서 움직여야 한다"는 그녀의 철학 때문이다. 실제 움직임 속에서의 핏을 꼭 확인했던 것이다. 이렇게 옷을 완성하는 과정이 모델에게만 고된 일은 아니었다. 샤넬도 모델 사이를 무릎 꿇고 엉금엉금 기어 다니면서 옷감을 자르고 꿰맸다. 그러다 보면 손가락이며 무릎이며 멀쩡한 데가 없었을 것이다. 샤넬의 친구이자 전기작가인 클로드 들레Claude Delay는 이렇게 이야기했다.

그녀는 잘라야 직성이 풀렸어요. 그녀가 멋진 모델들이 입은 옷을 갈기갈기 찢을 때, 재단사들은 자기 작품들이 찢기는 걸 묵묵히 지켜보는 광경을 저는 봤어요. 그녀는 늘 잘라냈어요. 굉장한 광경이었지요. 현장을 직접 보지 못했다면 샤넬의 본질을 놓친 겁니다.

70세가 넘은 할머니가 새벽 3~4시에 퇴근하면 얼마나 녹초가 됐

겠는가. 그 상태에서 샤넬이 늘 찾는 것이 있었다.

"주사, 내 세돌 주사 못 봤어?"

세돌 주사는 마약인 '모르핀 염산염'의 일종이다. 1804년 독일 약학자 프리드리히 제르튀르너Friedrich Sertürner가 양귀비에서 최초로 모르핀을 분리했는데, 이 성분이 고통을 잊게 하고 마치 꿈꾸는 듯한 느낌을 주었다. 그래서 그리스 신화에 등장하는 꿈의 신 모르페우스Morpheus에서 이름을 따 '모르핀'이라고 지었다. 이 약의 위험성을 몰랐던 초반에는 의사들이 신경통은 물론 불면증이나 우울증에도 처방하는 등 크게 유행했다. 19세기 중반에는 샤넬이 찾던 세돌처럼 피하주사로 주입할 수 있도록 모르핀을 물에 녹인 약품이 대거 등장한다. 이 약은 특히 프랑스에서 예술가들이나 상류층 여성들 사이에서 엄청나게 유행했다. 일부 산부인과 의사들은 출산 후 회복을 돕는다며 산모에게도 모르핀을 처방한다. 완벽하게 합법적인 처방이다. 그러다 보니 그 시절 프랑스에서는 '모르피니즘'이란 신조어가 생길 정도로 모르핀 중독이 사회 문제가 되었다.

사실 샤넬은 가장 사랑했던 연인 보이 카펠이 사망한 뒤로 줄곧 모르핀에 의존했다고 알려져 있다. 중요한 패션 행사가 있을 때마다 모르핀을 맞으며 버티다 보니, 말년에는 모르핀 없이는 잠들지 못하는 상황까지 이어졌다.

원치 않게 프랑스를 떠나 일조차 놓고 있다가 다시 돌아왔을 때 코코 샤넬의 의욕은 젊을 때 못지않았지만, 몸은 70대였다. 젊은 사람도 소화하기 힘든 스케줄을 건강도 좋지 않은 노인이 해내기는 쉽지 않았다. 그녀가 젊은 시절과 다름없이 왕성하게 일했던 데는 진통 기능이 강력한 모르핀의 역할이 컸을 것이다.

우리 몸에는 모르핀과 같은 역할을 하는 엔도르핀이라는 물질이 생성된다. 엔도르핀이라는 이름 자체가 몸 안에서 생성되는 모르핀endogeneous morphine이라는 뜻이다. 그런데 모르핀을 계속 투여하면 우리 몸은 '현재 엔도르핀의 양이 충분하다'고 판단해서 엔도르핀 생산을 중단한다. 그러다가 모르핀을 끊으면 엔도르핀이 부족해져 견디기 힘든 불쾌감을 느낀다. 이게 마약의 '금단증상'이다.

모르핀 같은 아편유사제opioids는 뇌의 호흡 조절 및 각성 시스템에도 영향을 줘서 수면 구조를 바꿀 수도 있다. 그런데 샤넬은 어릴 때 몽유병을 겪었다. 몽유병은 보통 어릴 때 겪던 사람도 성인이 되면 없어지는 경우가 많은데, 수면 구조가 바뀌면서 증상이 다시 나타날 수 있디.

샤넬도 그랬다. 그녀는 밤마다 잠든 채로 가위질을 했다. 자기도 모르는 사이에 몽유병을 다시 겪고 있었던 것이다. 결국 그녀는 특단의 조치를 취한다.

샤넬은 밤마다 [   ]다.

힌트는 우리가 앞서 살펴본 케니스 파크스의 사례에서 찾아볼 수 있다. 파크스는 아무 원한도 없던 장모를 공격해서 사망에 이르게 했다. 샤넬 역시 날카로운 가위를 자신도 모르게 사용하는 증상을 겪었기 때문에, 혹시나 모를 위험한 행동을 막으려고 잠들기 전에 하녀에게 자신의 몸을 침대에 묶어달라고 부탁했다.

샤넬은 밤마다 **가죽 벨트로 자신의 몸을 묶었** 다.

어린 시절에 있던 몽유병이 사라지지 않고 성인이 되어서도 지속되거나 중년 이후 새롭게 발생한다면, 이는 뇌나 심혈관계 건강과 연관이 있을 가능성이 크다. 몽유병이 있으면 수면 중 교감신경이 비정상적으로 활성화된다. 사실상 수면 장애의 일종인 것이다. 앞서 고종의 사례에서 밤에 잠을 자지 않을 때 어떤 문제가 발생하는지 상세히 살펴봤다. 교감신경의 과활성은 심박수 증가, 혈압 상승 등을 유발하고 장기적으로는 고혈압, 심근경색, 협심증의 위험이 증가한다. 실제로 여러 연구에서 성인 몽유병 환자들은 혈압 변동성이 크고, 심박수가 높게 나타났다. 이는 심장에 부담을 주는 요인이라서 심근경색이나 뇌졸중 위험이 올라갈 수밖에 없다.

샤넬이 사망한 날 저녁에 그녀를 만나러 갔던 친구는 다음과 같이 말했다.

저녁 6시쯤 그녀가 저에게 전화를 걸어 말했어요.
"내가 몸이 좋지 않다고 했잖아. 그런데 오늘은 정말로 와줘야 해. 진짜 몸이 좋지 않아서, 죽을 것 같아."
나는 그녀에게 죽을 준비가 된 사람처럼 들리지 않는다고 말했어요.

나는 그녀를 전혀 믿지 않았어요. 그녀는 항상 죽을 것 같다고 말하면서 내가 자신을 찾아오도록 만들었거든요. 저녁 6시 30분쯤 결국 그녀를 보러 갔는데, 얼굴이 진짜 창백한 걸 보니 두려웠어요. 창문이 활짝 열려 있었어요. 1월이었고, 밖은 얼어붙을 정도로 추웠는데 그녀는 땀에 젖어 있었어요.

그날 밤 샤넬의 심장이 영영 멈춰버린다.

쉬는 게 가장 어렵다던 패션 제국의 여왕. 어릴 때는 오지 않는 아빠를 기다리는 게 싫어서, 성인이 되어서는 일을 할 수 없는 게 싫어서 일요일이 싫다던 샤넬은 일요일 밤, 평소보다 일찍 침대로 향했다. 샤넬은 잠시 침대에 기대앉아 있다가 가슴을 부여잡으며 "봐, 이렇게 죽는 거야"라고 말한 뒤 천천히 뒤로 기대듯이 쓰러졌다고 한다. 하녀가 다급히 다가갔을 때 그녀는 이미 숨을 거둔 상태였다.

1971년 1월 10일 저녁 9시, 가브리엘 코코 샤넬은 그렇게 87살의 생을 마감한다. 사인은 심장마비였다. 나치에 스파이로 부역했다는 죄를 씻지 못한 그녀는 프랑스에 묻히지 못한 채 스위스 로잔에 잠들었다.

샤넬이란 대단한 디자이너를 만든 것도, 그녀를 병들게 한 것도 결핍이었다. 갖지 못한 것에 대한 콤플렉스. 그녀는 자신의 인생에 빈 부분들을 스스로 채우기 위해 끊임없이 걸어왔다.

"제 삶은 저를 기쁘게 하지 않았어요.

그래서 제가 　제 삶　을 만들었어요."

미국 〈타임Time〉 선정 20세기 가장 영향력 있는 인물 100인.

20세기 세상을 바꾼 25인의 여성 중 한 사람.

누군가는 이렇게 말했다.

"패션은 샤넬 이전과 이후로 나뉜다."

샤넬은 어쩌면 옷을 만든 게 아니라 자기 자신이 기뻐할 수 있도록 열심히 좋아하는 일을 찾고 그 일로 세상을 바꾸고, 그렇게 자기자신의 삶을 만들었던 게 아닐까.

(그림 5) 샤넬은 여성들의 패션에 혁명을 가져왔다. 장식과 코르셋을 없애고 바지를 입히는 등 여성들에게 활동하기 편안한 옷을 선보였다.

코코 샤넬

참고자료

| 1 | 죽음으로 이어진 어린 시절의 비밀 ○ 오드리 헵번

- https://www.youtube.com/watch?v=K-pxY90Y9z4
- https://www.youtube.com/watch?v=u-RUVZ8qJhg
- https://www.everythingaudrey.com/audrey-hepburn-smoking-facts-and-images/
- https://back-to-golden-days.blogspot.com/2015/03/scient-sunday-audrey-hepburn-and-dutch.html
- https://www.youtube.com/watch?v=v4xn_TrYnMs

| 2 | 5천만 명을 죽인 '스페인 여인'의 비밀 ○ 구스타프 클림트

- 《독감》지나 콜라타 지음 | 안정희 옮김 | 사이언스북스 | 2003
- Neues Wiener Tagblatt : 1918년 1월 22일 기사
- https://adrianbrijbassi.com/2011/06/07/the-story-of-the-kiss-by-gustav-klimt/
- https://haitblog.hypotheses.org/1362
- https://e-gonghun.mpva.go.kr/user/IndepCrusaderDetail.do?goTocode=20003&mngNo=100011

- https://www.abc.es/archivo/periodicos/abc-madrid-19180522.html?ref=https%3A%2F%2Fwww.abc.es%2Farchivo%2Fperiodicos%2Fabc-madrid-19180522-24.html
- 밀턴 로즈노의 논문(1919)
- 《팬데믹 1918》 캐서린 아놀드 지음 | 서경의 옮김 | 황금시간 | 2020
- https://youtu.be/yyRoMGiXFlY
- 〈시사기획 창〉 283회 방송
- https://youtu.be/XbEefT_M6xY?si=pcaiKkXFkZRE8G5c
- https://www.sciencenews.org/archive/doughboys-lungs-yield-1918-flu-virus
- Origin and evolution of the 1918 "Spanish" influenza virus hemagglutinin gene - PMC
- https://www.joongang.co.kr/article/25008464

| 3 | 썩지 않은 시신의 비밀 ○ 나폴레옹 1세

- https://bibliotheque-martial-lapeyre.napoleon.org/Default/digital-viewer/c-3643
- 〈In Napoleon's Shadow〉 하인 마르샹의 회고록
- https://medicalworldnews.co.kr/m/view.php?idx=1510937184
- https://news.kbs.co.kr/news/pc/view/view.do?ncd=2437645
- https://www.gastrojournal.org/article/S0016-5085(00)70431-8/fulltext

| 4 | 욕실에서 쓰러진 남자의 비밀 ○ 엘비스 프레슬리

- https://www.youtube.com/watch?v=85GJqLex9oc&t=2006s
- https://bmac.libs.uga.edu/Detail/objects/127584

| 5 | 뒤로 감춘 왼손의 비밀 ○ 아돌프 히틀러

- https://bookhaven.stanford.edu/2016/04/adolf-hitlers-x-rays-stanford/
- https://www.semanticscholar.org/paper/The-odontological-identification-of-

Adolf‑Hitler.‑Sognnaes‑Str%C3%B6m/33772726c0775f8d86be23df3fed8dc522
581f24

- https://www.beminor.com/news/articleView.html?idxno=8483
- 국민건강보험공단
- 《마약 중독과 전쟁의 시대》노르만 올러 지음 | 박종대 옮김 | 열린책들 | 2022
- 《히틀러》이언 커쇼 지음 | 이희재 옮김 | 교양인 | 2010

| 6 | 신분을 세탁한 무희의 비밀 ○ 마타 하리

- 종군기자 헨리 G 와일의 글
- https://frenchmoments.eu/eiffel‑tower‑was‑saved/
- https://www.alamy.com/eiffel‑tower‑wireless‑station‑camp‑ww1‑image1502
  39605.html?imageid=D8611194‑E0B2‑43C4‑827B‑446DCA3127E2&p=25618
  5&pn=1&searchId=5bbbcac5bd8d050a2ce0e79f6901c676&searchtype=0
- https://www.toureiffel.paris/en/news/history‑and‑culture/when‑eiffel‑tower‑
  was‑subject‑controversy
- https://donhollway.com/matahari/
- https://www.pierreswesternfront.nl/mata‑hari‑het‑spionagedossier
- https://www.msdmanuals.com/professional/infectious‑diseases/arboviruses‑
  arenaviridae‑and‑filoviridae/yellow‑fever

| 7 | 마지막 날 행적에 감춰진 비밀 ○ 고종

- 〈매일신보〉1919.03.15.
- 《증수무원록대전》
- https://news.kbs.co.kr/news/pc/view/view.do?ncd=3563558&ref=A
- 〈골라듄다큐〉무원록 조선시대 법과 정의
- 윤소영 논문
- https://weekly.cnbnews.com/m/m_article.html?no=104315#_DYAD
- 《언더우드》릴리어스 호턴 언더우드 지음 | 이만열 옮김 | IVP | 2015
- https://news.heraldcorp.com/view.php?ud=20141221000102&pos=naver

- http://www.econotelling.com/news/articleView.html?idxno=2011
- 《영문일기》 윤치호 지음 | 박미경 옮김 | 국사편찬위 | 2015
- 《낙선재주변》 김명길 지음
- https://m.healthcaren.com/news/news_article_yong.jsp?mn_idx=494113
- 《메디컬 조선》 박영규 지음 | 김영서 2021
- https://www.msdmanuals.com/ko/home/뇌-척수-신경-장애/뇌졸중/뇌졸중-개요
- https://en.wikipedia.org/wiki/Johann_Jakob_Wepfer

| 8 | 빌레리노를 은퇴하게 만든 병의 비밀 ○ 루이 14세

- https://www.youtube.com/watch?v=QELbcQg9ndo
- https://news.kbs.co.kr/news/pc/view/view.do?ncd=3139789
- https://www.youtube.com/watch?v=6jxjBOACbCw

| 9 | 얄타 회담 저주의 비밀 ○ 이오시프 스탈린

- 《스탈린 독재자의 새로운 얼굴》 올레크 V. 흘레브뉴크 지음 | 유나영 옮김 | 삼인 | 2017
- https://m.nocutnews.co.kr/news/amp/4116307
- https://www.dailymail.co.uk/news/article-559234/The-man-Stalins-body-double-finally-tells-story.html
- 〈스탈린이 죽었다!(The Death of Stalin)〉 2017
- https://www.themedical.kr/news/articleView.html?idxno=855
- 《Stalin's Last Crime: The Plot Against the Jewish Doctors, 1948-1953》 https://archive.org/details/stalinslastcrime0000jona/page/404/mode/2up https://www.donga.com/news/Inter/article/all/20030306/7920101/1
- http://www.sejongeconomy.kr/10179
- https://www.joongang.co.kr/article/25109340
- 〈프랭클린 D. 루스벨트 대통령의 질병과 사망에 대한 임상 기록〉 HOWARD G. BRUENN 1970.04.01.

- https://www.yna.co.kr/view/AKR20151204086100009
- 《암살자의 밤》하워드 블룸 지음 | 정지현 옮김 | 타인의사유 | 2024
  https://www.chosun.com/culture-life/book/2024/01/27/2L5ER6SMFNBFRCN4
  BBDHZGJ6HA/
  https://blog.naver.com/atena02/223350277185
- https://www.jkna.org/upload/pdf/jkna-36-3-171.pdf
- (Is President Roosevelt a well man today? Liberty Magazine, June 27, 1936)
- 《얄타의 딸들》캐서린 그레이스 카츠 지음 | 허승철 옮김 | 책과함께 | 2022
- https://youtu.be/UU7OdZyVoBc
- https://youtu.be/PdHauGOD9e4
- https://timesmachine.nytimes.com/timesmachine/1945/03/02/88195885.html?
  pageNumber=12
- https://www.dementianews.co.kr/news/articleView.html?idxno=1675
- 《젊은 스탈린》사이먼 시백 몬티피오리 지음 | 김병화 옮김 | 시공사 | 2015.
- 〈데일리 미러〉 1907.06.27.
- 〈뉴욕 타임스〉 1907.06.27.
- https://www.marxists.org/archive/lenin/works/1922/dec/testamnt/congress.htm
- https://ru.wikisource.org/wiki/%D0%9F%D0%B8%D1%81%D1%8C%D0%BC%
  D0%BE_%D0%BA_%D1%81%D1%8A%D0%B5%D0%B7%D0%B4%D1%83_(%D0
  0%9B%D0%B5%D0%BD%D0%B8%D0%BD)
- https://www.yna.co.kr/view/AKR20150819131900039
- https://communistcrimes.org/en/nikolai-yezhov-portrait-bloody-dwarf-part-
  1-stalins-favourite
- https://communistcrimes.org/en/nikolai-yezhov-portrait-bloody-dwarf-part-
  2-terror-and-downfall
- https://www.marxists.org/history/ussr/events/terror/index.htm
- http://loveread.me/read_book.php?id=43880&p=4
- https://www.biospectator.com/news/view/7050

| 10 | **프랑스에 묻히지 못한 패션여제의 비밀** ○ 코코 샤넬

- https://www.mk.co.kr/news/culture/8265139
- https://www.britishpathe.com/asset/151517/
- 〈KBS TV문화기행〉 패션으로 세상을 바꾼 혁명가 샤넬
- https://health.chosun.com/site/data/html_dir/2024/08/14/2024081401396.htm
- https://brunch.co.kr/@6de5ab30dd4249f/1
- KBS 〈세기의 인물들〉 현대 여성미의 신화 코코 샤넬 1996.04.02
- https://youtu.be/-kFx_GzGh80?si=u8B48Iwr8gphGbcX

셀럽병사의비밀

초판 1쇄 발행 2025년 6월 3일

지은이 KBS 셀럽병사의 비밀 제작팀
감수 이낙준
펴낸이 허정도
편집장 임세미
책임편집 김혜영 **디자인** 서윤하
마케팅 신대섭 김수연 배태욱 김하은 이영조 **제작** 조화연

펴낸곳 주식회사 교보문고
등록 제406-2008-000090호(2008년 12월 5일)
주소 경기도 파주시 문발로 249 (10881)
전화 대표전화 1544-1900 | 주문 02)3156-3665 | 팩스 0502)987-5725
ISBN 978-11-7061-268-1 (03990)